本书受到云南省教育厅高校学术著作出版基金资助出版

云南高校学术文库
Yunnan Gaoxiao Xueshu Wenku

粮食安全
—— 云南的探索与实践

张海翔　等著

云南大学出版社
Yunnan University Press

图书在版编目（CIP）数据

粮食安全：云南的探索与实践 / 张海翔等著.—
昆明：云南大学出版社，2012
ISBN 978-7-5482-1373-4

Ⅰ．①粮… Ⅱ.①张… Ⅲ.①粮食问题—研究—云南
省 Ⅳ.①F326.11

中国版本图书馆CIP数据核字（2012）第313972号

责任编辑：柴　伟
责任校对：范　娇
封面设计：刘　雨

云 南 高 校 学 术 文 库
Yunnan Gaoxiao Xueshu Wenku

粮食安全
—— 云南的探索与实践

张海翔　等著

出版发行：云南大学出版社
印　　装：昆明卓林包装印刷有限公司
开　　本：787mm×1092mm　1/16
印　　张：17
字　　数：260千
版　　次：2012年12月第1版
印　　次：2012年12月第1次印刷
书　　号：ISBN 978-7-5482-1373-4
定　　价：42.00元

社　　址：昆明市翠湖北路2号云南大学英华园内
邮　　编：650091
电　　话：（0871）65031071　65033244
网　　址：http://www.ynup.com
E-mail：market@ynup.com

前　言

　　人类自诞生以来，就一直为获得足够的粮食而努力奋斗，粮食生产的历史久远于商品生产的历史。粮食安全是一个具有古老历史的概念，这可以从西方的"重农学派"和东方的"农战"思想中得到印证。"国以民为本，民以食为天，食以粮为源"就是古人对粮食安全问题的深刻理解。粮食安全又是一个常说常新的话题。到目前为止，世界性的粮食安全问题并没有得到完全解决，在局部地区甚至还有进一步恶化的趋势，世界上一些地区仍然存在着人因饥饿致死的状况，丰衣足食仍旧是世界各国政府和人民努力追求的目标。

　　1972—1974 年，世界范围内出现了自第二次世界大战以来最严重的震动世界的粮食危机，联合国于 1974 年 11 月在罗马召开了世界粮食大会，通过了《消灭饥饿和营养不良世界宣言》。大会声明："消灭饥饿是国际社会大家庭中每个国家，特别是发达国家和有援助能力的其他国家共同的目标。"大会指出，粮食安全是人类的一项基本生活权利，要保证任何人在任何地方都能够得到为了生存和健康所需要的足够食品，或者说是要确保所有人在任何时候既能买得到又能买得起他们所需要的基本食物。同时，联合国粮农组织（FAO）理事会也通过了《世界粮食安全国际约定》，认为保证世界粮食安全是一项国际性的责任。

　　在新的历史条件下，世界粮食安全的主要问题是：有限的自然资源对粮食生产的约束日益趋紧，极端气候对粮食生产的影响越来越显著和频繁，农业劳动力质量在下降，现有耕地质量在降低，膳食结构升级加剧着世界性粮食需求，生物能源发展增加了粮食消耗，粮食价格不断攀升，缺粮人口不断增加，世界粮食供给形势更加严峻。尤其突出的是，缺粮人口的区域和国家分布状况非常不平衡，世界上 98% 的缺粮人口生活在发展中国家，其中 2/3

集中在孟加拉国、中国、刚果、埃塞俄比亚、印度、印度尼西亚和巴基斯坦七个国家，而超过 40% 的缺粮人口生活在中国和印度。除此之外，像海地、肯尼亚、索马里等一些国家也因为缺粮而饿殍遍野。

我国作为世界第一人口大国，实现本国人口粮食需求基本自给，既是一种现实要求，又是一种战略需要。在我国，粮食生产具有安天下的重要作用。农业部韩长赋部长指出："粮食是安天下的战略产业，解决好 13 亿人的吃饭问题始终是治国安邦的头等大事，任何时候都不能掉以轻心。确保国家粮食安全，必须坚持立足国内实现基本自给的方针，中国人民的饭碗绝不能端在别人的手里。"从世界范围来说，我国依靠自身力量，不断提高粮食综合生产能力，不断探索和解决缺粮人口的生活问题，成功地解决了 13 亿人对粮食的基本需求。虽然这并不意味着中国的粮食安全获得了根本保障，但却用事实回答了"谁来养活中国"的问题，这是一种对世界粮食安全负责任的做法，具有世界性的意义。进入 21 世纪以来，我国制定了《国家粮食安全中长期规划纲要（2008—2020 年）》，将国家粮食安全目标锁定为：全国粮食自给率不低于 95%，2010 年人均粮食消费量不低于 389 公斤，到 2020 年不低于 395 公斤。将国家粮食安全战略确定为：提升粮食综合生产能力，依靠科技突破自然资源约束瓶颈，实行粮食生产分区分级管理，扩大食物生产和消费领域，利用国际市场进行粮食品种调剂和总量调节，立法保护基本农田。就目前的形势来看，我国粮食安全面临的主要挑战，一是工业发展和城市化扩张对良田好地的占用，二是由于农业微利导致优质劳动力流失，三是由于环境劣变导致农业生产自然条件恶化，四是人口增加和生活水平提高加剧了粮食需求，五是"大国效应"使得我们不能过度依赖国际市场解决我国的粮食安全问题。

　　云南省属于国家粮食平衡区，2009 年人均占有粮食 344 公斤，若按人均占有粮食 395 公斤计算，粮食自给率为 87%，供需缺口达 256 万吨。与全国整体情况相比，云南省粮食生产的不利因素是：农业基础设施薄弱，耕地质量较低，自然灾害频繁，农业科技水平低，交通运输不便等。客观地说，云南粮食生产的自然条件和经济基础并不具有优势。尽管如此，云南省委、省政府一直坚持"努力分担国家粮食安全责任，实现云南粮食基本自给"的粮食安全战略，先后实施了山区综合开发计划、中低产田地改造工程、坡改梯工程、高稳产农田地建设工程、"润滇工程""沃土工程""兴地睦边"工程和利用农业生物多样性种植技术增粮工程等。经过多年的实践和探索，走出了立足山区、边疆和多民族地区解决粮食安全问题的云南特色之路。

　　在国家社科基金项目支持下，我们针对国内外粮食安全新形势，利用云南农业大学对云南省 129 个县（市、区）土地和农用地分等的研究成果，结合云南农业大学开展的利用农业生物多样性种植技术增粮的实践活动，同时选择云南省具有代表性的 3 个县，运用典型调查、运用案例研究、数量分析和专家咨询等方法，分析总结了云南省解决粮食安全问题的基本做法和经验，并与国内外的做法进行了对比分析，提出了今后解决我国粮食安全问题的多项政策建议。

　　结合有关粮食安全的理论分析，我们的基本观点是：要在世界粮食"能源化"和"金融化"的背景下把握世界粮食安全的新形势；要在逐步解决粮食数量安全问题的基础上解决好粮食质量安全问题；要在保护基本农田的基础上更加注重提高粮食生产的综合能力；要在明确农民主体地位的基础上改革和创新现行的农业工程项目管理机制；要在建立国家农业补贴制度的基础上进一步谋划依靠政府与市场对接解决粮食安全问题的长效机制；要在生态优粮的基础上提升国家的生态安全和生态文明水平；要结合工业化和城市化进程打造现代农业所需要的新型农业从业者队伍；要在富邻睦邻的思想指导下开展国际农业合作并实现境外补粮和安边固边的双重目标。

本研究项目主要是对多年来云南省解决粮食安全问题的实践及经验进行分析总结，从"云南经验"探讨国家粮食安全问题，力图从一个侧面对国家粮食安全问题做深入研究，从而尽到我们的一份责任。国家社科基金项目的支持使我们能够更好地开辟粮食安全问题研究的领域，我们对粮食安全问题的研究和探索将继续推进。

本书的写作分工是：由张海翔对全书进行总体设计、修改、统稿。前言：张海翔、赵鸭桥；第一章：赵鸭桥、普雁翔、张德亮；第二章：普雁翔、张德亮、田东林；第三章：王润伟、闻海燕；第四章：王润伟、田东林；第五章：李学坤、王润伟、普雁翔、张德亮、金璟；第六章：李学坤、李宏、余建新、路遥；第七章：李宏、赵鸭桥、普雁翔；第八章：李宏、赵鸭桥、普雁翔；第九章：普雁翔、张海翔、赵鸭桥；第十章：张海翔、普雁翔、赵鸭桥、李宏。

本书还得到黄仁跃、晏丕振、张兴旺、余建新几位专家的审读建议。此外，参加项目研究工作的人员还有李国春、戴波、孙鹤、李国禄、谢萍、丁云波、起建凌、朱晓丽、暴云英、安梅、丁开元、彭成圆、马力、陆俊宏、赵鑫、王珊珊、雷磊华。

目 录

第一篇 总 论

第二篇 国内外粮食安全新形势

第三篇　云南解决粮食安全问题的主要实践及经验

第四篇　保障粮食安全的政策建议和理论思考

第一篇　总　论

　　我国地域辽阔，农业资源与粮食供求在空间区域分布上存在着较大的不对称性和不平衡性，这必然引发区域性甚至全国性的粮食市场波动，进而影响国家粮食安全。如何站在国家粮食安全的高度来审视区域粮食安全问题，各地都在不断探索。我们以云南为研究区域，运用文献分析法、数量分析法、案例研究法和专家咨询法，利用云南农业大学对云南省129个县（市、区）土地和农用地分等的研究成果，结合云南农业大学开展的利用农业生物多样性种植技术增粮的实践活动，同时选择云南省具有代表性的3个县进行典型调查，分析总结了云南省解决粮食安全问题的不同实践，提出了边疆少数民族山区解决粮食安全问题的政策建议，思考了有关粮食安全的理论问题。

第一章 研究背景

粮食是人类赖以生存的最基本生活必需品，是人类从事其他一切活动的前提。粮食安全始终是关系国计民生、社会稳定和国家自立的全局性重大战略问题。虽然当前我国粮食综合生产能力稳步提高，食物供给日益丰富，供需基本平衡，但在新形势下，面对世界粮食生产和粮食市场出现的新情况、新变化，深入探讨和研究粮食安全问题意义非常重大。

第一节 研究意义

一、应对世界粮食安全问题对中国的新挑战

近年来，世界粮食供求情况表明：一方面，世界粮食供给受粮食生产要素的约束日益突出，具体表现为：用于粮食生产的耕地日益稀缺，世界从事农业生产的劳动力日益短缺，水资源严重制约世界粮食生产，极端气候条件和生态压力对世界粮食生产的影响越来越突出；另一方面，世界粮食需求却快速增长，具体表现为：世界人口增长速度快于粮食增长速度，膳食结构升级以及以粮食为原料的生物能源发展加剧了对粮食的需求。由此导致粮食价格居高不下，全球食不果腹的人口达到 10 亿左右，给社会安定带来了巨大压力。

面对如此挑战，在"粮食作为武器"的当今世界格局下，尤其是随着粮食"能源化""金融化"的趋势加剧，如何将粮食安全的主动权掌握在自己手里，已成为一个亟待研究的重大问题。

二、为新形势下国家解决粮食安全问题提供政策建议

中国政府历来高度重视粮食生产和粮食安全问题。多年来，中国粮食种植面积稳定增加，产量稳步增长，粮食供需基本平衡。

新形势下，中国粮食安全面临着自然资源对粮食生产的约束日益增强、农业劳动力数量和质量降低影响粮食生产后劲、人口基数及其持续增长对粮食的高位需求将长期存在、粮食生产的比较效益影响着农民种粮积极性、国际粮食贸易壁垒制约粮食进口等问题。为此，针对我国粮食安全的新形势，提出新对策显得尤为迫切。

三、总结云南经验并为相似区域解决粮食安全问题提供借鉴

云南省是一个典型的山区省份，94%的国土为山地和高原，仅有6%的平坝。客观地说，云南省粮食生产的自然条件和经济基础并不具有先天优势。但是，云南省委、省政府始终坚持"努力分担国家粮食安全责任，实现云南粮食基本自给"的粮食安全基本战略，立足山区、边疆和多民族地区，团结依靠各族人民，自强不息，经过多年实践，走出了一条云南解决粮食安全问题之路，即"坝子保粮、水利兴粮、坡地增粮、科技促粮、以特换粮、森林加粮、生态优粮和境外补粮"。

我们认为，云南在粮食安全问题上的积极探索值得深入总结和研究，可以为解决边疆、民族、山区的粮食安全问题提供一种思路，也为解决西部乃至全国粮食安全问题提供一些参考和借鉴。

四、探讨粮食安全相关的理论问题

本研究站在国家粮食安全的高度来审视云南的粮食安全问题，科学定位云南在国家粮食安全中的区位责任。更为重要的是，系统分析和总结了云南多年来解决粮食安全问题的实践，提炼出相关的经验。在此基础上，从边疆民族地区解决

粮食安全问题的实践和经验出发，进行相关的理论思考，以丰富和补充粮食安全的相关理论。

第二节　研究的理论基础

本课题对粮食安全问题的研究，通过生产理论研究粮食生产问题，通过供求理论分析粮食的供给与需求，通过比较优势理论论述粮食生产的区域定位，通过生物多样性理论探索粮食增产新途径，通过非传统安全理论分析粮食安全与多重安全的关系，通过系统稳定性原理分析区域粮食生产分工与协作对稳定国家粮食安全的作用。

一、生产理论

粮食生产是实现粮食安全的基础。研究粮食生产的影响因素是构筑粮食安全保障体系的基本内容。生产理论认为，一定的产出总是以一定数量的土地资源、劳动力资源投入和管理为基础。在一定的投入下，采用一定的知识和技术，就会有一定的产出。这种投入与产出之间的技术关系可用一种函数关系来表示，称为生产函数。生产函数描述了各种投入要素及其组合与产量之间的数量关系。通过调整各种要素的投入数量和组合，可以使生产达到最优化的状态（即最大产量或最大利润）。

因此，生产理论是粮食安全政策分析的重要工具，用来完成两方面的任务：其一，探寻粮食生产的最优要素投入数量及其组合，为提高生产效率提供指导；其二，在建立起来的生产函数之上，分析各种外部因素对粮食生产的影响，为制定粮食安全政策提供指导。第一项任务是直接评价各项投入要素对粮食生产的贡献，而第二项任务是各种外部因素通过对生产要素的投入数量及其组合的影响，进而对粮食产量产生间接影响，以此评价各种因素影响粮食生产的政策意义。

二、供求理论

研究粮食安全，必然涉及粮食供给和需求。供给是指生产者在某种价格水平下愿意并且能够提供给市场销售的商品或劳务的数量；需求是指消费者在某一价格下愿意并且能够购买的商品量。供给和需求共同作用的结果形成均衡价格，一种商品的均衡价格是指该种商品的市场需求量与市场供给量相等时的价格。均衡价格是一种既定条件下的动态平衡，当既定条件发生变动时，均衡价格也会相应发生变动。供求理论就是在供给不变的情况下，需求增加会使均衡价格和均衡数量都增加，需求减少会使均衡价格和均衡数量都减少；在需求不变的情况下，供给增加会使均衡价格下降，均衡数量增加；供给减少会使均衡价格上升，均衡数量减少。

供求理论的核心在于价格形成机制，粮食价格一方面要能激发生产者提供社会所需要的粮食，另一方面也要考虑到消费者的购买能力，这也正是粮食安全概念的内涵之所在。由此给我们的启示是既要提高粮食生产者在价格决定方面的话语权，同时也要考虑到粮食作为公共物品的属性，政府应该承担对粮食生产的保护、财政补贴等义务。

三、比较优势理论

比较优势理论包括绝对优势理论和相对优势理论。绝对优势理论认为各国（各地）都以成本绝对低的商品相互交换，就能使产品的产量增加，消费数量也增加，从而使双方都获得利益。相对优势理论认为将本国（本地）不同产品成本的比率与国外（外地）同类产品成本的比率进行比较，只要成本的比率存在差异，不同国家（地区）之间就能够也必然会进行相互交换，并从中获得经济利益。从理论的完整性上讲，相对优势理论是在绝对优势理论基础上的进一步发展。我们可以运用比较优势理论来研究一个国家或地区的产业结构。

农业比较优势的经典理论主要有三个方面，即建立在自然地域分工基础上的自然资源优势理论、建立在劳动地域分工基础上的生产比较利益理论和建立在区位理论基础上的农业专业化分区布局理论。这三种理论从不同角度提出了农业比较优势形成与确立的基础，是分析农业比较优势的理论基础。从横向来看，农业比较优势包括三个层次，一是产业之间比较所形成的农业比较优势；二是农业内部不同产品之间比较所形成的农产品比较优势；三是不同农产品在不同地区的区域比较优势。

四、生物多样性理论

生物多样性是描述自然界多样性程度的一个内容广泛的概念。这一概念由1992年联合国环境规划署在内罗毕发起的政府间谈判委员会第七次会议通过，并由会议签约国在巴西里约热内卢举行的联合国环境与发展大会上签署的《生物多样性公约》中，定义为："所有来源的形形色色生物体，这些来源除其他外包括陆地、海洋和其他水生生态系统及其所构成的生态综合体；这包括物种内、物种间和生态系统的多样性。"生物多样性包括生物遗传多样性、物种多样性和生态系统多样性三个组成部分。

农业生物多样性的作用主要包括：①生态功能：通过固定二氧化碳，减少温室气体，减缓全球气候变化；通过水源林和植被结构，调节流域水文过程，稳定水源供应；通过防护林、风障、沙障、植物篱减少风害、沙害、盐碱、海潮等灾害；通过生物覆盖减少水蚀、风蚀和水土流失；通过植被结构及其相互关系调节和改善农田小气候和生产环境；通过动物和微生物促进初级生产的转化和分解，维系系统养分循环过程；通过有机质和腐殖质生产、固氮、解磷、溶钾、松土、促成土壤团粒等生物作用来提高土壤肥力；通过生物之间的相互作用控制有害生物猖獗；通过提供各种种质资源广泛适应各种土壤、气候和生物逆境以及全球气候变化；通过对污染物的吸收、分解净化环境。②经济功能：通过利用不同季节和不同资源开展多种产品生产，有利于规避自然风险；通过提供多样化的产品，分散市场风险；通过最大限度地利用各种资源和提高资源利用效率，提高生产者和经营者的收益；利用生物调节作用替代人工商业品投入，降低农业成本。③社会功能：提供多种食物来源，改善营养状况，减少营养不良或者饥荒；提供多种种植、养殖、加工等灵活多样的工作内容和生产方式，有利于个人的兴趣选择和优势的发挥；促进形成基于多样化农业结构的丰富多样的社会文化；丰富的生物资源为满足社会现实和未来的各种需求（医药、能源、建材、纺织、食品等）提供选择的可能和基础；形成良好的乡村人居生活环境和城市居民出游休闲环境；教育和审美功能。

五、非传统安全理论

粮食安全常常与其他非传统安全问题——经济安全、金融安全、生态环境安全、信息安全、资源安全、恐怖主义、武器扩散、疾病蔓延、跨国犯罪、走私贩毒、非法移民、海盗、洗钱等交织在一起。其中，粮食安全与耕地资源安全、水资源安全关系最为紧密。

耕地资源安全是粮食安全的物质保障之一。耕地资源安全是指为保障一个国家或地区可持续、足量、经济地获取食物，保障人类社会生存、发展，促进生态系统达到和谐、平衡的耕地资源状态和能力，其实质是保持一个相对稳定的耕地资源存量（包括数量与质量）和耕地生态系统的和谐发展，实现耕地资源的持续有效供给，以满足经济发展、人口增加、生态环境保护等对耕地资源不断增长的需求（张士功，2005 年）。具体包含三层含义：其一是耕地资源数量安全，耕地资源数量安全是关系到粮食安全的首要问题，是实现粮食安全的前提；其二是耕地资源质量安全，耕地资源质量安全是实现粮食安全的基础；其三是耕地资源生态安全，耕地资源生态安全不仅要保证当代人对耕地资源数量和质量的要求，而且要确保耕地资源的代际平衡，以确保下一代及子孙后代对耕地资源数量和质量的需求。重视耕地资源安全有助于将粮食安全战略的重心建立在确保足够的粮食生产能力之上，而不在于将目光局限在今年或明年粮食产量的增加上。保障粮食安全的重点从产量安全逐步转向能力安全，只要保证有足够的粮食生产能力，就能够有效地应对自然风险和市场风险。

水资源安全是粮食安全的另一个重要物质保障。水资源安全已演变为全球性重大政治问题。人们注意到，饥荒和缺水不仅阻碍社会和经济的发展，而且会导致社会政治的动荡。这些情况，使人们感到供水安全已不仅仅是一个国家内部的问题，而且已经演变为国家之间和地区性的政治问题，成为导致国际形势不稳定的因素之一。对国际河流或水域的水资源分配和使用不公平，尤其是一些国家因为大量开发利用河水资源而损害了下游国家的利益，从而引起国家间紧张关系不断升级。水利灌溉是保障粮食安全的根本措施之一。水资源和耕地资源一样，是农业生产不可缺少的要素。目前，全世界可耕地面积主要依靠天然降水，极易遭受季节性干旱的影响。由此可见，水利灌溉是农业生产的重要保障，开发利用水资源，发展灌溉，对提高农产品产量起着极为重要的作用。

六、系统稳定性理论

粮食供求的稳定性是粮食安全追求的一个重要目标，从系统的整体性来说，粮食安全是一个由不同国家和地区组成的系统安全，这就意味着加强不同系统之间的协调有助于提高系统的稳定性。在粮食安全系统中，系统的相关性意味着系统之间影响的传递性，如生产系统与消费系统相关，生产以消费为目的，消费刺激生产，但消费水平取决于收入，收入又与人口、就业、分配等密切相关。粮食生产不仅取决于土地质量、生产投入、科学技术、生产规模等因素，还取决于种种社会经济因素，如土地制度、劳动力素质、农业政策，甚至于国际环境。

粮食安全系统始终处于一个动态过程，而不是停留在某一点上。随着经济的发展，食品消费结构、粮食的直接消费与间接消费比例、生产方式都在发生变化。系统是不断地发展变化的，因此只有动态地把握系统的发展变化，才能洞察其内部规律，找到解决问题的途径。

系统稳定性理论对粮食安全的启示在于：①稳定的粮食供求是当今社会追求的重要粮食安全目标，它仅次于粮食安全首要目标——提供足够的粮食。②加强不同国家或地区之间粮食生产的分工与合作是一项双赢的粮食安全策略。③关注粮食安全内部系统的协调性，其重要性并不亚于直接提供粮食的生产部门，这是市场经济条件下提高粮食安全保障程度的重要途径。

第三节 研究综述及本研究的创新点

一、粮食安全概念的提出及演进

粮食安全的概念是在 20 世纪 70 年代中期粮食危机中由联合国粮农组织（FAO）提出的。1974 年 11 月联合国在罗马召开了世界粮食大会，通过了《消灭饥饿和营养不良世界宣言》，宣言声称每个男子、妇女和儿童都有免于饥饿和营养不良的不可剥夺的权利。同时通过的《世界粮食安全国际约定》要求，有关国家在保证随时供应足够的基本食品以免严重的粮食短缺的同时，要保证稳步地扩大粮食生产以及减少产量和价格的波动。具体提出保证世界谷物库存量最低安全水平（即全年谷物消费量的 18%）的要求。这一时期的粮食安全概念关注的重点是粮食供应总量。

然而，粮食供应总量上的安全并不能确保个人获得维持生存的粮食，因此粮食安全的概念从总量概念扩展到个体概念。1983 年联合国粮农组织（FAO）提出，粮食安全的最终目标应该是确保所有人在任何时候既能买得到又能买得起他们所需要的基本食品。至此，粮食安全的概念包括了确保生产足够数量的粮食、最大限度地稳定粮食供应、确保所有需要粮食的人们都能够获得粮食这三个方面的内容。

从发展的角度看，粮食安全是一个动态变化的概念。阿尔伯特·瓦尔德斯（Alberto Valdes，1981 年）等学者将粮食安全定义为"缺粮国家或这些国家的某些地区或家庭逐年满足标准消费水平的能力"。这一概念涉及两个问题：一个问题是何为标准消费水平，标准消费水平是以消费水平的趋势作为标准，即以某一年的粮食平均消费量的 90% 为最低安全水平，以此为基数，将其他各年的消费量与基数进行比较来考察其趋势。如果超过基数，则表示粮食安全水平提高了；反之，则视为粮食不安全。另一个问题是维持谁的消费能力，粮食安全除了保证生产总量和年度间平稳供应以外，还有一个在不同人群中的分配问题。这就是说，粮食安全绝不是单纯的总量供应问题，而更多地表现为现有粮食在不同人群中的分配问题，尤其是特定弱势人群是否有能力获得粮食供应的问题。该观点认为，粮食安全可以从家庭、地区或国家几个层次达到粮食安全的能力来进行分析。如果以一个国家为一个整体来说，即使有足够的粮食供应，也并不意味着每个家庭都有能力消费，因为穷人缺乏购买力，因此，最终要满足家庭的消费才是粮食安全的本意。所以，国家必须有一些具体措施保证粮食送达面临食物保障压力的家庭。瓦尔德斯的粮食安全定义意味着粮食安全是一个不断调整以适应社会对粮食需求增长的动态概念。

随着环境问题的日益突出，粮食本身的安全性也成为粮食安全关注的内容。粮食安全概念的这种发展是对造成食物质量不安全因素的回应：一是工业废弃物污染农田、水源和大气，导致有害物质在食物中聚集；二是化学肥料、农药等使用量增加后，一些有害化学物质残留在食物中；三是食物加工过程中一些化学色素、化学添加剂的过量使用，使食物中的有害物质增加；四是在流通、贮运过程中的腐烂、霉变等使食物质量受影响。1992 年国际营养大会把食物安全定义为"在任何时候人人都可以获得安全营养的食物来维持健康能动的生活"。由此，赋予了粮食安全以营养安全的内涵。同时，粮食安全也与农业可持续发展相联系，粮食生产中农业资源的可持续利用和生态系统的可持续性也成为粮食安全所考虑的重要内容。因此，新的粮食安全概念使粮食安全与发展有机农业、生态农业相联系。1996 年 11 月第二次世界粮食首脑会议通过的《罗马宣言》和《行动计划》对粮食安全作出了更为详尽的解释："只有当所有人任何时候都能在物质上和经济上获得足够、安全和富有营养的粮食来满足积极和健康生活的膳食需要及食物喜好时，才实现了粮食安全。"这种诠释以营养安全拓展了粮食安全的内涵。2001 年世界粮食安全委员会提出了包括营养与健康、可利用性和经济获得性等 7 项衡量世界粮食安全的具体检测指标。

1992 年，中国提出了自己的食物安全概念，即"能够有效地提供全体居民以数量充足、结构合理、质量达标的各种食物"。随后，学者们从不同角度对粮食安全进行了多层次和多侧面的研究和解读，主要观点有：

（1）从粮食供求危机的角度认识粮食安全。朱泽（1998）认为，粮食安全应定义为国家在其工业化进程中满足人民对粮食日益增长的需求和粮食经济承受各种不测事件的能力。这些不测事件可能来自于自然灾害，也可能来自于市场波动；可能来自于生产环节，也可能来自于流通环节；可能来自于国内，也可能来自于国外。许世卫（2003）认为，食物安全是指中国在工业化进程中满足居民和贫困人群日益增长的对粮食等食物的需求和抵御食物生产、流通及国内外贸易中出现的不测事件的能力。该定义强调：首先，粮食安全不仅要保证居民，也要保证贫困人群的粮食需求；其次，粮食安全不应仅停留在生产领域，也包括流通和贸易领域的安全；最后，粮食安全强调对不测事件的反应及承受能力。这一点是不少学者讨论粮食安全时较少涉及的。罗孝玲（2007）认为，粮食价格与国民经济整体发展协调，并在一个均衡的范围内运行时，可以认为粮食是安全的；如果粮食价格长期在高价区或低价区运行，或者粮食价格大幅度波动，以致影响了国民经济的整体运行，即认为粮食存在安全问题。

（2）从粮食安全的层次认识粮食安全。吴天锡（2001）将粮食安全分为国家粮食安全、家庭粮食安全和营养安全三个层面。马九杰（2001）认为粮食安全包括宏观粮食安全和微观粮食安全。宏观粮食安全可以通过全球及整个国家的食物获取能力来反映。微观粮食安全则指家庭和个人获取粮食的能力。最微观层次的粮食安全直接涉及个人的营养安全状况，营养安全是粮食安全的最基本要求。吴志华等（2003）提出，粮食安全应该是为了保证任何人任何时候都能得到与其生存和健康相适应的足够食品，是一个国家或地区对粮食生产、流通与消费进行动态、有效平衡的政治经济活动。娄源功（2003）从粮食价格分析微观层面抵御粮食风险的能力。认为我国的粮食安全是指国家满足人们以合理价格对粮食的直接消费和间接消费，并具备抵御各种粮食风险的能力。粮食价格一方面反映了粮食市场的供求状况，包括粮食的生产状况和流通状况；另一方面，也会影响到消费者获取粮食的能力。粮食价格对低收入阶层的粮食安全冲击更为显著。高峰等（2008）对微观粮食安全的研究表明，在发展中国家，长期积累的贫困导致了经常性、普遍性的营养不足，人们面临着严重的微观粮食不安全。因此，微观粮食安全可以通过反贫困来实现。

（3）从粮食供应的时空分布来理解粮食安全。钟甫宁（2004）认为粮食安全问题大体包括：粮食供应总量是否满足基本需要；粮食供应在时间和空间上的分布是否均衡；是否所有的人都能很容易地获得基本的粮食供应；人们得到的粮食是否符合卫生、营养和健康的标准。在这个概念中，粮食供应在时间和空间上的分布均衡是对粮食安全的重要补充。闻海燕（2004）指出，一个完善的粮食安全保障体系包括三个环节：一是必须生产出足够多的粮食，二是要有一个高效率的流通组织来供应，三是确保所有需要粮食的人们在任何时候都能够获得粮食。粮食供应时空分布的变动对人们日常的粮食消费影响很大，因此是一个非常重要的研究内容。

（4）从粮食和食品概念的扩展和融合来解读粮食安全。蓝海涛和王为农（2008）将粮食安全界定为确保每一个人无论何时都有粮食和食品供应，且有能力购买；保证生产和供应的粮食与其他食品符合卫生质量标准，满足人体的营养需要；保证低收入阶层有钱购买必需的粮食和食物。中国居民食物结构的转变和提升，将"粮食安全"纳入了"食品安全"之中，从"食品安全"的高度看待粮食安全问题。统筹规划碳水化合物、油脂和蛋白等主要营养成分的生产和供给，既要向耕地要"粮食"，也要向林地、草地、水面要食物；既要着眼于领土的食物利用，也要着眼于领海甚至公海的食物开发；既要考虑满足当前的食物需求，也要考虑食物生产的可持续发展。

（5）从粮食生产与可持续发展考察粮食安全。谢扬（2001）对粮食安全的定义则包含了更多社会和文化的内涵，除了包含解决饥饿等经济涵义外还包含食品健康、保护生物多样性以及维护民族文化等新内容。姜长云（2005）认为，保证粮食安全的重点应该由产量安全转向能力安全，由藏粮于民、藏粮于仓转为藏粮于地、藏粮于钱、藏粮于主产区粮食生产的积极性；应该由生产安全转向流通安全和物流安全，应该将保证粮食安全与促进主产区农民的就业与收入安全结合起来，由重点保证供给经营安全转向兼顾供给价格安全。胡岳岷（2006）认为粮食安全应该是在可持续发展的条件下，以尽可能低的成本，最大限度地满足所有人在任何情况下和任何时候都能够获得生存和发展所需要的健康、营养、安全的食物。这一定义涉及粮食安全与可持续发展的议题。

（6）针对中国国情和民情提出粮食安全理念。尹成杰（2009）论述了国以民为本，民以食为天，手中有粮、心里不慌，粮食是安天下、稳民心的战略产业等观念，以及立足粮食自给、强化粮食扶持、严格保护粮食生产资源、健全粮食储备体系的方针和政策，构成了中国特色粮食安全理念。这种观点提出了粮食安全性的度量指标既包括农业的生产规模和生产潜力，也包括年度范围内粮食储备量的大小，其核心是粮食供求的配合状况及其演变趋势。

二、粮食安全研究综述

粮食安全受到多种因素的影响，这些因素既有自然的又有人为的，既有经济的又有社会的。研究粮食安全的影响，大致可从供给、需求和影响因素几个方面来分析。

首先是从供给方面分析粮食安全问题。刘振伟（2004）从粮食供给角度分析了影响我国粮食安全的三个因素：耕地锐减，粮食增产的技术支撑能力不强，农业基础设施投入不足，欠债较多。马九杰（2001）认为交通运输、仓储、分销体制等直接影响到粮食的供给状况，因此也是影响粮食安全的重要因素。

其次是从需求方面分析粮食安全问题。温铁军（2003）认为中国这个人口大国的粮食总产量与人口的增长必须同步变化，这是个基本规律，违背这个规律就要付出代价。人口结构的变化会带来消费结构的改变，消费结构的改善意味着对粮食需求的增加。彭珂珊（1999）认为随着我国城市化进程的加快，农村中越来越多素质较高的人进入城市工作，从而在非农人口增加对粮食需求的同时，又因粮食生产者素质普遍降低而影响粮食的生产供应，这种粮食供需因素上的逆向发展，无疑会对粮食安全造成重大影响。

最后是影响粮食生产稳定性的因素。自然资源是农业赖以存在的前提和基础，自然资源的优劣直接影响到粮食生产状况的好坏。罗斯盖特（Rosegrant，2001）和雷斯恩格（Leisinger，2002）认为由于世界人口的快速增长，自然资源储备的急剧减少，人们越来越关注世界粮食生产系统的未来生产能力。莱斯特·布朗（1995）认为在中国的工业化进程中，耕地将会被大量用于非农业用途，农业灌溉用水的供给也会急剧减少，粮食生产的增长将因此而减慢，从而影响到中国乃至世界的粮食安全。国家粮食局调控司（2004）的研究认为，影响我国粮食安全的主要因素有五个：其一，耕地资源，我国是属于人地关系紧张的国家，同时也是城市化水平比较低的国家，伴随着我国人口增长、工业化和城市化的推进，今后一个相当长的时期内我国仍将面临较大的耕地占用压力，耕地资源减少是在所难免的。其二，水资源，我国的农业用水量占整个用水总量的60%以上，全国水资源绝对量大，但人均占有量只有世界平均水平的1/4，且年度分布、季节分布、地区分布不均衡。今后水资源的供需矛盾将会更加尖锐，从而成为影响粮食生产的重要制约因素。其三，气候条件，我国旱涝灾害频繁，近几年因自然灾害造成的粮食减产损失每年都在 300 亿公斤左右。其四，科技进步因素，目前科技进步在我国粮食单产增长中的贡献率为 41%，而发达国家一般在60% ~ 80%。其五，还有一些其他社会经济因素，如生产管理体制、流通体制、价格政策、市场需求等。

解决粮食安全问题的一个重要方面是调动种粮农民的积极性。邹风羽（2005）认为，农民是粮食生产的主体，农民种粮积极性的高低是粮食生产发展好坏的决定性因素，因此，保护和调动种粮农民的积极性，重要的是建立政策倾斜和利益补偿的长效机制。王雅鹏（2005）认为，我国目前有 2.94 亿户农户，其中以种粮为主的农户估计为 1.7 亿户，他们以农业和粮食生产为主业，其收入主要来源于粮食生产，如果他们的收入水平不高，或从事粮食生产的收入预期不好，必然对粮食安全造成不利影响。国家要保障粮食安全，就必须保证农民收入，调动农民生产粮食的积极性，要寓粮食安全于农民增收之中。

粮食储备是政府调控粮食市场，确保粮食安全的重要手段。要解决目前国家储备粮功能定位不明确，储备规模大、成本高等问题，必须明确定位国家储备粮的功能，合理确定国家粮食储备规模；建立灵活、有效的粮食储备制度，完善国家、省两级政府加农户个体的三级粮食储备体系；储备地区逐步从粮食主产区向主销区、边远贫困地区和多灾害地区转移（张广翠，2005）。周明建（2005）等根据发达国家保障粮食安全的经验，提出要确保我国粮食安全，必须完善国家粮食储备制度，包括合理确定国家粮食储备规模、转变粮食储备方式、加强储粮市场的竞争、鼓励农民存粮等。

解决粮食安全的关键措施之一是建立国家粮食安全预警机制。首先是对粮食安全状况进行监测，涉及粮食安全状况的衡量方法、标准和指标。万宝瑞（2004）根据联合国粮农组织的粮食安全概念，提出粮食安全的标准是，近一个时期我国粮食自给率需保持在 95%，年产量需递增 1%；粮食播种面积不低于 16 亿亩，进口率不超过 5%；储备粮安全系数以 20% ~ 25% 为宜。根据我国的具体情况，刘振伟（2004）提出了衡量我国粮食安全的标准：①不低于 95% 的粮食自给率；②不低于 18% 的粮食储备率；③粮食人均占有量不低于 400 公斤；④基本农田面积不低于 16 亿亩；⑤粮食耕种面积不低于 16.5 亿亩。确定了粮食安全的量化标准，建立预警机制也就有了依据。建立粮食安全预警体系是国际上普遍的作法。丁声俊（2004）认为，我国急需建立这种预警体系，做到以粮食与主要食物生产供给和市场基本平衡为基础，对供求状况进行动态监测、深度测量和警情预报。一要建立准确、灵敏的市场价格预警体系；二要建立基于世界粮食危机的我国粮食和主要食物总量供求平衡预警体系；三要建立粮食和主要食物的安全警戒线。围绕国家粮食安全预警系统，周明建等（2005）提出了三条建议：建议成立一个跨部门的国家粮食安全领导小组，协调粮食预警系统的工作；建议成立粮食安全预警国家重点实验室，有效实现粮食安全预警与调控；稳步发展粮食期货市场。

农业支持政策体系的一个主要目的就是保障粮食安全。一个主要方面是粮食安全利益补偿的问题，涉及农户、种粮大户以及粮食主产区等方面。丁声俊（2008）认为中国粮食价格偏低，损害了农民的物质利益，挫伤了种粮农民和粮食主产区的粮食生产积极性。假若只一味地号召农民增产粮食，而不顾及他们的物质利益，那么，中国的农业只能沦为"口号农业、口头农业和口粮农业"。主产区与主销区之间利益失衡也是影响粮食安全的问题，这也是学者关注的焦点（叶晓云、孙强，2004；曾福生，2005；龙方，2007）。曾福生（2005）总结为：①出现"穷省补贴富省"现象；②粮食主产区与主销区的矛盾和预期加剧粮食供求矛盾；③主产区和主销区不同的粮食流通体制造成产销区域分割，从而影响市场机制对粮食安全保障的有效调节；④粮食主产区生产能力后劲不足。

从责任主体方面来看，温铁军提出，粮食安全保证的责任在中央政府，中央政府应该承担粮食安全责任。阿马蒂亚·森总结历史经验后得出，发生大规模的饥荒不是粮食供给不足，而是粮食获取权配置不合理，从而将粮食安全视为一个赋权问题。国外政府在实现粮食安全问题上也采取了一系列措施，这些措施包括价格政策、补贴政策、粮食储备制度、耕地保护等。美国对粮食的宏观调控政策主要有价格支持政策、限耕限售政策和鼓励出口政策。日本的粮食宏观调控政策主要有对粮食生产和流通进行计划指导，对粮食生产者给予政策扶持，对国内大米市场实行贸易保护，同时建立粮食储备制度。

三、粮食安全问题研究的主要内容

粮食安全是一个涉及面广的复杂系统。通过梳理，国内对粮食安全问题的研究主要集中在以下几个方面。

（一）提高粮食供给总量是粮食安全问题研究的核心论题

足够的粮食总量是粮食安全的基础，而要有足够的粮食根本上取决于粮食综合生产能力，因此提高粮食综合生产能力是粮食安全政策的着力点。影响粮食生产的因素较多，比如播种面积、单产、自然灾害等。而就播种面积和单产来分析，影响单产的因素包括自然因素、要素投入、技术进步和政策因素；影响播种面积的因素包括耕地资源、粮食播种面积占总播种面积的比重、复种指数等。在提高单产的诸因素中，由于技术进步居于首要地位，因此农业技术进步与粮食安全历来是众多学者研究的重点。在扩大播种面积的因素中，市场激励因素对粮食播种面积具有强烈的影响。市场经济条件下，粮价与其他作物比价关系是农民在各种作物间调整土地资源分配的重要变量，因此不能撇开市场价格去孤立地研究播种面积与粮食产出的关系。粮食生产者对市场因素的反应也是学者研究粮食安全的一个重要方向和领域。这一领域主要评估各种因素对粮食产量的贡献，并提出政策建议。

（二）利用国际市场和资源是粮食安全问题研究最具争议的论题

在全球化的今天，任何一个国家在确立粮食安全战略的时候，无论完全信赖，还是谨慎利用，都必然涉及如何利用国外粮食的市场和资源，这是一个无法回避的问题。因此，利用国际市场发挥比较优势，提高农业资源的配置效率，又不至于危及粮食安全是研究要着力回答的问题。

部分学者以比较优势作为理论基础，致力于论证发挥比较优势对农业资源配置效率的作用，他们倾向于鼓励国际分工和进口粮食，不太担心这些策略会危及国内粮食安全。另一部分学者强调粮食的特殊性，可能会使其成为战略武器而让进口国利益受到损害，他们主张较高的自给率，以保证粮食安全不受制于人，从而维护国家安全。必须承认，纯经济的考量很难发挥比较优势对资源配置所起到的积极作用，因此双方争论的焦点在于多大的自给率是合理的。

（三）稳定粮食供求是市场经济下粮食安全问题研究的新论题

粮食供求波动既反映了粮食供求状况，也会对粮食供求产生冲击。因此，研究粮食市场波动也具有重要意义。对市场波动的研究包括波动幅度大小以及波动在时点上的同步性。稳定粮食供应的措施包括加强投入、稳定生产、完善储备以及以贸易方式熨平市场波动。除了平衡粮食供求外，粮食储备也是粮食安全研究的重点。消除波动的方式主要是扩大生产、依靠储备和利用贸易。理论与实践说明，局部波动的简单累加应大于总体的波动，而总体对波动的承受和平抑能力则大于局部。局部的不稳定和不确定性大于整体的不稳定和不确定性。整体对风险的承受能力强于局部对风险的承受能力,系统的整体功能大于各个组成部分的功能的简单累加。因此,当代粮食安全措施所依据的一个有关概念是分散风险。适当的分配和流通机制对粮食生产波动较大地区的粮食安全具有至关重要的意义,而对于其他地区的粮食安全也具有重大意义,并可以减少粮食生产波动较小地区保障粮食安全的政策成本。

(四)应对宏观环境日益严峻的外部挑战是粮食安全问题研究的热点论题

自然资源(水资源、土地资源、化石能源等)短缺,极端天气频繁发生,生物资源发展,转基因技术推广,环境污染、生态破坏,以及人口增长,城市化、工业化进程加快等宏观环境的变化都是粮食安全面临的新挑战。这些新挑战的出现对粮食安全意味着什么?具有什么样的政策内涵?这些问题都是值得深入研究的。

总体上来看,上述研究构成了一个内容相对完整的粮食安全研究体系,是一直以来粮食安全研究的核心内容。然而,在这一传统框架下,研究在不断深入,形势在急剧变化,新的研究方向和新的研究领域不断浮现出来。比如,资源约束趋紧,环境污染趋重,农业转型呼声越来越高,发展资源节约型和环境友好型农业是人们所倡导的。在保证环境可持续发展的条件下,一些农业技术如生物多样性技术在保障粮食安全的实践中"小试牛刀",为未来农业发展提供了探索的新方向。再比如,在全球化趋势下,尽管时有竞争或摩擦,但合作是主流。虽然粮食自给依然是基本原则,但是国际合作的加强还是为粮食安全保障拓展了空间,也对研究提出了新问题。

四、本研究的创新点

(一)首次总结出云南省解决粮食安全问题的实践之路

本研究全面梳理近年来云南解决粮食安全问题所进行的实践与探索,对增粮效果显著的"润滇工程""兴地睦边"工程、利用农业生物多样性种植技术增粮工程、山区农业综合开发工程等进行了认真分析,在此基础上,总结凝练出云南解决粮食安全的"坝子保粮、水利兴粮、坡地增粮、科技促粮、以特换粮、森林加粮、生态优粮和境外补粮"的实践之路。

（二）提出建立以农民为主体的农村发展项目管理评价和考核机制

改变目前由政府职能部门规划、计划、立项、招投标、执行、验收和评比的封闭的农村发展项目管理运行机制。主张建立农民主导的项目立项、执行、管理和验收机制，由政府职能部门提供技术和资金支持，由人大、政协、媒体和其他社会中立机构进行监督。

（三）探索社会科学研究方法与自然科学创新技术有机结合的研究路线

本研究在分析总结云南省解决粮食安全问题实践的基础上，结合云南农业大学多年来面向"三农"进行的社会实践活动和参与"百亿斤粮食增产计划""兴地睦边"工程，主持利用生物多样性技术增粮工程等具体实践活动，增强了研究成果的现实性、针对性和可操作性。

第四节　研究思路、技术路线与研究方法

一、研究思路与技术路线

（一）研究思路

本研究通过系统查阅粮食安全的相关资料与政策，准确把握世界、中国的粮食安全现状及趋势，利用云南农业大学对云南省 129 个县（市、区）土地和农用地分等的研究成果，结合云南农业大学进行的利用农业生物多样性种植技术增粮的实践活动，同时选择云南省具有代表性的 3 个县进行典型调查，分析云南省粮食安全的基本形势与特点，明确云南粮食安全的基本定位，重点分析近年来云南解决粮食安全问题的实践与探索，总结凝练成功经验，提出解决边疆民族贫困地区粮食安全问题的政策建议，并对有关粮食安全的理论问题进行探讨和思考。我们以云南省作为研究对象，以山区和坝区作为两种基本研究单元，分析和总结解决粮食问题的不同实践，在此基础上，分析和提出山区、边疆地区、贫困地区和少数民族地区解决粮食安全问题的政策建议和思路，最后把云南省解决粮食安全

问题的不同实践上升到理论高度进行思考。

本研究思路突出了以下几个特点。

1. 点与面的资料结合

本研究所使用的点的资料，一是指云南省典型县（3个县）的粮食安全数据，数据来源是县级统计年鉴和县农业局；二是指典型村的粮食安全数据，数据来源是村级统计报表以及农户家庭调查。本研究所使用的面的资料，一是指云南省全省的有关粮食安全数据，数据来源是云南省统计局和云南省农业厅；二是指全国的粮食安全数据，数据来源是中国统计年鉴和农业部；三是指世界的粮食安全数据，数据来源是联合国粮农组织。点的资料用于分析深层原因以及描述农民在粮食安全方面的行为与态度，面的资料用于总结普遍性规律和分析发展趋势。点的资料具有较高的准确性与实时性，但对于面的代表性不够。面的资料强调资料来源的权威性和公开性，但没有过多考证其准确性。点、面资料结合，就能做到优势互补。

2. 技术与政策分析结合

从本研究的题目来看，着重分析粮食生产的基本情况，也就是在国内外粮食安全的新形势下，能否以及如何实现粮食的有效供给。但本研究不仅仅局限于统计数据以及各项粮食生产政策的分析，而是结合云南农业大学实施的粮食高产创建示范项目、百亿斤粮食增产计划、利用农业生物多样性技术增粮工程以及土地整理等重大工程，从粮食生产的技术方面，分析和测算云南省粮食供给的现状和未来可能的供给能力，并以这些技术措施为依据，提出未来云南省粮食安全的策略和政策保障措施。

3. 农民与专家观点结合

我们知道，专家的观点属于经验性和规律性的认识，能够启发和指导我们的研究过程，能够丰富我们的研究认识。但我们同时坚信，农民是粮食生产和供给的主体，农民自身的粮食安全构成了国家粮食安全的重要内容，农民又是粮食安全重要的保障者之一。长期以来，我们过多地研究和强调了粮食安全的技术和专家观点，对农民的研究和重视不够。本研究在典型县的典型村进行了大量的访谈和问卷调查，调查的问题主要围绕"农民为什么愿意种粮""为什么不愿意种粮"以及"今后的打算和期望"，通过调查了解农民在粮食生产方面的行为、态度和期望。

4. 实践与理论论证结合

一方面，我们深入剖析云南省确保粮食安全的不同技术措施、重大工程和主要政策，总结分析这些实践的成效、经验和存在的问题。在此基础上，总结出云南省多年来确保粮食安全的基本经验，尤其考虑到云南省边疆、民族、山区和贫困地区的特点，提出未来解决粮食安全问题的主要策略。另一方面，根据对云南省解决粮食安全问题实践的分析，结合前期的粮食安全理论研究，论证和丰富了我国粮食安全的理论体系，提出了一些有关粮食安全理论的新观点。

（二）技术路线

按照以上研究思路，整个研究过程按照二手资料分析、典型调查、数据分析、专家咨询等步骤顺序展开。具体技术路线见下图。

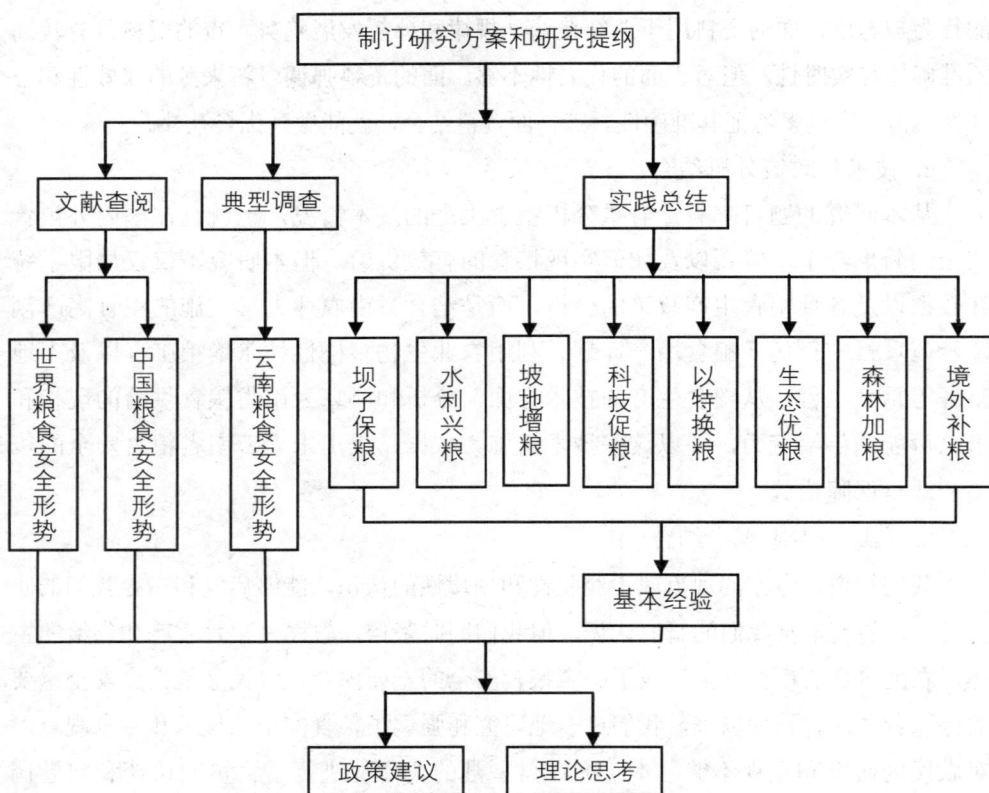

本书的研究技术路线图

根据这一技术路线，分步骤重点完成了以下工作。

1. 提出问题

粮食安全的研究是一个老话题，本研究并不是老话题的重复研究。本研究是把粮食安全作为在新形势下所表现出来的新问题来对待，不赘述粮食安全的重要性，而是从分析国内外粮食安全的新形势出发，指出未来粮食安全面临的机遇和挑战，提出未来我国粮食安全的策略和理论思考。所以，本研究所提出的基本问题是：面对国内外的粮食安全新形势，我国粮食安全的机遇和挑战是什么？以云南省为例，总结过去的经验和教训，思考未来我国粮食安全的基本策略和政策主张是什么？

2. 文献研究

明确了研究问题之后，我们收集整理了国内外关于新形势下粮食安全问题的不同论述，尤其注意把握新时期粮食安全问题的新特点。厘清理论的渊源和发展脉络，确定我们的研究方向，形成基本的研究思路。

3. 确认问题

通过文献研究，再次确认我们所研究的问题的范围和重点。比如，我们从对粮食安全一般问题的关注，聚焦到粮食生产与供给方面，把研究问题重新确认为：新形势下粮食生产和供给方面的问题是什么？存在哪些机遇和挑战？未来保障粮食有效供给的政策和策略是什么？

4. 制订研究方案

当研究的问题重新确定之后，我们着手制订详细的研究方案，研究方案包括研究内容、人员分工、人员培训、时间计划和经费预算，尤其明确了研究的重点和目标，强调要把研究的精力从面面俱到集中到粮食生产和供给方面。

5. 技术资料总结

我们认真分析了云南农业大学多年来实施的粮食安全项目，即粮食高产创建项目、百亿斤粮食增产计划、利用农业生物多样性技术增粮工程以及土地整治项目，从粮食生产技术上认识云南省粮食安全的可能性和未来策略，从技术上帮助定位云南省未来的粮食安全水平。

6. 选点调查

在现有资料分析的基础上，我们又在全省范围内选择了分别代表传统滇中"粮仓"的陆良县、宜良县，贫困地区的会泽县、剑川县，缺水地区的姚安县以及实施新兴粮食及经济作物发展的景洪市进行田野调查。在每个县（市）分别选择粮食生产水平高、中、差的三个村进行农户访谈和问卷调查，着重了解农民为什么愿意种粮、为什么不愿意种粮以及未来粮食生产的打算和要求等方面的信息，着重认识和强调农民在粮食生产方面的行为和态度。

7. 专家咨询

本研究在不同阶段召开了多次专家论证会，甚至两次匿名送有关专家审读，在写作过程中由课题负责人亲自把关，逐段、逐句、逐字推敲。既发挥了专家在研究观点方面的把关作用，又体现了专家在锻炼研究队伍和培养人才方面的指导带动作用。

8. 专题研讨

针对研究过程中出现的疑难问题和困惑，我们召开由政府相关部门参加的不同专题的研讨会，就某一个具体问题进行深入的分析和讨论。尤其是对于云南省粮食安全基本经验的定义以及在此基础上对粮食安全理论的思考，专题研讨了四次之后才确定下来。

二、研究方法

（一）文献分析法

通过查阅粮食安全的相关资料，从世界、中国的角度掌握粮食安全现状、存在的问题、面临的挑战和变化趋势；通过文献检索，了解国内外学者研究粮食安全的思路、方法和成果，寻求本课题研究的突破口；通过查阅国家和云南关于粮食安全的相关政策、文件资料，把握云南粮食安全的定位与策略。

（二）数量分析法

充分运用各类统计数据，对数据进行认真分析处理，尽可能利用各种指标对粮食安全状况进行统计分析；利用相关计量模型对生产要素的投入产出、粮食生产的主要影响因素、未来粮食供给和需求预测等进行数量分析。

（三）案例分析法

在对具有代表性的样本县进行调研过程中，搜集典型材料，通过对典型案例的分析、解剖，为研究提供更有力的佐证依据。

（四）专家咨询法

在研究过程中，课题组多次召开专家咨询会，听取专家学者、政府领导和技术人员等的意见和建议，尤其对重要结论、政策建议等内容更是反复论证咨询。

第二章 研究区域的农业概况

第一节 自然概况

云南地处中国西南边疆，位于东经 97°31′ 至 106°11′、北纬 21°08′ 至 29°15′ 之间。东西横跨 864.9 公里，南北纵距 990 公里，总面积 39.4 万平方公里，占全国国土面积的 4.1%，居全国第 8 位。全省山区、半山区面积占 94%，耕地面积为 420 万公顷，是一个多民族的边疆山区省份。

全省辖 16 个州市，其中省辖市 8 个、民族自治州 8 个。共有 129 个县（市、区），其中包括 29 个民族自治县。云南省的少数民族自治州和自治县在全国各省市区中是最多的，民族自治地方的土地面积为 27.67 万平方公里，占全省土地总面积的 70.2%。

云南省东面与贵州省、广西壮族自治区为邻；东北面以金沙江为界与四川省隔江相望；西北面紧靠西藏自治区；西面与缅甸接壤；南面毗邻老挝、越南。云南边界线全长 4 060 公里，其中中缅边界云南段长 1 997 公里，中老边界云南段长 710 公里，中越边界云南段长 1 353 公里。有 8 个边境州市共 25 个边境县（市），与 3 个邻国的 6 个省（邦）32 个县（市、镇）接壤。

一、土地资源

（一）概　况

根据第二次全国土地调查的数据，云南省土地总面积约占全国国土面积的

4.1%，居全国第 8 位，人均土地资源约 0.86 公顷，高于全国平均水平，人均土
地资源相对较多。据云南省土地资源详查 2008 年变更调查，全省土地总面积
3 831.94 万公顷，其中农用地 3 175.96 万公顷，占 82.88%；建设用地 81.59 万
公顷，占 2.13%；未利用土地 574.39 万公顷，占 14.98%。详见表 2.1。

1. 地貌土地类型

云南的地貌错综复杂，山中有坝，原中有谷，地域组合各不相同、分布较
散。由于地势高低、坡度大小、山川走向等因素的不同，直接影响着水热的再分
配，影响土壤的形成、发育和动植物类型的分布，因而也制约了农业生产和土地
利用的布局。以地貌形态来划分土地资源类型，可将其分为坝区、半山区、山区
和高寒山区四类。

（1）坝区。

山地高原间分布着的山间盆地和河谷地带通称为"坝子"。"坝子"指地
势平坦，面积在 100 公顷以上，相对高差在 50 米以下，坡度小于或等于 6°
的地区（少数坝子坡度为 6°～ 8°）。全省各种类型的坝子有 1 442 个，总面积
24 034.26 平方公里（3 605.139 万亩），占全省总面积的 6%。坝子的地域分布
很不均衡，滇东、滇中和滇南多，滇西、滇西北、滇东北少。

云南坝区地势平坦、土壤肥沃，热量条件较好，耕地集中连片，开发利用的
历史悠久，社会和文化进步，经济比较发达，交通方便，城镇密布，人口集中，
市场发育比较成熟，土地资源开发利用的内部和外部条件优越，土地利用率、集
约化经营程度和产出率较高，是云南土地资源的精华。

表 2.1　2008 年云南省土地资源面积统计表

类别		面积		占土地总面积（%）
		公顷	亩	
农用地	耕地	6 072 059.95	91 080 899.20	15.85
	园地	841 544.39	12 623 165.90	2.20
	林地	22 140 505.81	332 107 587.10	57.78
	牧草地	781 866.76	11 728 001.40	2.04
	其他农用地	1 923 603.63	28 854 054.50	5.02
	小计	31 759 580.54	476 393 708.10	82.89

续 表

类别		面积		占土地总面积（%）
		公顷	亩	
建设用地	居民点及独立工矿用地	628 205.23	9 423 078.50	1.64
	交通用地	100 160.13	1 502 402.00	0.26
	水利设施	87 559.03	1 313 385.40	0.23
	小计	815 924.39	12 238 865.90	2.13
未利用地	未利用土地	5 301 392.52	79 520 887.80	13.83
	其他土地	442 514.77	6 637 721.60	1.15
	小计	5 743 907.29	86 158 609.40	14.98
合计		38 319 412.23	574 791 183.40	100.00

资料来源：第二次全国土地调查相关统计资料（2008年）。

（2）半山区。

在山区中划分出半山区，即把邻近坝区，坡度大于8°、相对高差在50～200米的山区划为半山区。该区是全省种植业、养殖业和经济林木的主要分布区。

（3）山区。

山区主要是指滇西海拔2 500米以下，滇东海拔2 300米以下，相对高差200～1 500米的山地。云南山区基本上属于资源型地区，农业资源特别是林业、畜牧业资源极为丰富，宜林宜牧的荒山、荒地多，水热条件较好，林草生长较快，生产潜力大。山区土地资源丰富，但由于所处的纬度、坡向、坡度和海拔高低等不同，气温高低、降水量多少均有很大差异，立体特征显著。另外，由于山高坡陡、雨量集中、植被破坏等因素，不少山区水土流失比较严重。

（4）高寒山区。

高寒山区是指海拔2 500米以上的地区，总面积7.12万平方公里，占全省总面积的18.1%。比较集中地分布在滇西北、滇东北、滇西和滇中。高寒山区地势高峻，气候严寒，霜期较长，农作物一年一熟；大部分地区云杉、冷杉等高山针叶林资源丰富，草场面积广阔。

2. 土壤土地类型

按土壤类型划分，全省自南向北可分为四个大区：

（1）砖红壤为主的地带。主要分布在西双版纳、红河东南边缘海拔 1 000 米以下的地区，土地面积占全省总面积的 16.2%。

（2）砖红壤性红壤地带。主要分布在北纬 23°~ 24°，包括 34 个县，土地面积占全省总面积的 24.9%，是云南省经济作物和经济林木的发展基地。

（3）山原红壤和紫色土为主的地带。主要分布在北纬 24°~ 26°、海拔 1 500 ~ 2 500 米的山地、高原和丘陵地区。包括 53 个县，土地面积占全省总面积的 31.5%，是省内粮、烟、油、菜、果、蚕的主产区和高产区。

（4）棕壤为主的地带。分布在北纬 26°以北、海拔 2 000 米以上的地区，包括 23 个县，土地面积占全省总面积的 22.8%。

全省土壤的水平分布情况大致是：滇中为山地红壤，滇南是砖红壤性红壤，南部边缘分布着砖红壤。黄壤主要分布于昭通、文山、红河南部地区及德宏和西双版纳的部分潮湿多雨地区；石灰岩地区分布的是黑色石灰土和棕色石灰土。山地土壤的垂直分布自下而上依次为砖红壤、赤红壤、红壤和黄壤、黄棕壤、棕壤、暗棕壤、棕色针叶林土、亚高山和高山草甸土、高山寒漠土；干热河谷有燥红土、红褐土分布。

3. 质量等级土地类型

全省土地划分为八个质量级别，其分级标准是：

一级地：复种指数高、土层深厚，无不良层次，质地适中、耕作方便，适种作物广，在正常耕作管理条件下产量较高。所处地势平缓，基本不显示侵蚀现象，土壤保肥性能好，灌排自如、旱涝保收，气候条件适合主要作物生长。

二级地：质地稍有不适；有轻微侵蚀或潜在侵蚀威胁；水分状况不适合，排灌设施不健全；田块小、不平整等。土地利用有某些限制。

三级地：土地利用受较大限制，适种范围窄，复种指数不高。有以下一项或多项限制：如土层厚度小于 80 厘米；质地过胶或过沙影响根系正常发育；坡度在 10°以下，有轻度土壤侵蚀；排灌设施不完善，有旱涝威胁；保水保肥供肥性较差或有轻度毒质污染危害。

四级地：对农业生产有较大限制，但适宜发展林业和人工草场，在利用上多为轮歇地或宜农荒地。有以下一项或多项限制：如坡度 10°~ 15°，有中度侵蚀；土层浅薄或有障碍层次；结构质地差；有旱涝问题或受气候条件限制；多为一年一熟。

五级地：不适宜农业，主要用于牧业和林业。其限制因素主要是：坡度

15°～25°，土壤片蚀较重并有沟蚀发生，土层浅或砾石多，排水不良或干旱缺水；气候条件较差。

六级地：只能用于牧业和林业。主要限制因素是坡度大于 25°，土层较浅，水土流失严重，气候条件较差。

七级地：限制因素与六级地相同，但程度更为严重，改良困难，仅能生长野生牧草及放牧。

八级地：不适宜农林牧各业生产性利用。

（二）特 点

1. 山地多，平地少，耕地资源紧缺

坡度大于 25°的陡坡土地占土地总面积的比例高达 39.27%，由于山地比重大，有条件开垦的宜农荒地实际上大部分已经被开发利用，土地垦殖率为 16.31%，可开垦的宜农荒地人均仅为 0.09 亩，且这部分荒地因水热条件、耕作半径等因素限制，后续开发难度较大。此外，陡坡耕地和劣质耕地比例较大，耕地总体质量较差，加之水土条件的时空不匹配加大了耕地占补平衡的难度，造成了耕地资源十分紧缺，全省尚可开发利用的宜农荒地资源仅有 40 余万公顷。

2. 水土易流失，地质灾害频发

云南省是我国地质灾害频发的省份之一。全省崩塌、滑坡、泥石流等地质灾害隐患点多达 20 多万处，年均冲毁农田占耕地减少总量的 10% 以上，部分地区土壤侵蚀、水土流失严重，形成石漠化和沙化区域。25°以上的陡坡地占 39.2%，不同程度的水土流失面积达 14.68 万平方公里，占全省总面积的 38.3%，耕地中有 40% 左右存在着不同程度的水土流失。

3. 土地类型多样，分布不均且零散

土地利用具有多样化和复杂性的特点，耕地和林地面积较大，优质耕地主要分布于坝区。园地和草地比例较少，多零星分布于山地、丘陵、河谷和坝区，与林地和耕地相嵌。

宜林地资源丰富，有林地面积大，但分布不均衡。据全省第二次土壤普查的土地评价，宜林的四级、五级和六级土地资源共 2 546.67 万公顷（3.82 亿亩），占全省总面积的 66.4%，具有发展林业的优越自然条件。有林地面积 966.67 万公顷（1.45 亿亩），森林覆盖率为 24.38%，其面积和所占比例较大。但是，省内林地分布很不均衡，多集中于人口较少、交通不便的滇西北和滇西南等边远地区。而滇中、滇东北和滇东南有林地面积较少，森林覆盖率低。

草地面积达 800 万公顷（1.2 亿亩），约占全省总面积的 21%。草地类型多样，大体可分为四大类：海拔在 3 800 ～ 4 300 米为高山草甸；3 000 ～ 3 800 米为亚高山草甸；2 100 ～ 3 000 米为山地稀树灌木草甸；2 100 米以下为疏林草场、山地灌丛草丛、山地草丛及农林撂闲地等草地。全省大部分草地水热条件较好，牧草品种资源丰富，产草量高于中国北方。但是，全省除滇东北和滇西北的高原草地比较集中分布外，大多数是零星地分布于山地、丘陵、河谷、盆地之间，与林地和农地相嵌。由于多种原因，草地退化比较普遍和严重，草质变劣，紫茎泽兰侵入面积大，产草量呈下降趋势。

水域面积达 54.68 万公顷（820.2 万亩），占全省总面积的 1.4%，开发利用率较低，产出率低于全国平均水平。20 世纪 90 年代以来，一些高原湖泊，如滇池、异龙湖、星云湖等湖泊的水面呈缩小趋势。污染日趋严重，综合开发、利用、整治和保护水域日益迫切。

二、水资源

（一）概　况

云南省平均年降水量为 4 821 亿立方米，河川径流量为 2 222 亿立方米，折合平均径流深 580.0 毫米，平均每平方千米产水 58 万立方米，地下水资源量为742 亿立方米／年，冰川雪山静贮水量约 10 亿立方米，湖泊静贮水量近 300 亿立方米。从西藏、四川、贵州、广西四省区流入水量 1 845.8 亿立方米，从缅甸、老挝、越南等邻国流入水量 97.2 亿立方米。水资源总量即河川径流量与过境水量之和为 4 165 亿立方米。

省境内有大小河流 600 多条，其中水能资源蕴藏量在 1 万千瓦以上的有 300条。普查统计，全省拥有的水能资源理论蕴藏量为 10 364 万千瓦，年发电量可为 9 078.66 亿千瓦时，占全国总发电量的 15.3%。可开发的装机容量为 7 116.79多万千瓦，年发电量为 3 944.5 亿千瓦时，占全国可开发量的 20.5%。

（二）特 点

1. 总量丰富，但开发利用难度大

云南水资源的特点是总量十分丰富，出入境水量多，人均和亩均占有水量均高于全国。但是，由于横断山脉深度切割，高低悬殊，地形地貌复杂，"人在高处住，水在低处流"，水资源总量丰沛，但开发利用的难度大、成本高、边际效益低。

云南多年平均降水量为 4 821 亿立方米（折合降水深 1 258 毫米）。多年平均径流量 2 222 亿立方米（折合径流深 580 毫米、平均每平方千米产水 58 万立方米），约占全国的 7.4%，仅次于西藏和四川，居全国第三，是宁夏的 260 倍，相当于黄河流域水资源量的 3 倍。其中，地下水资源量为 738 亿立方米（折合水深 193 毫米）。高原湖泊和冰川的蓄水量约为 300 亿立方米，属静储量，不计在水资源组成部分中。另外，从缅甸、老挝、越南等邻国流入水量 97.2 亿立方米，总入境水资源量达到 1 943 亿立方米。水资源总量即河川径流量与过境水量之和为 4 165 亿立方米。

2. 供需不匹配，水土不匹配，垂直分布明显

云南水资源的地区分布与用水需求配置极不协调，水供需矛盾突出。占全省土地面积 6% 的坝区，集中了 2/3 的人口和 1/3 的耕地，但水资源量只有全省的 5%；滇中重要经济区的人均水资源量仅有 700 立方米左右，特别是滇池流域不足 300 立方米，处于极度缺水状态。时空分布极不均匀，水土资源不匹配，开发利用难度大。云南特殊的地形条件决定了云南水资源的空间分布。云南是一个山区省份，虽然面积大于 1 平方公里的坝子共有 1 442 个，分布在云南各地，但总面积只有 24 034.26 平方公里，仅占全省总面积的 6%，而高原占 10%、山地占 84%。坝区是云南历史上的政治、经济中心，也是农业生产的主要基地，全省的绝大多数城镇、工业区和农业区都聚集在坝区。更为特别的是人口集中和工业集中的重要城市，如昆明、个旧、曲靖、楚雄等城市都位于金沙江、南盘江的二、三级支流或源头上，水资源贫乏，城市缺水和农业旱灾不断，水供需平衡矛盾特别突出。

云南水资源空间分布极不均匀，垂直分布十分明显，西多东少、南多北少，高山区多平坝区少，边远地区多大中城市少，地区性缺水问题十分突出。由西向东可以分为三个多水带（大于 800 毫米）、两个中水带（200～800 毫米）和一个少水带（小于 200 毫米）：（1）多水带主要是高黎贡山以西，包括伊洛瓦底江和怒江下段是西部多水带，最大径流深超过 3 000 毫米，无量山、哀牢山南段和中越、中老国境线一带是南部多水区，金平县的老林站径流深近 3 000 毫米，滇东北的高山地区是东部多水区，分布零散，最大年径流深 1 600 毫米。（2）中水带主要是高黎贡山以东至无量山西部，即澜沧江流域的绝大部分地区属西部中水带。昆明以东，即金沙江下段、珠江、红河等地区属东部中水带。（3）少水带主要从西北角的金沙江和澜沧江河谷延伸到红河流域南部，斜卧云南中部，分布较分散。包括金沙江河谷、宾川、祥云、南华、楚雄、玉溪、建水、石屏、开远等地。由于少水带是云南省主要的工农业生产区，故水资源供需矛盾很突出。不同地区人均水资源情况见图 2.1。

（单位：m³）

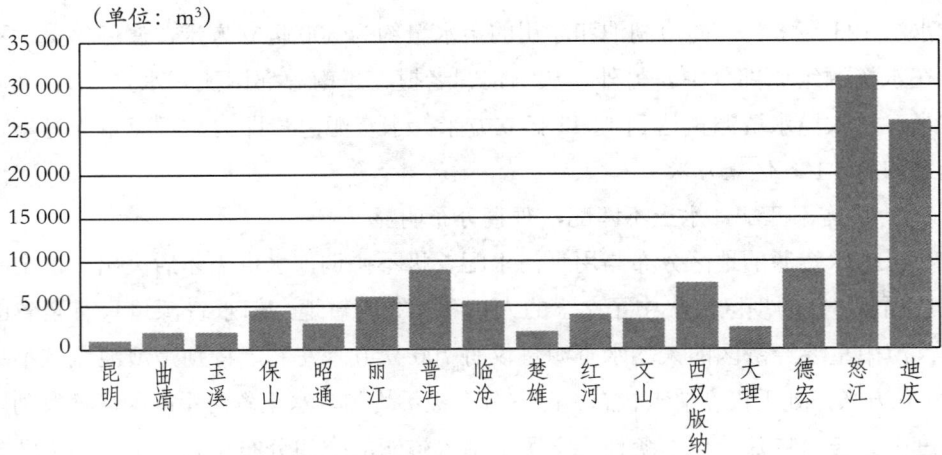

图 2.1 云南省各地人均水资源量

3. 年内分配不均，年际变化大

云南水资源年内分配不均。云南水资源在一年内的分配特点主要取决于河流的补给条件，而河流的补给主要来源于降水，水资源的年内分配必然受降水的季节变化所制约。雨季半年（5 月至 10 月），水资源量约占全年的 73% ~ 85%，而干季半年（11 月至次年 4 月），水资源量仅占全年水量的 15% ~ 27%，在农业生产用水量最大的 4 月、5 月，径流量仅占全年水量的 2% ~ 3%，最枯水月份仅为最丰水月份水量的 1/30 左右。而且更为严重的是径流量愈少的地区，年际变化愈大，丰枯变化就越剧烈。在某些年份和一年的某些月份水资源供需紧张，春旱非常突出。就是在水资源总量很丰富但无大蓄水工程的地区，仍然出现季节性缺水，供需矛盾突出。云南无雨就旱、有雨则涝，水旱灾害常常交替发生，久旱之后突然发生大洪水，旱涝急转、涝中有旱相互交替的情况较为突出。

三、气候资源

（一）概 况

云南地处低纬高原，地理位置特殊，地形地貌复杂。由于大气环流的影响，冬季受干燥的大陆季风控制，夏季盛行湿润的海洋季风，属低纬山原季风气候。全省气候类型丰富多样，有北热带、南亚热带、中亚热带、北亚热带、南温带、中温带和高原气候区七种气候类型。

1. 光能资源

（1）日照时数的地区分布特征。全省各地多年平均日照时数在 960～2 840 小时之间。金沙江河谷地区的永仁为全省之冠，年日照时数高达 2 836.4 小时。宾川年日照时数 2 736.9 小时，为全省次高值。滇东北盐津为全省日照时数最少地区，年日照时数值仅为 961.8 小时，绥江年日照时数 1 012.5 小时，为全省次低值。全省年日照时数高低之间相差 3 倍。全省各地年日照时数的地区分布有西高东低的特点。昆明以东年日照时数一般在 2 200 小时以下，滇西北、滇西多数地区一般在 2 300 小时以上，其中大理、丽江、楚雄等州市多数地区在 2 400 小时以上。

（2）日照时数的年内变化。云南多数地区无明显的四季之分，却有明显的干季、雨季之别。干雨季日照时数有较大的差异。干季（11 月至次年 4 月）晴天多，日照充足，尤其是 3 月、4 月，全省多数地区风干物燥，不仅阵雨日数甚少，而且天空云量也十分稀少，几乎天天都是晴空万里，日照时间特别长，光照强度也特别大，各月日照时数多数地区在 200 小时以上，不少地方甚至超过 300 小时，每天平均可达 10 小时。雨季（5 月至 10 月）全省各地日照时数在 610～1 270 小时之间。永仁最多为 1 266.8 小时，福贡最少为 613 小时。全省各地雨季日照时数比干季日照时数一般少 200～300 小时。云南省地处低纬高原，太阳总辐射量从东向西递增。楚雄、临沧一线以西地区（怒江州除外）仅次于西藏、内蒙古、青海等地，为全国太阳辐射量最多的地区之一。滇东北绥江、盐津平地与四川盆地、贵州等地相当，为全国太阳总辐射量最少的地区之一。

云南光能资源在全国属于最丰富的省份之一，光能资源地区分布为东少西多

（除滇东北北部和怒江州北部外），为作物的高产优质奠定了基础。除极少数地区外，省内各地全年基本上都为生长季，没有我国北方的"死冬"存在，云南丰富的光能资源全年均可得到充分利用。光能资源年内变化特点是冬大夏小，春多于秋。春季是全省日照时数最长、太阳总辐射量最多的季节，但这段时间全省正处在干季，干旱少雨，使得丰富的光能资源得不到充分利用。温高雨多的夏季，正是作物生长最旺盛的时期，而这段时间日照时数为全年最少的时期，太阳总辐射量也不多，对作物高产有一定影响。

目前，云南农业水平低，光能利用率平均不到1%，与国内和世界上的高产地区（光能利用率达3%左右）比较起来差距很大。因此，云南农业的增产潜力很大。

2. 热量资源

热量是影响作物生存、生长和产量形成的基本因子，是最重要的农业气候资源。云南热量资源的一般特征是：地域分布差异显著，南部地区气温高，积温多，热量资源丰富；北部地区气温低，积温少，热量资源欠缺；有河谷地区炎热、坝区温暖、山区寒冷的特点。

（1）年平均气温的地区分布。

云南省平均气温在4.7℃～23.7℃之间，元江是我省平均气温最高的地区，为23.7℃，德钦是我省平均气温最低的地区，为4.7℃。年平均气温地区分布总的特点是：①河谷地区气温高，高山地带气温低。元江河谷下游、澜沧江河谷下游、怒江河谷下游、金沙江河谷部分地段，年平均气温在20℃～24℃之间，是省内年平均气温最高的地方。②自南而北，随纬度增加和海拔高度的增高，年平均气温急剧下降。③降水量多、湿润度大的地方因水分供应充足、蒸发耗热量大，因而气温明显低于同海拔地区但降水量少、湿润度小的地方。

（2）气温的年内变化。

气温年内变化的特点是：春季升温迅速，夏季温暖而不炎热，秋季降温剧烈，冬季温和而无严寒。气温年际变化幅度较大，省内东部地区气温最高年与最低年差值在1.5℃～2.0℃以上。

（3）气温的日变化。

云南省气温平均日较差的年内季节变化特点是夏秋季小，夏季最小；冬春季大，春季最大。

云南热量资源地区差异十分显著，因而南北耕作制度有很大的不同。滇南等低海拔地区一年三熟，可种植多种喜温作物，不少地方可种植热带作物。滇中中海拔地区一年两熟或两年五熟，可种植喜温作物和喜凉作物。滇西北、滇东北高海拔地区一年一熟，只能种植热量要求不高的喜凉作物。

省内各地热量分布除了水平地带性差异外，在垂直方向上差异也很大，这种分散的、多样的热量分布格局，虽然为农业生产综合发展提供了众多的热量类型，但同时也给大范围内集中建立生产基地带来了困难。

云南冬无严寒，作物越冬条件好，作物全年均可生长。冬季不少地区山地逆温现象明显，减轻了冬季低温对作物的寒害，在小春作物营养生长阶段基本不受寒害。南部不少地区由于冬温高，可种植冬玉米、冬黄豆、冬烟、冬早蔬菜等作物，给复种指数的增加提供了有利条件。

云南春季回暖早，但春温不稳定，时有倒春寒发生，常使小春作物遭受低温危害，尤其是滇中一带云南主要产粮区受到的危害最为严重。

云南气温年际变化不大，对保证农业稳产有利。气温年内变化平稳，多数地区一年之中，大部分时间气温在15℃～25℃之间，这正处于喜温作物、喜凉作物光合作用最适温度范围之内，农作物易于获得高产。

3. 水分资源

云南雨量较为丰沛，平均年降水量约为1 100毫米，为农业生产的发展奠定了良好的基础。云南降水地区分布不均匀、年内季节分配不均匀、年际变化不均匀、雨季起讫早迟差异大，给农业生产带来了很大的影响。

南部地区及边境地区降水最多，自然降水基本上能满足作物需要。省内中部和北部多数地区降水量小于农田蒸发量，必须进行灌溉才能满足作物全年的需水要求。尤其是一些低热半干旱河谷地区降水量甚少，蒸发量很大，水分供求矛盾甚为突出，没有灌溉作物就不能正常生长。干雨季分明是云南季风气候的显著特点之一，降水年内差异悬殊，夏秋季节降水量多，又值温度较高的时期。雨热同期，对农业生产有利。冬春季节降水甚少，干旱几乎年年发生，对小春作物用水和大春作物栽种有很大的影响。春旱是云南的主要气象灾害，干季（特别是春季）雨水的多少和有无灌溉条件，是决定云南小春作物产量的重要因素。

云南年内各月降水年际变化较大，特别是大小春作物收种季节的降水变化大，雨季开始期和结束期各年之间早迟相差很大，对大小春作物栽种、收获及水库蓄水影响很大。

云南多数地方虽雨天较多，但大暴雨相对较少，故大范围的洪涝灾害不易发生。降水强度小，有利于土壤吸收水分，降水的有效性比较大。但云南山高坡陡，降水易形成径流，使降水的有效性大大降低。云南大部地区多为过程性降水，连续阴雨天气时间一般不长，不少地区夜雨频率较大，白天光照充足，对作物的光合作用十分有利，为高产优质创造了条件。

（二）特　点

1. 气候类型多样，区域差异大，立体气候显著

气候类型多样跟云南的纬度和海拔这两个因素密切相关。从纬度看，其位置相当于从雷州半岛到闽、赣、湘、黔一带的地理纬度，但由于地势北高南低，南北之间海拔高低悬殊达 6 663.6 米，大大加剧了全省范围内因纬度因素而造成的温差。这种高纬度与高海拔相结合、低纬度和低海拔相一致，即水平方向上的纬度增加与垂直方向上的海拔增高相吻合的状况，一方面使全省垂直方向上每公里的气温变化相当于全国水平方向上 1 400 ～ 2 500 公里的变化；另一方面是全省水平方向上 8 个纬度间的温度差异相当于从我国南部海南岛到东北长春之间的年均温差，呈现出热、温、寒三带多样气候。各地的年平均温度，除金沙江河谷和元江河谷外，大致由北向南平均增加 5℃ ~ 24℃ 左右，形成南高北低的总趋势，南北气温相差达 19℃ 左右。省内各地各季起止时间，南北相差可达 5 个月以上，同一时期各地有不同的季节。如 4 月份，滇中尚是春暖季节，滇南已是炎热夏季，滇北高寒山区仍为寒冷冬天。

由于地形的影响和天气系统的不同，全省气温纬度分布规律中常会出现特殊的情况。这些特殊情况同样反映了气候的区域差异和垂直变化。如"北边炎热南边凉"的现象：北部的元谋比中部的景东热，景东又比南部的江城热。特别是在垂直分布上，因我省境内多山，河床受侵蚀而不断加深，形成山高谷深的地貌特征，不论在北、中、南部，由河谷到山顶，都存在着因海拔上升而产生的气候类型差异，一般海拔高度每上升 100 米，温度就降低 0.6℃ 左右。"一山分四季，十里不同天"，这就是云南多种多样气候类型的写照，同时也表明了"立体气候"的特点。

2. 年温差小而日温差大

由于地处低纬高原，空气干燥稀薄，各地所得太阳光热的多少受太阳高度、

角度变化影响大，同时受云雨的影响。夏季，阴雨天多，太阳光被云遮蔽，所以温度不高，最热天平均温度在 19℃ ~ 22℃ 左右，比北京、哈尔滨都低。冬季，受暖气流控制，晴天多，日照充足，湿度较高，最冷月平均温度在 6℃ ~ 8℃ 以上。年温差一般为 10℃ ~ 15℃，但阴雨天气温较低。从一天的温度变化来看，早晚较凉，中午较热，尤其是冬春两季，日温差可达 12℃ ~ 20℃。

3. 降水充沛，干湿分明，分布不均

全省大部分地区年降水量在 1 100 毫米左右，但由于冬夏两季受不同大气环流的控制和影响，降水量在季节上和地域上的分配极不均匀。80% ~ 90% 的雨量集中在每年 5 月至 10 月雨季，尤以 6 月至 8 月三个月的降水量最多，约占全年降水量的 60%。11 月至次年 4 月的冬春季节为旱季，此时天晴日暖、风高物燥，雨雪很少，降水量只占全年的 10% ~ 20%。在地域分布上降水很不均匀，最多的地方如江城、金平、西盟等地年降水量可达 2 200 ~ 2 700 毫米，为全国多雨区之一，最少的地方（如宾川）仅有 584.1 毫米。在较小的范围内，由于海拔高度的变化，降水的分布也不均匀。

4. 无霜期长，光照条件好

我省南部边境全年无霜；偏南的文山、蒙自、普洱、临沧及德宏等地无霜期为 300 ~ 330 天；中部的昆明、玉溪、楚雄等地无霜期约为 250 天；昭通和迪庆虽比较寒冷，但无霜期也可达 210 ~ 220 天。云南光照条件较好，每年每平方厘米地面光照热量为 90 ~ 150 千卡，仅次于西藏、青海、内蒙古等省区。

四、生物资源

（一）概 况

1. 作物资源

世界栽培作物有八大起源中心，中国为其中之一，而云南地处中国起源中心的边缘地带，与印度起源中心接近，区域特征明显，品种资源十分丰富。1956 年至 1957 年，原云南省农业试验站曾进行过粮食作物地方大品种的普遍征集。据不完全统计，共征集到了 30 多种作物，近万份品种材料，其中水稻 1 756 份、玉米 1 015 份、小麦 569 份、小杂粮 1 414 份、大豆 712 份、豌豆 177 份、冰豆 34 份、蚕豆 255 份、马铃薯 230 份，还有不少的特有种和野生种，如此丰富的地方品种资源是全国少见的。

粮食作物的分布特点：①旱作农业比重高于灌溉农业，比重大约为6:4；②粮食作物的分布范围、海拔界线都是世界上少有的；③受海拔高度、寒潮路径、地形地貌的影响，区域性小气候比较突出，难以形成大的作物带，呈现小块集中、全省分散的分布状态；④作物交错分布，山区有水稻，坝区有旱粮。全省粮食作物的分布有明显的立体性。1 400米以下的低海拔地区，主要种植稻谷、薯类和各种豆类；1 400～2 100米的中海拔地区，以种植稻谷、玉米、蚕豆、小麦、杂粮为主；2 100米以上的高海拔地区，主要种植玉米、马铃薯、青稞、燕麦、荞麦，以及各种豆类。

经济作物的生产特点：①种类众多，资源丰富。在错综复杂的自然条件影响下，云南有热带、亚热带、温带和寒带的经济作物，种类之多，在全国位居首位。诸如油料、糖、茶、烟、麻、药材、果类、蔬菜、桑蚕、棉花、淀粉、香料、鞣料、胶料等都有生产。同时，还有为数不少的特种经济作物。云南素有"植物王国"之称，现已发现的植物种类多达12 000种以上，其中，有一定经济价值的不下千种。②生产规模不大，专业化程度低。云南经济作物虽然种类繁多，但大多数生产规模不大，在农业生产中具有一定地位的只有油菜、烤烟、甘蔗、茶叶、橡胶等几种经济作物，而且与其他省份相比，种植规模也不算大。③生产水平低，产量不多。各类经济作物的单产都比较低，一般均低于全国平均单产水平。

2. 森林资源

云南森林面积953.3万公顷，占国土面积的24.2%，灌木林地552.7万公顷，占国土面积的14%，森林覆盖率为24%。1995年全省活立木总蓄积量为9.88亿立方米。云南森林资源特点：①树种多，类型多，植被类型约有4 000多种；②材用树种多，乔木树种有87科2 700种以上，还有许多被国家列为一、二类保护树种的珍稀树种；③经济林木种类繁多，有木本粮油林、特种经济林、木本果树林及其他经济林木等，经济林面积约占森林面积的4%；④伴生山林资源及特产丰富。

3. 野生动植物资源

云南药用植物共有4 758种（1989年全省中药资源普查结果），是全国药用植物种数最多的省份，其中常用草药近1 300种，目前已列入收购和生产的植物约有 360 多种；野生油料植物近 200 种；观赏植物在 2 100 种以上。还有鞣料植物、纤维植物、淀粉植物、树脂树胶植物等多种资源。

云南有十分丰富的野生动物物种资源和野生经济动物资源，野生脊椎动物种类有 1 737 种，居全国首位。被列为国家一、二、三类保护动物的珍稀动物，占全国保护动物种类的 41.6%，云南还保存着一些古老的原始动物种类，是不可多得的野生动物物种基因库。

4. 非木材森林资源

非木材森林资源包括丰富的药用植物资源、野生食用菌资源、森林蔬菜资源及森林景观植物资源。

云南是全国药材主要产区之一。云南药用植物资源丰富，药用植物种类多达 4 758 余种，许多重要药材特产于云南或以云南产者为佳，中药资源的优良品质，使云南中药材在全国市场上占有举足轻重的地位，在著名的"云贵川广，道地药材"中首屈一指，占全国定名为名贵药材的品种的 60% ~ 70%。

丰富的野生食用菌资源。云南复杂的自然条件和多样的气候类型，为多种食用菌提供了良好的生长条件。我省野生食用菌约有 600 多种，占世界食用菌种类的 35%，约占全国的 75%。有关资料显示，我省的野生食用菌资源总量约为 50 万吨，野生菌种类及产量均为全国首位。据不完全统计，我省目前野生食用菌进入产业化生产，流通量达 21 800 吨，其中松茸 1 200 吨，其他野生食用菌 20 600 吨。近年来，随着天然林保护、退耕还林等国家重点林业工程的实施，森林植被得到恢复和发展，野生食用菌的数量也呈恢复性增长。

森林蔬菜逐渐成为群众"菜篮子"中的重要组成部分。在云南的森林植被中，数以百计的植物都可作为蔬菜食用，森林蔬菜具有种类多、资源分散、资源总量大、商品量小等特点。大部分森林蔬菜未被开发利用，少数种类有人工栽培，但规模小，森林蔬菜的利用仍以采集天然资源为主，过度采集现象严重。据初步统计，云南省约有森林蔬菜（野菜）600 种（不含野生菌类），人们传统食用的森林蔬菜主要有臭菜（羽叶金合欢）、刺五加、甜菜、香椿、树头菜、金雀花、苦刺花、攀枝花、棠梨花、大白杜鹃花、松杉尖、青刺尖、树衣等；人工栽培的主要有香椿、刺五加、臭菜、树头菜、金雀花等。

有多种稀有珍贵植物、森林景观植物，经济价值巨大。素有"植物王国""植物物种基因库"之称的云南，有众多稀有珍贵植物、野生花卉及森林景观植物，尤其是山茶科、杜鹃花科、木兰科、樟科、蔷薇科和棕榈科等观赏价值较高的植物种类。现已初步筛选出木兰科、樟科、蔷薇科、棕榈科等科属中的76种城市绿化树种，开始运用于城市街道绿化，取得了良好的效果。另外，云南地处世界茶叶原产地的中心地带，是迄今所知世界上野生茶树群落、古茶园保存面积和种类最多的地区，是世界茶文化的"根源"，也是未来茶产业发展的重要种质资源库，具有较高的科学研究和生产应用价值，如进行合理的保护性开发，这些宝贵的资源将会产生巨大的经济效益和社会效益。我国现有茶组植物12种6个变种，云南就分布有8种6个变种。我省现存的具有一定规模的野茶和古茶园主要分布在西双版纳、临沧和普洱等边疆少数民族聚居的贫困山区。

松花粉的利用将为我省森林资源的综合利用注入新的活力。在我省，云南松是风媒花粉植物资源量最大的树种。据1997年云南省森林资源连续清查的统计资料，全省有云南松成林面积344.84万公顷，占全省森林面积1 181.28万公顷的29.2%。云南松一般10年左右开花有粉，10～50年是产粉的最佳时期，目前，这一阶段的云南松面积超过170万公顷。据测算，10～50年龄段的云南松林正常年平均产花粉38公斤/公顷，依此计算全省松花粉贮量在6.4万吨以上，此外，我省尚有地盘松23万公顷和每年平均人工造林15万～20万公顷的云南松，该部分资源也可成为云南松花粉的采收基地和后备资源。因此，云南松花粉的产业化开发具有充足的资源保障。

（二）特　点

云南的生物资源种类繁多，特有和优良品种丰富。云南具有很多独特的动植物资源，这些生物资源有很高的开发潜力。同时，云南珍稀和濒危生物种类很多。

云南的生物多样性呈现三个特点。

1. 丰富性

云南省有十分丰富的生物资源，其生物多样性在全国首屈一指。云南省国土总面积占全国国土面积的4.1%，而各类物种种数均接近或超过全国的一半以上，药材、花卉、菌类的种类居全国之首，珍稀物种资源占了全国的67.5%，居全国第一位，生态系统类型多样而独特，堪称世界生态类型的缩影。

云南省几乎集中了从热带、亚热带至温带甚至寒带所有类型的动植物品种。在全国约3万种高等植物中，云南省有274科2 076属1.7万种。在众多的植物种类中，热带、亚热带的高等植物约1万种，中草药2 000多种，香料植物有69

科约 400 种，有 2 100 多种观赏植物，其中花卉植物 1 500 种以上，不少是珍奇种类和特产植物。

云南有十分丰富的野生动物物种资源和野生经济动物资源。拥有脊椎动物 1 737 种，昆虫 1 万多种。

2. 独特性

云南省也是我国特有动植物分布最多的地区之一，拥有一大批物种孑遗种、独特种和古老种。

据不完全统计，全省 1/3 的植物属云南特有或以云南为分布中心。拥有 2 100 多种观赏植物。全国可利用的药用植物约 4 700 种，云南占 2 600 多种；全国可利用的香料植物约 500 种，云南占 360 多种；全国可利用的食用菌约 360 种，云南占 270 种。此外，云南有脊椎动物 1 704 种，占全国的 55%，其中兽类 300 种、鸟类 793 种、爬行类 143 种、两栖类 102 种、淡水鱼类 366 种。鱼类中有 5 科 40 属 249 种为云南所特有，鸟兽类中有国家一级保护动物 46 种，二级保护动物 154 种，鸟类、兽类等五大类群的种数拥有量均为全国之首。全国见于名录的昆虫有 2.5 万种，云南占 1 万多种。全省已记录到的微生物种类有 313 个属 1 个群，近年来国内外已发现的微生物种类大多都能在云南找到。总之，云南生物资源具有开发价值的种类多、近缘及可替代的种类多、特有及优良品种多、种质资源数量多的特点，是得天独厚的"生物资源王国"和闻名遐迩的"物种基因宝库"。

在特殊类型方面，稻谷的软米类型、陆稻的镰刀谷类型、香米类型、紫米类型，玉米的蜡质类型，铁壳小麦类型（"云南小麦"亚种），都是国内罕见的物种类型。

云南是同时拥有全国 3 种野生稻资源的 2 个省份之一。云南野生稻分布广、生态类型多，蕴藏着十分丰富的优良基因。由于对云南野生稻资源的研究深度和系统性不够，对其诸多遗传特性尚不清楚，从而制约了对它的有效利用。野生蔬菜分属于 92 科，共计 348 种，野生蔬菜资源丰富，但大多数宝贵的野菜资源却未被开发利用，即使少量开发利用的野菜，目前开发利用率仅为 3%。云南植物有 1.3 万多种，其中花卉资源有 4 000 多种，约占全国的 50%。云南具有我国八大名花的育种种质资源，其中开发价值较高的是百合、杜鹃、报春、龙胆、兰花、山茶、牡丹、绿绒蒿等花卉资源。但现在在昆明种植的商品花卉，本地资源品种所占比例极低。

3. 脆弱性

云南野生物种繁多，但数量少，分布区域狭小，遇有自然灾害或人为破坏时，很容易陷入濒危境地甚至绝灭，一旦灭绝，则永远不可能恢复。目前，野生石斛已被列入《濒危野生动植物物种国际贸易公约》附录，国内国际贸易中受到严格控制。药用价值最高、质量最好的滇重楼已成为中药材中的濒危物种，年采收量不足 200 吨。现有草果产量为 7 500 吨，现有野生天麻林地 20 万亩，加上人工培育的天麻，年产鲜天麻达 3 000 吨，人工种植灯台树 3 000 亩、大黄藤 4 000 亩，由于过度采挖，加之人工培育不足，这些珍贵药材的产量逐年递减。

云南是世界观赏花卉最为珍贵的种质基因库。其中，被纳入珍稀濒危的植物约有 150 种左右，如长蕊木兰、红花木莲、云南拟单性木兰、鹅掌楸、香木莲、华盖木、云南樟、滇润楠、石楠、云南山茶、野茶树、大树杜鹃、罗汉松、竹柏、董棕、篦齿苏铁等，这些既是国家重点保护植物，又是很好的野生花卉和景观植物。

4. 开发潜力大

生物资源综合利用指数居全国第二位，在全国已开发利用的生物资源种类中占有很大比重，且以珍、稀、名、优、特品种多而居全国之冠。

20 世纪 50 年代至 60 年代，云南省重点开发橡胶、茶叶产业，建成全国重要的橡胶和茶叶生产基地。20 世纪 70 年代至 90 年代中期，集中发展烟草和蔗糖。2001 年云南省被科技部确定为国家中药现代化科技产业基地，之后又建成文山三七、西双版纳南药等 5 个中药材规范化种植基地和昆明现代生物医药园、文山三七产业园等 4 个医药工业园，创建了中药标准化及质量研究中心等 6 个研发中心，开发了三七、白药、灯盏花、天麻、薯蓣 5 个中成药系列产品。2000 年，全省以天然药物为主的现代医药产业、以绿色食品和保健食品为重点的食品产业、以出口为导向的花卉产业、以生化新技术为标准的生物化工产业的总产值已达 100 亿元。同时，昆明国际花卉交易中心已建成并开始运行，斗南花卉、文山三七、盘龙云海、程海螺旋藻、元江芦荟、昭通天麻逐渐形成产业。弥勒云南红、丽江云南山嵛菜、西双版纳百果洲天然食品开发的效益良好。

第二节 经济概况

一、农业经济水平

2010 年，云南农林牧渔业总产值和增加值分别达到 1 806 亿元和 1 106 亿元；农村居民人均纯收入 3 952 元，较全国平均值 5 919 元低 1 967 元；粮食产量达到 1 650 万吨，粮食生产自给率达到 87%，亩均粮食产量仅为 250 公斤，比全国平均水平低 70 公斤，人均粮食占有量比全国低 64 公斤；农业科技贡献率为 49%，低于全国平均水平；农田有效灌溉面积仅占耕地总面积的 38.6%，比全国平均水平低 11%，高稳产农田占耕地总面积的比重仅为 30% 左右，比全国平均水平低 10%，水利化程度比全国平均水平低 15%。

表 2.2 2010 年云南省主要农产品产量及其增长速度

（单位：万吨）

产品名称	产量	比上年增长（%）
粮食	1 531.00	− 2.9
油料	34.22	− 31.8
甘蔗	1 750.92	− 0.6
烤烟	95.40	8.4
蔬菜	1 255.03	1.4
园林水果	341.64	12.4
茶叶	20.73	13.3
橡胶	33.06	10.8
肉类总产量	321.38	5.5
牛奶	50.40	4.2

续　表

产品名称	产量	比上年增长（%）
禽蛋	20.80	0.2
水产品	48.17	11.9

注：粮食产量、肉类总产量、牛奶和禽蛋产量是全省抽样调查推算数据，由国家统计局云南调查总队提供。

（一）农业综合生产能力持续提高

"十一五"期间，云南省农业综合开发进一步加大投入，扩大开发范围，全省农业综合开发县（市、区）从82个增加到99个。在综合开发中，把中低产田地改造和高标准农田建设作为提高农业综合生产能力的重点，采取农、林、水、生物、科技等措施，对项目区实行山水田林路集中连片综合治理，开发一片，见效一片，共改造中低产农田391万亩，建设高标准农田20多万亩，项目区基本达到路相通、渠相连、田地平整、排灌自如，农业生产实现多季种植及复合种植目标，耕地复种指数最高达到300%。全省共投入农业综合开发资金57.28亿元，比"十五"期间增加了22.48亿元，新增和改善灌溉面积229万多亩，农业生产能力显著提高；建设优势农产品基地159万多亩，促进了项目区产业结构的调整，实现了农民受益和普遍增收，项目区376万农民人均增收574.16元。

（二）各项惠农政策得到加强和落实

云南省贯彻落实粮食直补、粮种补贴、农机具购置补贴、农资综合补贴、能繁母猪补贴、农业保险、生态公益林补助等一系列强农惠农政策，加大扶贫和涉农信贷投入，扩大投入渠道和规模，着力挖掘农业内部增收潜力。

1. 补贴资金规模不断扩大

到2010年，已落实中央和省级各项支农惠农政策资金34.8亿元。其中，增加幅度最大的是农资综合直补，从2006年开始实施，补贴资金由2.47亿元增至2010年的22.78亿元。农作物良种补贴从2008年开始实施，补贴资金由2008年的2.47亿元增加到2010年的5.04亿元；农机购置补贴由2006年的1800万元增至2010年的3.4亿元。

2. 补贴品种和范围不断扩展

"十一五"期间，除了农机购置补贴规模不断扩大以外，各项补贴的品种和范围都得到了不断扩展。被中央纳入农作物良种补贴的品种已有水稻、玉米、小麦、青稞、棉花及油菜等 6 个品种，并达到全面积覆盖；政策性农业保险已有能繁母猪、奶牛、牦牛、藏系羊等 4 个养殖业品种，以及水稻、玉米、油菜、青稞、甘蔗等 5 个种植业品种。其中，4 个养殖业保险品种都达到了补贴全覆盖。畜牧良种补贴品种已扩展为能繁母猪、奶用能繁母牛和肉用能繁母牛，补贴项目实施范围已扩大到能繁母猪 23 个县、荷斯坦牛 11 个县、奶水牛 15 个县、肉用能繁母牛 8 个县。农机购置补贴实施范围已覆盖全省 129 个县（市、区）。

3. 农业生产机械化水平得到切实提高

第二次农业普查数据表明，2006 年末，全省温室面积 0.37 千公顷，大棚面积 12.58 千公顷，中小棚面积 4.75 千公顷。2006 年度，在温室和大棚中，种植蔬菜 12.96 千公顷，食用菌 0.32 千公顷，水果 0.99 千公顷，园艺苗木 6.45 千公顷。农机购置补贴从 2005 年开始实施以来，补贴资金规模连续翻番、实施范围快速扩大，补贴标准逐年提高、补贴品种大幅增加（已达 90 个品目），补贴方式进一步拓展延伸。在项目带动下，全省农机数量、作业面积等主要农机化发展指标连续保持了 5% 以上的增长幅度，农机种类结构不断优化，经济效益和社会效益逐步体现，有效地改善了农业生产条件，激发了农民"购机、用机"热情，对全省农机化水平的快速提高起到了重要的推动作用。

4. 新型农民和农民工培训投入力度加大

实施农村劳动力转移特别行动计划，加大新型农民和农民工转移培训的投入力度。"十一五"期间累计转移农村劳动力 790 万人，比"十五"净增 390 万人，有力地促进了农民收入增加和收入结构调整。农民收入增长呈现"两快两稳"的特点，即：农民人均转移性收入和农民人均工资性收入保持快速增长态势，分别增长了 33.3% 和 18.4%；农民人均财产性收入和农民人均家庭经营收入保持稳定增长势头，分别增长了 13.9% 和 10.5%。

二、农业经济结构

云南省着力调整农业产业结构，实施优势农产品推进工程，优化优势农产品区域布局，培育优势特色产业，形成了一批布局合理的优质特色农产品产业集群和产业带。2010 年，农林牧渔业产值比重为 51.1∶10.2∶32.5∶2.7；粮经种植结构为 68∶32，主要经济作物种植面积达到 4 200 多万亩；特色经济林面积达到 4 100 多万亩。烟叶、花卉、咖啡、核桃的种植面积和产量均位居全国第 1 位；

茶叶种植面积位居第 1 位、产量位居第 2 位；天然橡胶种植面积和产量均位居第 2 位；甘蔗种植面积及产量均位居第 2 位；马铃薯种植面积位居第 4 位、产量位居第 5 位；蚕桑种植面积位居第 3 位、蚕茧产量位居第 5 位；生物药、园艺花卉、木本油料、生物能源等新兴特色产业正在快速成长。2010 年农产品出口创汇达到 13.5 亿美元，五年累计增加 8 亿元，年均增速达 19.7%，连续多年位居西部省区前列，特色农产品竞争优势日益凸显。

2010 年与 2009 年相比，全省种植业总产值达 896 亿元，增长 4.6%，粮食产值达 334 亿元，增长 8.3%；蔬菜产值达 251 亿元，增长 29.7%；马铃薯产值达 136 亿元，增长 18.3%；蚕桑产值达 12 亿元，增长 9.1%；橡胶种植面积 715 万亩，产量 32 万吨，分别增长了 3.3% 和 10.5%；桑园面积 140 万亩，产鲜茧 4 万吨，分别增长了 10.2% 和 14.3%。

三、农业经济组织

（一）劳动力资源

2006 年末，全省农村劳动力资源总量为 2 156.83 万人。从性别构成看，男性劳动力 1 120.44 万人，占 51.95%；女性劳动力 1 036.39 万人，占 48.05%。从年龄构成看，劳动力中 20 岁及以下的有 270.88 万人，占 12.56%；21 ~ 30 岁的有 466.41 万人，占 21.63%；31 ~ 40 岁的有 580.25 万人，占 26.90%；41 ~ 50 岁的有 407.89 万人，占 18.91%；50 岁以上的有 431.38 万人，占 20.00%。从文化程度构成看，劳动力中未上学的有 285.23 万人，占 13.23%；小学文化程度的有 1 098.08 万人，占 50.91%；初中文化程度的有 629.37 万人，占 29.18%；高中文化程度的有 116.78 万人，占 5.41%；大专及以上文化程度的有 27.36 万人，占 1.27%。

表 2.3　云南省农村劳动力资源总量及其构成

农村劳动力资源总量（万人）	2 156.83
农村劳动力性别构成	
男性	1 120.44
女性	1 036.39

续 表

农村劳动力年龄构成（%）	
20 岁及以下	12.56
21～30 岁	21.63
31～40 岁	26.90
41～50 岁	18.91
50 岁以上	20.00
农村劳动力文化程度构成（%）	
未上学	13.23
小学	50.91
初中	29.18
高中	5.41
大专及以上	1.27

全省农村从业人员 2 043.32 万人，占农村劳动力资源总量的 94.74%。其中，在第一产业就业的占 87.91%，在第二产业就业的占 4.20%，在第三产业就业的占 7.89%。

表 2.4 云南省农村从业人员总量及构成

农村从业人员总量（万人）	2 043.32
第一产业（%）	87.91
第二产业（%）	4.20
第三产业（%）	7.89

（二）经营主体

家庭是农业生产的基本单位，尤其是在欠发达地区。云南省农村住户以农业生产为主，但兼业现象尤为突出。本研究的农村住户调查表明（见表 2.5），从收入来看，非农兼业对农户的生活改善已经超过了农业的贡献；从劳动力来看，农业领域依然是劳动力就业的主渠道。

表 2.5　农村住户家庭基本情况

类别	2006 年	2007 年	2008 年
调查户数（户）	2 400	2 400	2 400
一、调查户从业类型（按总收入比重计算）（%）			
1．农业户	33.62	35.54	35.00
2．农业兼业户	53.00	51.62	53.16
3．非农业兼业户	12.00	11.38	10.42
4．非农业户	1.38	1.46	1.42
二、调查户从业类型（按从业劳动力比重计算）（%）			
1．农业户	76.33	75.04	72.29
2．农业兼业户	10.00	9.42	10.92
3．非农业兼业户	11.54	12.83	13.54
4．非农业户	2.13	2.71	3.25
三、参加专业性合作经济组织的户数（户）	1.79	0.83	—
四、参加新型农村合作医疗的户数（户）	56.79	94.54	97.46
五、领取最低生活保障的户数（户）	0.67	8.75	12.88

资料来源：云南统计年鉴（2009）。

云南省第二次全国农业普查表明，2006 年末，全省共有农业生产经营户 790.31 万户，比 1996 年第一次全国农业普查时增长 7.65%。在农业生产经营户中，以农业收入为主的农户占 78.58%，比 10 年前减少 18.32%。全省共有农业生产经营单位 1.2 万个。

表 2.6　云南省农业生产经营户和农业生产经营单位数量及构成

	农业生产经营户		农业生产经营单位	
	数量（万户）	比重（%）	数量（万个）	比重（%）
按行业分				
农作物种植业	739.52	93.57	0.35	29.27
林业	16.64	2.11	0.22	18.02
畜牧业	32.12	4.06	0.09	8.34

续 表

	农业生产经营户		农业生产经营单位	
	数量 （万户）	比重 （%）	数量 （万个）	比重 （%）
渔业	1.65	0.21	0.02	1.37
农林牧渔服务业	0.38	0.05	0.52	43.00
合计	790.31	100.00	1.20	100.00

资料来源：云南省第二次全国农业普查。

（三）农技人员

2006 年末，全省共有农业技术人员 9.21 万人，其中在农业生产经营单位中从业的有 5.45 万人。按职称来划分，高、中、初级农业技术人员分别为 1.13 万人、1.77 万人和 6.31 万人。

（四）龙头企业

云南省农业组织化水平总体不高，表现为龙头企业总量不足，发展滞后，数量仅占全国的 2.4%，亿元以上龙头企业仅占全国的 0.9%，产业化龙头企业的加工水平低，全省农产品加工转化率为 38% 左右，比全国平均水平低 12%。2010年，全省农业产业化经营组织总数达到 4 557 户，其中农业龙头企业达到 2 012户。农业龙头企业销售收入 500 万元以上的有 925 户，1 亿元以上的有 88 户，龙头企业固定资产总额 364 亿元，实现销售收入 563 亿元，带动基地建设 3 804万亩，带动农户 1 115 万户。2010 年，累计认定无公害农产品产地面积 3 748 万亩，认证"三品"农产品 1 700 个，登记地理标志农产品 11 个。

（五）社会化服务体系

云南省着力加强农业科技创新能力、基层农业技术推广体系、现代农业科技创新园区和农业科技示范基地的建设，实施科技进村入户工程，加大新型农民培养力度，逐步建立起多元化新型农业技术研发推广体系。建成了一批国家级和省级农作物原种扩繁基地、良种繁育基地、农作物资源圃和改良中心；创建了生物多样性控制作物病害的理论和技术及一批重大动植物疫病防控技术支撑体系。2010 年，全省农业科技贡献率达到 49%；优良品种综合覆盖率提高到 90% 以上，粮食生产自给率达到 88%，农作物新品种每年推广面积均在 550 万亩以上。主要农副产品市场抽检合格率均在 90% 以上，农业生产效率和农产品质量显著提高。在全国首创并建成了 407 所农民素质教育网络培训学校，农业劳动者素质普遍得到提高。农村市场体系建设加快，全省新建和改造了 551 个农产品综合市场、198 个专业市场；开通了鲜活农产品"绿色通道"；农产品商品率提高到 2010 年的 56%。建成覆盖全省的"数字乡村"农业农村信息服务体系，建成 83 个县级农产品中心市场的检验检测实验室和 85 个农产品批发交易市场的信息发布系统。

（六）市场组织

2006 年年末，全省 76.33% 的乡镇有综合市场，17.37% 的乡镇有专业市场，12.22% 的乡镇有农产品专业市场，3.87% 的乡镇有年交易额超过 1 000 万元以上的农产品专业市场。

表 2.7　云南省有金融、商业机构的乡镇或村比重

（单位：%）

有综合市场的乡镇	76.33
其中：有年交易额超过 1 000 万元以上综合市场的乡镇	24.43
有专业市场的乡镇	17.37
其中：有年交易额超过 1 000 万元以上专业市场的乡镇	6.15
有农产品专业市场的乡镇	12.22
其中：有年交易额超过 1 000 万元以上农产品专业市场的乡镇	3.87
有储蓄所的乡镇	89.61
有 50 平方米以上的综合商店或超市的村	24.83
在村内就可以买到化肥的村	53.40
按村到可以买到彩电的商店的距离分	
在村内可以买到彩电	9.85
1～3 公里	15.50
4～5 公里	10.33
6～10 公里	22.60
11～20 公里	25.34
20 公里以上	16.38

资料来源：云南省第二次全国农业普查公报。

第二篇　国内外粮食安全新形势

　　新形势下全球性粮食安全问题面临新的挑战，从自然资源看，可供粮食生产所需的耕地、水资源面临趋于极限的压力，环境恶化引发自然灾害频繁发生，粮食供给量相对于消费量日益趋紧；从农业工程和技术看，农业基础设施严重不足，农业技术储备正在减少，粮食单产水平提高困难，发展缺乏后劲；从政策法规看，粮食生产的比较效益影响着农民的种粮积极性，农业劳动力的数量和质量下降，工业化和城市化造成耕地面积不断减少，国际粮食贸易壁垒制约粮食进口等政策性限制影响未来世界粮食安全。这些因素最终会导致粮食价格不断上升，高粮价走势使发展中国家贫困人口面临更加严峻的困境，缺粮甚至饥饿问题威胁着世界各地的社会及政治稳定。只有在准确把握国际的和中国自身的粮食安全形势及发展趋势的基础上，才能根据区域性的自然资源条件和社会经济发展水平，按照比较优势原理和分工合作原则来合理布局粮食生产，从而提高农业经济效益。

第三章 世界粮食安全新形势

第一节 粮食安全新形势

当前，世界粮食供求面临着新的形势和新的特点，并对未来世界和我国粮食安全构成新的挑战。2008 年，美国世界观察研究所的研究人员莱斯特·布朗和哈尔·凯恩指出：未来的食物供应受到六项新的限制，一是未曾使用的农业技术储备正在减少；二是人类日益增长的需求，正使能够提供食物的渔场和牧场趋于极限；三是淡水的需求遇到水文极限的压力；四是在许多国家中，作物对增施化肥的报酬率下降；五是工业化和城市化造成耕地的大面积减少；六是人口快速增长和环境恶化，正在削弱许多国家的政府在扩大食物生产中的作用。据统计，2009 年世界缺粮人口达 10.23 亿，2010 年，世界缺粮人口略有下降，但总数仍然高达 9.25 亿。

当前世界粮食安全面临的新问题是：粮食供给处于紧平衡状态，粮食价格维持高位运行，饥饿人口在世界范围内仍然众多。

一、粮食供求形势更加严峻

目前，一方面，世界粮食生产面临耕地、淡水资源的制约日益严重，并受多种不确定因素的影响，发展逐步放慢，产量增长趋缓，产量年度间波动增大，结构性矛盾显现。另一方面，世界粮食需求却继续保持增长势头，人口基数巨大并持续增长带来粮食消费的刚性增长，工业用粮快速增加，畜牧业的发展加大了对粮食的消费，一些国家粮食型生物能源开发造成与人争粮的局面。两方面的共同作用使世界粮食的供给量相对消费量日益趋紧。

（一）粮食产量增幅减缓

近年来，世界粮食的产量处于波动之中，产量下降的年份要多于产量增加的年份。2004—2006 年，世界粮食的产量一直下滑，至 2006 年产粮 22.28 亿吨，达到近年来的最低点。2007 年，世界粮食产量出现反弹，总产量达 23.4 亿吨，是近年来产量的高峰。2008 年以来，世界粮食产量呈现下滑中的波动。据联合国粮农组织（FAO）的最新预测显示，2010 年产粮 22.37 亿吨，比 2009 年减少 1%（见图 3.1）。世界粮农组织（FAO）在 2011 年 6 月预测 2011 年世界粮食产量会有小幅上涨，达到 23.02 亿吨，比 2010 年增长了 2.9%。

2012 年 10 月联合国粮农组织（FAO）预测 2012 年世界谷物产量预计为 22.86 亿吨，将比上年的创纪录收成降低 2.6%，但接近 2008 年的历史次高水平。主要原因是欧洲中部和东南部地区的玉米收成减少，因为长时间干旱使得这些地区的单产低于先前预期。

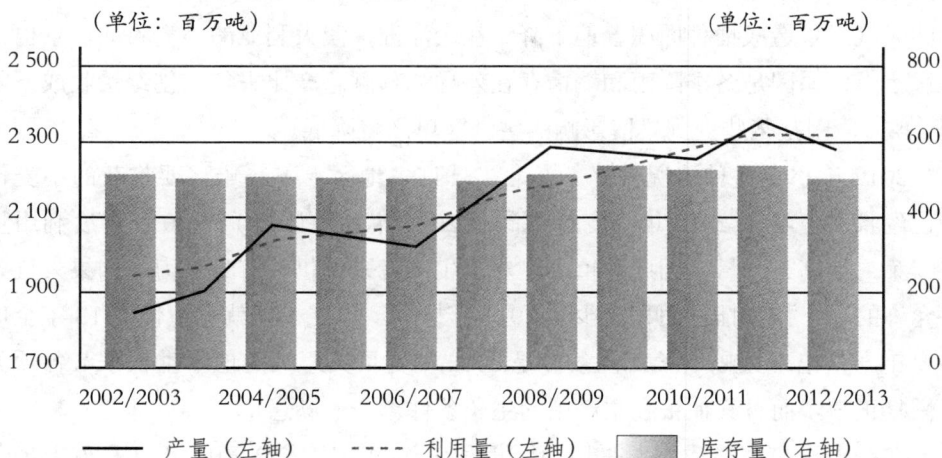

图 3.1　2002—2013 年世界粮食的产量变化趋势图

资料来源：联合国粮农组织（FAO）《世界粮食形势》（2012）。

在粮食生产的品种结构上，联合国粮农组织（FAO）对 2012 年全球小麦产量的预测为 6.63 亿吨，比 2011 年的小麦产量低 5.2%，但仍接近过去六年的平均水平。这一水平较大程度上低于今年早些时候的预期，主要原因是欧洲东部和中亚的严重旱灾造成的影响，而且南半球粮食主产国的产量预测也有所下调，在南半球某些粮食主产国，天气和政策因素已经造成尚有待收获的作物收成前景暗淡的情况。

2012 年全球小麦产量较 2011 年下滑的主要原因是欧洲和独联体主产国的旱灾造成了负面影响。估计俄罗斯联邦的小麦产量比 2011 年降低了约 30%，而在乌克兰，最新资料显示减产幅度约为 33%，据称哈萨克斯坦 2012 年的产量仅为 2011 年的一半。在欧洲其他地区，小麦也出现减产，特别是位于受旱灾影响的边缘区的某些中欧和东南欧国家情况较为突出。估计欧盟总产量下滑 2.6%。在亚洲的其他次区域，远东粮食主产国（即中国和印度）获得了创纪录的好收成；而在近东，收成水平参差不齐：阿富汗和伊朗获得了好收成，但其他地方减产，原因是旱情或国内动荡对粮食生产造成了负面影响。北部非洲 2012 年的收成也喜忧参半，其中阿尔及利亚产量回升，但摩洛哥则由于旱情而急剧减产。在美国，估计 2012 年小麦产量增长 13.4%，达到 6 170 万吨，高于常年水平。在加拿大，预计产量高于常年水平，比 2011 年高出近 7%。

在南美洲，预测该次区域 2012 年的小麦总产量约为 2 100 万吨，比 2011 年下降 12% 且低于常年水平。预期减产的原因是销售政策调整以及 6 月、7 月播种期间天气干旱造成播种面积普遍下降。在大洋洲，澳大利亚的小麦收成前景也是喜忧参半，原因是冬季降雨和墒情存在差异：预测总产比去年的创纪录收成下降约 24%，原因是某些受到旱情影响的主产区单产将降低。

2012 年小麦播种情况稍好。在北半球许多地区，下一年将要收获的小麦作物已经播种。鉴于 2012 年小麦价格高于 2011 年且预计 2012—2013 年度利用量连续第二年高于产量，因此种植小麦对于生产者来说仍具有吸引力。如果天气条件允许的话，预计播种面积至少与 2011 年持平。单这一项就有望使 2013 年全球小麦年产量出现大幅增长，但条件是 2012 年受旱灾影响的地区生长季节各项条件恢复正常，而且其他粮食主产国的生长条件也令人满意。

在美国，旱情造成了大平原地区播种工作起步晚，但 2012 年 9 月份上半月普降甘霖，改善了播种条件，到月底播种进度与常年无异。在欧洲，欧盟的播种条件总体不错，但部分东南欧国家如保加利亚、匈牙利和罗马尼亚等国家的土壤墒情不足。在俄罗斯联邦，冬小麦的播种工作进展顺利，天气条件总体令人满意，但南部某些主产区例外，土壤墒情在发生夏旱之后仍然较低。在乌克兰，由于 2012 年 8 月下旬大部分主产区普降好雨，因此播种工作开局早。欧洲南部部分地区仍需要更多降水。在亚洲，中国播种 2013 年小麦作物开展顺利，而印度和巴基斯坦的播种工作在 2012 年 10 月开始并持续至 12 月中旬。

（二）国际粮食贸易缩减

2009—2010 年度全球粮食贸易量 2.761 亿吨，2010—2011 年度略减为 2.748 亿吨，预计 2011—2012 年度世界粮食贸易量将略微增加至 2.759 亿吨（见表 3.1）。2010—2011 年世界粮食贸易量缩减的主要原因是粮食价格上涨，粮食进口国负担增加，无力从国际市场进口更多的粮食，其中贸易量缩减的主要品种是小麦。更加严峻的情况是，在世界贸易量出现小幅下滑的形势下，2010—2011 年度全球粮食进口费用反而增加至 770 亿美元，比 2009—2010 年度多了 12%，这表明粮食进口国的负担加剧，尤其是世界低收入缺粮国家。根据联合国粮农组织（FAO）2011 年 6 月的《作物前景与粮食形势》报告，2010—2011 年，低收入缺粮国的谷物收成大约增加 2%，但这一增长主要来自于印度，其他低收入缺粮国家的产量与 2010 年基本持平。因此 2011 年低收入缺粮国的粮食进口量将增至 8 135 万吨，比上年度高出约 300 万吨，因此对这些缺粮国家来说，粮食压力持续加大。

2012 年，联合国粮农组织（FAO）预测 2012—2013 年度世界谷物贸易量将达 2.955 亿吨，略高于 2011—2012 年度。

根据联合国粮农组织（FAO）的预测，2012—2013 年度世界小麦贸易量（包括面粉折合小麦）为 1.355 亿吨，比 2011—2012 年度减少 6.5%（约减少 940 万吨）。小麦贸易量下降的原因是进口国增产和国际价格高造成小麦进口需求趋弱。因此，小麦出口供应量足以满足下降之后的世界进口需求，特别是黑海区域供应量的下降将被北美和欧盟供应量的增加所抵消。

2012 年稻米贸易量将下滑 2.6%，主要是因为受到所有传统进口大国采购量下降的压制。在出口国中，预计泰国外销量将大幅削减，原因是价格没有竞争力，但该国仍将保持最大稻米出口国的地位。虽然起步缓慢，但预计越南将保持去年的出口水平，仍为第二大稻米出口国。相反，印度的出口量将可能大增，足以使其赢得第三大稻米贸易供应国的地位，位列巴基斯坦和美国之前。

（三）粮食消费刚性增长

世界粮食的利用量近几年处于持续增长之中。2009—2010 年度、2010—

2011 年度、2011—2012 年度的数据分别为 22.344 亿吨、22.793 亿吨和 23.063
亿吨（见表 3.1）。由于世界人口的持续增长，发展中国家膳食结构的升级和改
善，增加了对粮食的消费需求，对世界粮食生产的压力不断增加。

表 3.1　世界谷物形势基本情况

（单位：百万吨）

	2009—2011 年估算	2010—2011 年估算	2011—2012 年预测	2011—2012 年相对 2010—2011 年变化量（%）
产量（百万吨）				
世界	2 262.7	2 237.8	2 301.7	2.9
发展中国家	1 239.2	1 299.9	1 314.4	1.1
发达国家	1 023.4	937.9	987.3	5.3
贸易量（百万吨）				
世界	276.1	274.8	275.9	0.4
发展中国家	75.2	86.0	85.9	− 0.1
发达国家	201.0	188.8	190.0	0.6
利用量（百万吨）				
世界	2 234.4	2 279.3	2 306.3	1.2
发展中国家	1 370.7	1 413.3	1 736.7	1.7
发达国家	863.7	866.0	869.6	0.4
人均谷物食用量（公斤／年）	151.9	152.5	154.1	1.0
库存量（百万吨）				
世界	533.6	489.1	486.2	− 0.6
发展中国家	351.4	363.6	369.1	1.5
发达国家	182.2	125.5	117.2	− 6.6
世界库存量与利用量之比（%）	23.4	21.2	20.7	− 2.3

资料来源：联合国粮农组织（FAO）《作物前景与粮食形势》（2011 年）。

粮食供需之间的缺口使得世界粮食供求的局面持续紧张。在 2011 年和 2012 年

的两年时间里，世界粮食消费量持续地超过了生产量，尤其 2011 年，消费量超过了生产量 4 150 万吨。2012 年由于粮食产量的提高和利用量增幅减缓，供需之间的缺口将得到缓解，但形势仍不容乐观，预计供需缺口仍达 460 万吨（见表 3.1、图 3.2）。

（单位：百万吨）

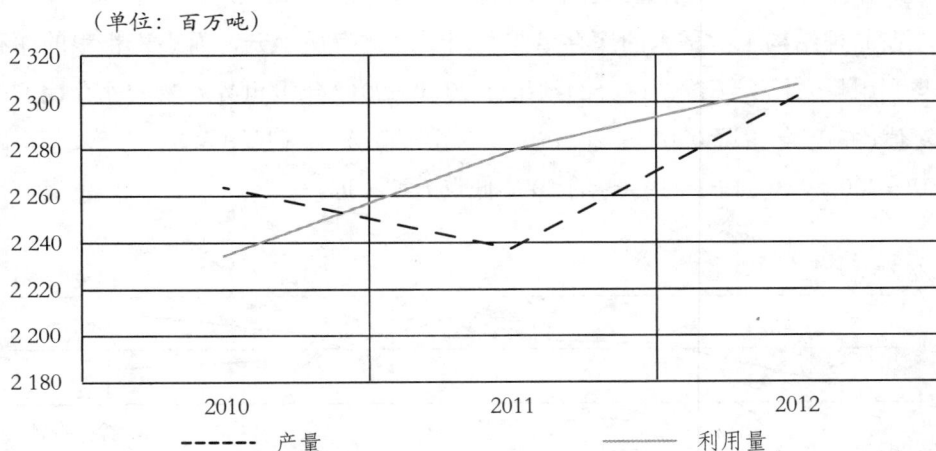

图 3.2　2010—2012 年世界粮食供求数量变化图

联合国粮农组织（FAO）预测，2012—2013 年度世界谷物利用量为 23.14 亿吨，略微低于上年度，但比 10 年趋势值低了 2%。全球小麦利用量有望达到 6.87 亿吨，较上年度小幅下滑 1%，主要原因是在上年度动物饲料小麦用量异常高的基础上本年度饲料用量减少。预测 2012—2013 年度粗粮利用总量为 11.54 亿吨，也略低于上年度，降幅大半是由于玉米利用量降至 8.66 亿吨，比 2011—2012 年度 8.74 亿吨的修正估算水平低了近 1%。玉米消费量下滑的原因是玉米的工业用量预期缩减，这主要是由于预计美国用于生物燃料生产的玉米用量降低 10%（约 1 300 万吨）。

（四）粮食库存比例下降

库存是粮食安全的最后防线，联合国粮农组织（FAO）确定 17% ~ 18% 的库存消费比为最低粮食安全储备水平。世界粮食的库存自 20 世纪 90 年代中期以来一直呈下降趋势。实际上，1995 年出现涨价事件以后，全球粮食库存水平平均每年下跌 3.4%。《乌拉圭回合协定》签署后，政策环境出现的一些变化，成为导致主要粮食出口国库存量下降的关键原因。这些因素包括：公共机构储备量的大小；储存易变质产品所需的高成本；其他成本较低的风险管理手段的出现；更多国家具备了出口能力；信息和交通技术的进步等。在这种情况下，如果粮食出口大国连续几年出现减产，国际市场的供应就会趋紧；一旦出现意外事件，价格波动性和波动幅度就会加大。2011 年和 2012 年，世界粮食利用量将超过生产量，超额的部分必须通过库存量来弥补，使得世界谷物库存比例进一步下降。

在品种结构上，稻米的库存量与利用量之比有所上升，而小麦粗粮的库存量与利用量之比会下降，综合的结果使 2011—2012 年度世界谷物的库存比例的绝对值比前一年下降 0.6% ~ 20.7%，相对量下降 2.3%（见图 3.3、表 3.2），距 2007—2008 年度创下的 19.6% 的 30 年低点为期不远。

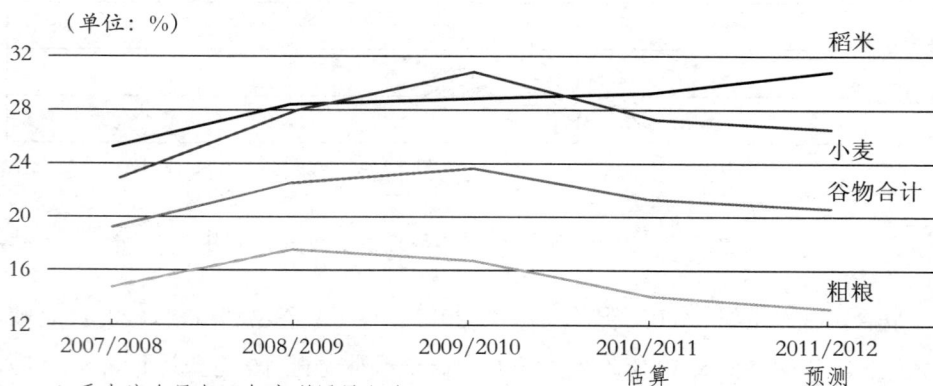

（单位：%）

1. 季末库存量与下年度利用量之比。
2. 2011—2012 年年度利用量是根据 2000/2001—2010/2011 年年度期间的数据进行外推计算得出的趋势值。

图 3.3 2007—2012 年年度世界粮食库存情况

表 3.2 2007—2012 年世界谷物库存量表

（单位：百万吨）

世界谷物库存量		2007	2008	2009	2010	2011 估算	2012 预测
谷物合计		429.5	422.7	506.4	533.6	489.1	486.2
小麦		164.8	146.1	182.5	206.9	187.0	181.3
持有者	主要出口国	40.0	30.3	47.9	55.9	50.8	47.7
	其他	124.8	115.8	134.6	151.0	136.2	133.6

续　表

世界谷物库存量		2007	2008	2009	2010	2011 估算	2012 预测
粗粮		159.4	164.6	197.3	194.4	165.4	161.8
持有者	主要出口国	60.0	69.8	81.3	82.6	49.0	43.3
	其他	99.4	94.8	116.0	111.8	116.4	118.5
稻米（以碾米计）		105.2	111.9	126.6	132.3	136.7	143.1
持有者	主要出口国	23.1	26.5	33.4	30.1	29.2	31.6
	其他	82.1	85.4	93.2	102.2	107.5	111.5

资料来源：联合国粮农组织（FAO）《作物前景与粮食形势》（2011 年）。

联合国粮农组织（FAO）对 2013 年各作物年度结束时世界谷物库存量的预测为 4.99 亿吨，比 2012 年 9 月份的预测减少 400 万吨，比 2012 年 6 月初的预测水平低 5%（约 2 800 万吨）。同时，2012 年 10 月份的预测数字下调是由于全球粮食产量前景不被看好。与 2011—2012 年度相比，世界粮食库存量下滑主要是由于小麦和粗粮结转库存量的减少。根据目前的预测水平，联合国粮农组织（FAO）预测 2012—2013 年度世界谷物库存量与利用量之比将为 20.7%，而 2011—2012 年度为 22.8%，2007—2008 年度则曾创下 19.2% 的低点。预测全球小麦库存量将为 1.72 亿吨，比上年度低 11%（约 2 100 万吨），比 2012 年 9 月份的预测少了近 200 万吨。哈萨克斯坦、俄罗斯联邦和乌克兰小麦库存量的降幅可能最为显著，但预计中国（大陆）、欧盟和美国的库存量也将减少。由此，预测世界小麦库存量与利用量之比将为 24.8%，低于 2011—2012 年度 28.1% 的水平，但仍比 2007—2008 年度创下的 21.9% 的历史最低水平高出 2.9%。

预计 2013 年世界粗粮库存量将为 1.62 亿吨，比 2012 年低 9%（约 1 600 万吨），比 2012 年 9 月份的预测减少 250 万吨。粗粮库存量较上年度下降的主要原因是美国玉米供应量减少，这可能使该国的玉米库存量与利用量之比降至 7.3% 的历史最低水平。预计 2012—2013 年度世界粗粮库存量与利用量之比为 13.1%。相反，由于稻米有望再获丰收，预计 2013 年全球稻米季末库存量将大增 6%（约 930 万吨），达到创纪录的 1.65 亿吨。这将使稻米的库存量与利用量之比提高 1.6%，达到 34.5% 的宽松水平，比 2006—2007 年度创下的 24.5% 的低点高出 10%。

库存比例的变动也影响到了世界粮食价格。从图 3.4 可以看出，销售季节开始时的库存水平（以库存量占即将到来销售季的预计消费量的百分比表示）与该季节形成的谷物价格之间明显成反比。这就意味着，销售季开始时全球市场供应偏紧往往会带来价格上涨的压力，这也就是 2006 年国际谷物价格出现大幅上涨的主要原因之一。近年来库存比例的持续下降加剧了人们对世界粮价上涨的预期。

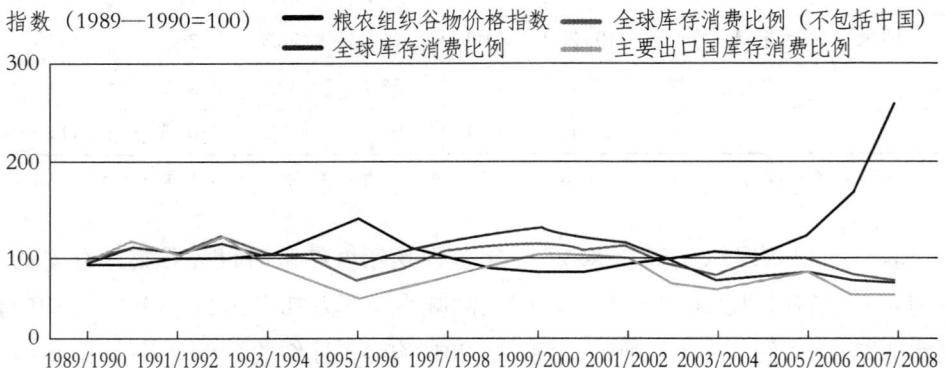

备注：相关系数为价格与全球库存消费比例之间：$r=0.65$；价格与全球库存消费比例之间（不包括中国），$r=0.49$；价格与主要出口国库存消费比例之间：$r=0.47$。中国的数据系指中国大陆。

资料来源：联合国粮农组织（FAO）。

图 3.4 1989—2008 年年度世界谷物库存与价格关系图

从以上世界粮食的生产、利用和库存的数量及其关系来看，当前世界粮食供求关系呈现两个重要的特征。一是世界粮食产量的增长明显低于粮食需求的增长。世界粮食产量处于下降趋势，而对粮食的需求则随着人口的增加、膳食结构升级和生物技术开发的推广而提高。二是全球粮食库存比例日趋下降。生产减缓、消费增加两种因素此消彼长、反向运行，必然以消耗库存为代价。所有这些因素导致全球粮食供应趋紧状况日益严重。

二、粮食价格不断上升

世界粮食价格经历了 2008 年的高位之后，在 2008 年年末、2009 年年初有了大幅回落。然而从 2009 年上半年开始，世界粮食价格开始了震荡上行的趋势。目前，粮价处于更加快速的上升之中（见图 3.5）。

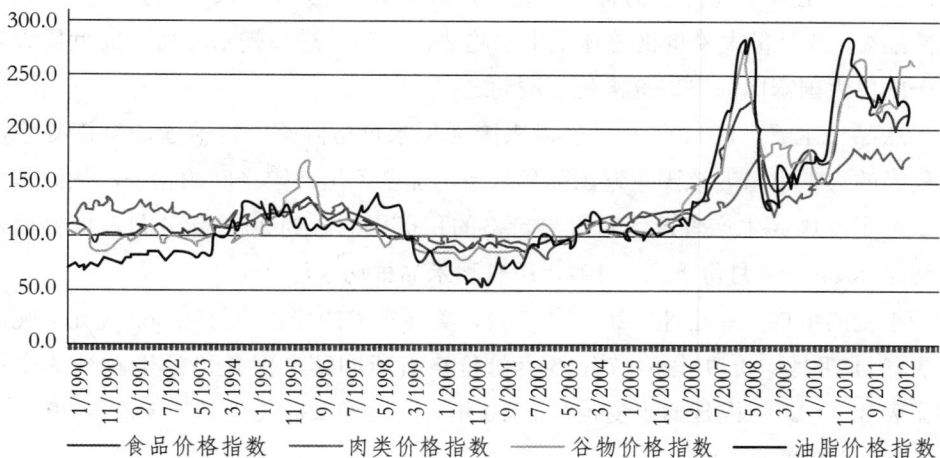

资料来源：据联合国粮农组织（FAO）数据计算。

图 3.5　1990—2012 年世界粮食价格月度指数（2002—2004 ＝ 100）

2009 年以前粮食价格上涨的导火线就是始于 2005 年并持续到 2006 年的粮食出口大国谷物减产。此外，粮价上涨的重要原因之一是 2005 年美国通过《国家能源政策法》，实现粮食战略与能源战略合流。根据该法案，美国将在随后几年大力发展以玉米转化乙醇的生物能源项目，以应对全球能源危机。在美国带领下世界各国纷纷效仿，以发展生物能源为前瞻性战略目标。欧盟、日本、巴西等纷纷投资建厂，掀起将粮食转化为乙醇和柴油的生物能源工程，于是在世界范围内粮食被赋予了能源属性。这大大增加了粮食的消耗，也加大了人们对粮食消费量增加的预期。世界粮食原有供求平衡预期被打破，粮价因此快速上涨。

2010 年世界粮食价格的快速上升，一方面，主要源于世界粮食的需求旺盛，包括口粮的增加，人们生活水平的提高增加了畜牧产品的消费进而扩大了粮食需求，高油价下世界各国加强生物能源开发也增加了对粮食的消费；另一方面，世界粮食库存的下降，独联体粮食出口国干旱造成减产，加之某些国家减少粮食出口，以及俄罗斯联邦决定禁止出口粮食的政策，以上这些因素共同导致了 2010 年粮价的上升。

2011 年 6 月联合国粮农组织（FAO）粮食价格指数平均为 259 点，比 5 月份下降 2 点（1%），但仍然比 2010 年同期高出 71%。随着欧洲天气的好转，俄罗斯联邦宣布从 2011 年 7 月起取消出口禁令，这些均对小麦价格产生向下的压力。然而，玉米市场价格仍有向上趋势，因为 2010 年收成供应紧张，美国天气仍然潮湿。6 月份大米价格总体呈上涨趋势，反映了进口需求旺盛，而世界大米第一出口大国泰国的出口价格处于波动之中。

从品种上看，2011 年 9 月份以来国际稻米价格回落，这恰逢印度恢复了常规稻米的大量出口。该国重返国际稻米市场加剧了出口国之间的竞争，从而基本上抵消了泰国高生产者政策对世界价格的积极影响。到 2012 年 4 月，世界稻米价格比 2011 年 9 月份下跌了 10%，所有稻米品种均未能幸免。

小麦的价格上涨迅速。2011 年 5 月，美国小麦的均价为每吨 362 美元 / 吨，比去年同期月均价高出 84.7%，6 月份价格有所回落，但是仍处于相当的高位（见表 3.3）。阿根廷的小麦也从 2010 年 5 月份的 234 美元 / 吨上涨到 2011 年 6 月份的 348 美元 / 吨。

2010 年以来的玉米价格同样上涨迅速。美国玉米从 2010 年 5 月份的 163 美元 / 吨上涨到 2011 年 6 月份的 318 美元 / 吨，涨幅为 95%，翻了近两番。阿根廷玉米则从 2010 年 5 月份的 170 美元 / 吨上涨至 2011 年 6 月份的 315 美元 / 吨，涨幅约为 85%。

表 3.3　世界谷物出口价格走势

（单位：美元 / 吨）

	2010 年	2011 年					
	5 月	1 月	2 月	3 月	4 月	5 月	6 月
美国							
小麦	196	340	362	334	364	362	348
玉米	163	263	287	291	321	309	318
高粱	164	262	276	279	302	277	287
阿根廷							
小麦	243	317	347	348	352	351	348
玉米	170	263	288	288	314	303	315
泰国							
白大米	477	542	554	524	507	500	516
碎米	320	412	433	429	423	418	417

资料来源：联合国粮农组织（FAO）《作物前景与粮食形势》（2011 年）。

2008 年的全球粮价上涨引发了全球性的粮食危机。而当前的高粮价走势同样强化了人们对世界粮食安全的担心，粮价的上涨使发展中国家的贫困人口面临更加严峻的生存困境，在某些国家中，他们要将其微薄收入的 80% 花费在购买粮食上。粮价上涨和购买力下降容易引发暴乱及社会动荡，从而对世界各地的社会及政治稳定造成威胁。

2012 年 9 月份联合国粮农组织（FAO）谷物价格指数平均 262 点，比 8 月份高 2 点（1%），其中小麦和稻米价格的上涨抵消了玉米价格的下跌。在这一水平上，联合国粮农组织（FAO）谷物价格指数比去年同期高出 7%，但仍比 2008 年 4 月创下的 274 点的高点低了 8 点（4%）。虽然，玉米出口供应量减少和高价格是谷物市场担忧的主要因素，小麦供应趋紧也成为一个隐忧，但随着俄罗斯联邦宣布将不对出口采取限制措施，国际小麦价格到 2012 年 9 月下半月在下行压力下出现回落。同时，国际稻米价格上涨，这是由于泰国下年度继续实施包购计划的迹象不断增加且其他主要稻米出口国供应量减少，对稻米价格形成了支撑。

2012 年 9 月份，基准性美国小麦（2 号硬红冬麦）均价（墨西哥湾离岸价）为每吨 371 美元，比 8 月份上涨了 3%，比 2011 年 9 月高出 13%。黑海区域若干小麦主产国因今年旱灾造成减产，致使世界产量下降，从而推动了小麦价格走高，而粗粮供应量减少也提供了支撑，特别是对饲料小麦出口价格形成了支撑。

2012 年 9 月份，美国玉米价格（2 号黄玉米）均价（墨西哥湾离岸价）为每吨 323 美元，比 8 月份下跌了 2%，但仍比 2011 年同期高出 8%。主要原因是在美国收成前景恶化的作用下，2012 年早些时候国际玉米价格大涨并保持坚挺态势。但后期美国的出口价格在下行压力下回落，主要原因是国内需求低于先前预期且出口外销步伐放缓。

2012 年 9 月份基准性国际稻米价格（泰国 100%B 级白米）平均每吨 602 美元，比 8 月份上涨了 3%。泰国的稻米价格仍明显高于竞争对手，原因是该国的包购计划人为地制造了紧张形势，该国大量稻米掌握在公共粮库手中。其他产地的稻米价格也出现走强，原因是在今后几个月的收获季节之前货源逐步减少。

三、缺粮人口增加

由于自然禀赋、经济发展水平和世界贸易条件的限制，世界上的粮食生产和消费在不同区域和国家之间差别巨大，典型地表现为发达国家人均粮食占有量大大超过广大的发展中国家的人均粮食占有量。例如，美国农业部发布的数据显示，美国 2007 年人均粮食消费量约 1 046 公斤，比 2003 年增长了 100 公斤。除此之外，美国年人均消费牛肉 42.6 公斤、植物油 41 公斤、牛奶 78 公斤、猪肉 29.7 公斤、禽肉 45.4 公斤。而同类食品的消费，印度分别为年人均消费粮食 178 公斤、牛肉 1.6 公斤、植物油 11 公斤、牛奶 36 公斤、禽肉 1.9 公斤，总体上为美国人均消费水平的 1/6，这充分反映了世界粮食消费不均的事实。而这一巨大差异发生在世界粮食的消费总量略微超过生产和库存总量的背景下，毫无疑问，世界上存在着数量巨大的缺粮人口。

正是基于世界粮食消费不均、缺粮人口巨大的事实，1996 年世界各国领导人齐聚罗马，召开世界粮食首脑会议，共商消除饥饿的方法。他们共同确定了紧急目标，即到 2015 年将世界营养不足人口数量在 1990—1992 年的水平上减少一半。为此，会议通过了《世界粮食首脑会议行动计划》，以明确该目标及世界各国应承担的责任。2000 年，联合国通过了《千年宣言》，确定了联合国千年发展目标。在几个具体目标中，排在首位的就是"消除极端贫穷和饥饿"，即在 2015 年将世界上的贫困和饥饿"程度"减轻一半。事实上，考虑到全世界尤其是发展中国家人口的快速增长，联合国千年发展目标中有关消除极端贫穷饥饿的目标相对于 1996 年世界粮食首脑会议确立的目标有所降低，即从强调营养不足人口绝对数量的减少转为强调百分比的减少。措辞的微妙变化，已表明实现这一目标所面对的巨大压力和困难。

即便如此，这一目标也很难实现。据联合国粮农组织（FAO）统计，2001—2003 年间，全世界有 8.54 亿人营养不足，其中 8.2 亿人在发展中国家，2 500 万人在转型国家，900 万人在工业化国家。

2010 年，世界缺粮人口的比例有所下降，但整体比例仍然偏高。尤其令人痛心的是，世界缺粮人口的绝对数量近年来大量增加。2006—2009 年间，世界缺粮人口数量因高粮价及全球经济危机而急剧增长，到 2009 年这一数字高达 10.23 亿（见图 3.6），2010 年下降至 9.25 亿，降幅 9.6%。虽然情况有所缓解，但世界缺粮人口数量依然庞大，高于 40 年前的水平，甚至高于 1996 年世界粮食首脑会议上就减少饥饿目标达成一致之前的水平。

（单位：百万吨）

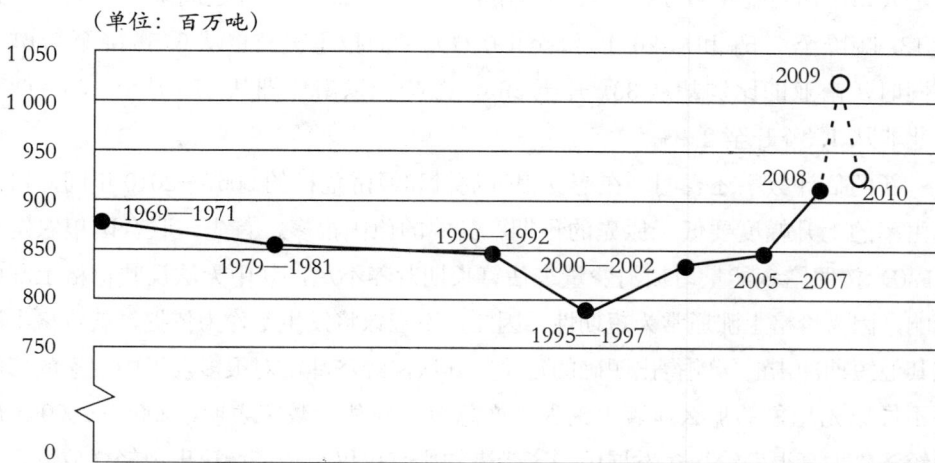

资料来源：联合国粮农组织（FAO）《世界粮食不安全状况》（2010）。其中，2009 年的数据由联合国粮农组织（FAO）根据美国农业部经济研究局的资料估算而来。

图 3.6　1969—2010 年世界缺粮人口数

最新的《2012 年世界粮食不安全状况》按照膳食能量供给量的分布情况对营养不足人口的数量及比例作了最新估算。据此报告，2010—2012 年间，全球长期营养不足人口接近 8.7 亿，占全球总人口 12.5%（近 1/8）。这些人口中绝大多数（约 8.5 亿人），也就是全球总人口中近 15% 的人处于营养不足状态。

世界营养不足人口数在 2007 年前的降幅要超出预期，此后降速有所放缓。因此，发展中国家作为一个整体，已经朝着实现在 2015 年前将遭受长期饥饿的人口比例降低一半的《千年宣言》又迈进了一大步。如果过去 20 年的平均降速能够延续到 2015 年，那么发展中国家的营养不足发生率就会降至 12.5%；虽仍高于《千年宣言》提出的目标，但与此前相比，已经朝着目标的实现又迈进了一大步。

然而，不同区域和不同国家之间仍存在巨大差异。亚洲的营养不足人口数量及比例近年一直保持下降趋势，使亚洲成为最有希望实现"千年发展目标"中消除饥饿相关目标的区域。拉丁美洲的情况也和亚洲类似。相反，非洲却离目标的实现还相差很远，且前景不容乐观，这一点可以从贫困率和儿童死亡率上反映出来。同样在西亚，营养不足发生率自 1990 年以来一直呈上升趋势。

由于各区域在减轻饥饿方面的进展速度各不相同，因此发展中国家饥饿人口的集中分布情况在过去几十年中也出现了变化。东南亚和东亚在发展中国家营养不足人口中所占比例在 1990—1992 年度和 2010—2012 年度之间降幅最大（分别从 13.4% 降至 7.5% 和从 26.1% 降至 19.2%）。而拉丁美洲也从 6.5% 降至 5.6%。而同时，南亚的比例却从 33% 升至 36%，撒哈拉以南非洲从 17% 升至 27%，西亚和北非从 1.3% 升至 2.9%。

新的估计数字还表明，在遭受粮价危机和经济危机的 2007—2010 年间，饥饿发生率的上升幅度要低于原先的预期。其中的原因很多，首先，联合国粮农组织（FAO）按照膳食能量习惯消费量来估算长期营养不足，其中无法反映价格上涨的影响，因为价格上涨通常为短期性。因此，不应该将发生率作为依据，就价格上涨或其他短期冲击的影响得出明确的定论。其次，经济冲击对很多发展中国家的影响并不像原先想象的那么显著。国内生产总值最新估计数字表明，2008—2009 年度的经济"大衰退"给很多发展中国家带来的影响仅仅是经济增速出现轻微放慢，中国、印度和印度尼西亚三个最大的发展中国家国内主粮价格的上涨幅度极小。

从比例上看，发展中国家的缺粮人口自 1969—1971 年以来有了大幅下降，但近年缺粮人口比例有所回升（见图 3.7）。

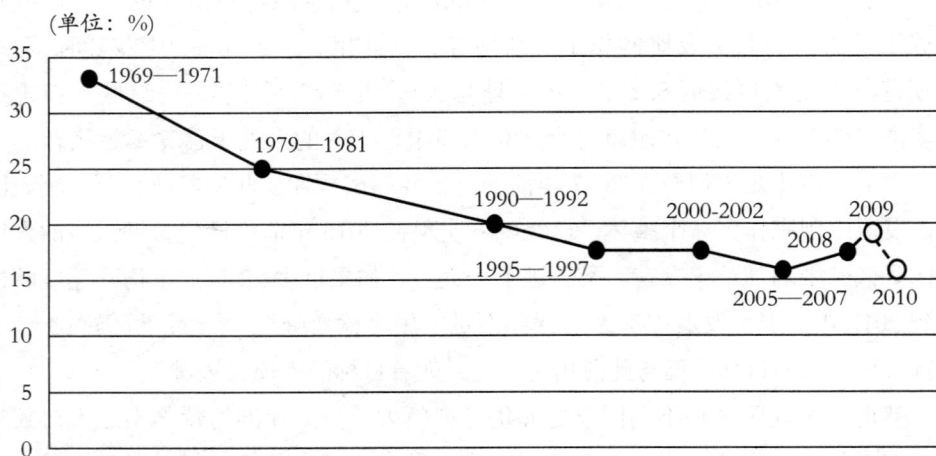

资料来源：联合国粮农组织（FAO）《世界粮食不安全状况》（2010）。

图 3.7　1969—2010 发展中国家缺粮人口比例

更为严峻的现实是，有缺粮状况的区域和国别分布状况很不平衡。世界上 98% 的缺粮人口生活在发展中国家，其中 2/3 集中在七个国家（孟加拉国、中国、刚果、埃塞俄比亚、印度、印度尼西亚和巴基斯坦），超过 40% 的缺粮人口居住在中国和印度。这些国家中缺粮人口的比例达到 16%。亚太区域依然是缺粮人数最多的地区（见图 3.8）。

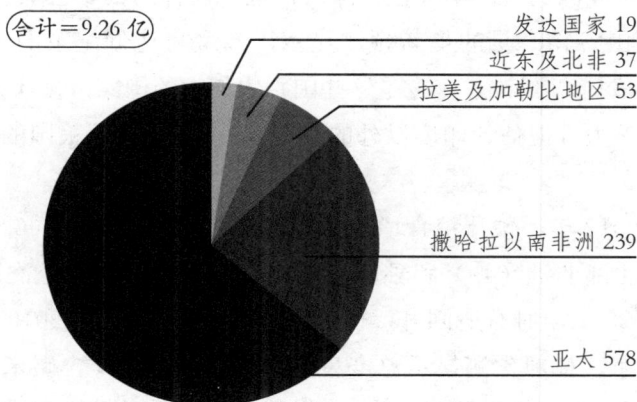

合计 = 9.26 亿

发达国家 19
近东及北非 37
拉美及加勒比地区 53
撒哈拉以南非洲 239
亚太 578

资料来源：联合国粮农组织（FAO）《世界粮食不安全状况》（2011）。

图 3.8　2010 年粮食不足状况（按区域分类，单位：百万人）

首先，亚太地区是缺粮人口最多的地区。而且从 1995 年到 2009 年，缺粮的人口数量一直在增加，说明粮食安全状况持续恶化。其次，撒哈拉以南非洲，缺粮人口的绝对数和相对数都在增加。其他地区的粮食安全形势基本维持不变（见图 3.9）。

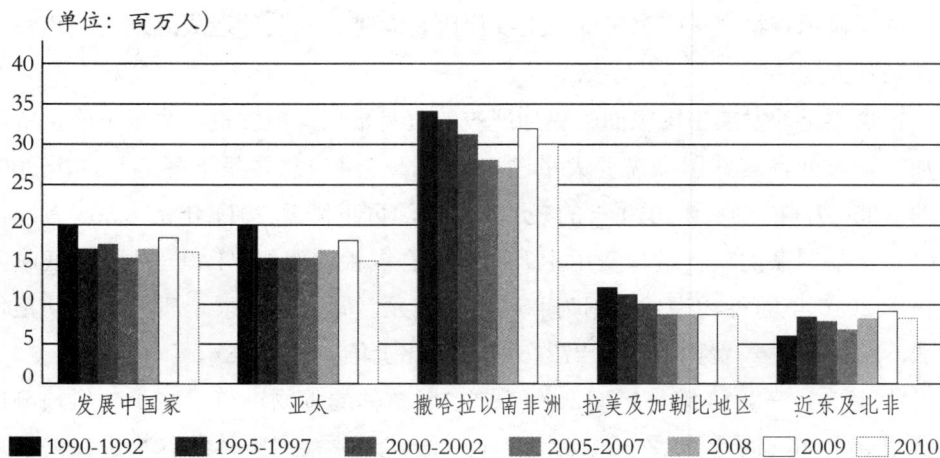

（单位：百万人）

1990-1992　1995-1997　2000-2002　2005-2007　2008　2009　2010

资料来源：联合国粮农组织（FAO）《世界粮食不安全状况》（2011）。

图 3.9　1990—1992 年至 2010 年世界各区域缺粮人口数变化趋势

2012 年，在世界 66 个低收入缺粮国家和地区中，若干地区的主要谷物作物已经收获，即北部和南部非洲、亚洲独联体国家及拉丁美洲和加勒比地区，而西部和东部非洲及亚洲的生产季节也已深入推进。联合国粮农组织（FAO）对 2012 年低收入缺粮国谷物产量的最新预测显示，产量将达创纪录的 5.34 亿吨，比 2011 年的好收成提高 1.7%。印度是这些国别中最大的国家，预计该国 2012 年谷物总收成增长乏力，但估计印度以外的其他 65 个低收入缺粮国的谷物总产将增长 2.9%。

一方面，2012 年，预计粮食增量的大部分来自西部非洲（6.9%）、东部非洲（5.4%）、北部非洲（4%）和独联体（3.5%）。虽然前两个次区域的产量较受旱灾影响的 2011 年时有所回升，但 2012 年总产量仍低于 2010 年的创纪录水平。在亚洲远东，最新预测显示总产量约为 3.765 亿吨（含碾米），比去年的创纪录收成增加 580 万吨（约 1.6%），但某些国家季风推迟和洪涝灾害对粮食产量的全面影响还有待观察。另一方面，预计 2012 年其他区域的谷物产量将比 2011 年下降，特别是南部非洲、中美洲和近东地区。在欧洲唯一低收入缺粮国摩尔多瓦共和国，估计产量减少近 40%，原因是该国谷物主产区在谷物生长季节期间出现旱情和高温状况。同样，估计南部非洲也将大幅减产，原因是莱索托、马拉维、莫桑比克和津巴布韦部分地区的长时间旱情对 2012 年玉米生产造成了破坏性影响，抑制了 2012 年谷物总产水平。在中美洲和加勒比的低收入缺粮国中，估算显示谷物产量略有降低，主要原因是恶劣天气条件造成海地主季粗粮产量大幅减少。

粮食不足的发展中国家面临更加严峻的贸易格局，粮食进口数量下降，费用增加。一方面，这些国家需要大量进口粮食，但进口总量呈下降趋势，由 2009 年的 9 350 万吨下降到 2010 年的 8 875 万吨，再下降到 2011 年的 8 566 万吨。同时，这些国家的粮食进口费用上升。据联合国粮农组织（FAO）估计，低收入缺粮国 2010 年的谷物进口费用为 258.4 亿美元，同时，供求矛盾势必推动粮价上涨，2011 年这一费用上升至 278.5 亿元，比上年上升 7.78%。

估计 2012—2013 销售年度低收入缺粮国整体的谷物进口量减少，但预测进口费用会增加。估计 2012—2013 销售年度低收入缺粮国整体的谷物进口需求总量减少约 400 万吨，比上年度下降 5%。在各次区域中，预计北部非洲、亚洲远东和独联体国家的谷物进口需求量有较大幅度的减少，主要原因是埃及、印度尼西亚和菲律宾等进口大国进口需求下降。在世界最大小麦进口国埃及，估计谷物进口需求降低了约 10%，这主要是由于天气条件有利和扶持性政策措施推动了小麦增产。在印度尼西亚和菲律宾，由于估计 2012 年谷物收成的供应量增加，因此预计进口需求将分别降低 15% 和 19%。同样，在独联体国家的 4 个低收入缺粮国中，估计进口需求均较大程度地降低 26% 至 42%，主要原因是 2011 年进口量大且结转库存量较高。相反，估计东部非洲和近东的进口需求量将增加。在叙利亚，2011 年初以来的持续骚乱扰乱了正常农业活动并造成 2012 年收成低于往年。在中美洲和大洋洲，预计谷物进口量将与 2011 年的水平基本持平。然而，尽管进口需求总体下降，但国际谷物价格的上涨将使低收入缺粮国的进口费用增加。

第二节　粮食安全面临的新挑战

世界粮食形势正面临传统和非传统威胁的多种挑战，包括粮食生产要素约束日益突出，粮食生产的政策性限制凸显，粮食需求快速增长等。

一、粮食生产要素约束日趋突出

（一）粮食生产耕地日益稀缺

土地作为一种资源，它有两个主要属性：面积和质量。从土地面积上讲，对于全世界居民而言，这无疑是一个颇为巨大的数字。1987 年世界人口达 50 亿，人均占有约为 3 公顷，2003 年世界人口约为 60 亿，人均占有 2.5 公顷。从绝对数量来说，人均土地占有数量不低。然而，考虑到土地的质量属性，世界土地质量则面临着严格的限制。所谓土地的质量，从农业利用的角度来看，包括土地的地理分布、土层厚薄、肥力高低、水源远近、潜水埋深和地势高低、坡度大小等。考虑到上述因素，则陆地面积中大约有 20% 处于极地和高寒地区，20% 属于干旱区，20% 为陡坡地，还有 10% 的土地岩石裸露，缺少土壤和植被。以上 4 种土地，共占陆地面积的 70%，使得世界可耕地的数量大大下降。

从总体和长远来看，地球上的土地资源是有限的，同时多种外部因素导致粮食耕地减少。第一，世界各国的人口增加和城镇化进程带来城市、工业和高速公路在农用田地上的扩张，其中很大一部分被占用的是良田；第二，海平面上升毁坏沿海低洼农田；第三，非粮作物的争地，如棉花、烟草等经济作物的大量种植；第四，部分用于燃料的棕榈油，部分用于生物燃料而生产的粮食（主要是玉米），这些都使得可供粮食生产的耕地面积日益减少。同时，世界可供开垦的耕地数量在下降，据国际粮食政策研究所预测，世界上可用于扩大粮食种植面积的耕地最多可再增加10%，主要分布在南美洲和非洲。从数据上看，世界耕地面积的增加速度减缓，耕地面积增长幅度落后于需求增长幅度。1961年世界耕地面积为12.7亿公顷，2002年为14亿公顷，增长了9.79%。根据联合国粮农组织（FAO）统计数据，1998年至2003年世界耕地面积年均增长幅度仅为0.13%，但是人均耕地面积却大幅下降。从近30年的走势来看，人均耕地面积从0.33公顷下降至0.22公顷，下降幅度达到31.7%。

从谷物收获面积看，2008年世界谷物收获面积达到7.122 26亿公顷，2009年下降到7.084 95亿公顷，降幅为0.5%，同期世界谷物产量由25.207亿吨下降为24.893 02亿吨，降幅为0.5%。

表3.4　1999—2001年至2009年世界谷物收获面积与产量

	1999—2001	2003—2005	2007	2008	2009
世界谷物收获面积（千公顷）	672 096	679 725	698 079	712 226	708 495
世界谷物产量（千吨）	2 084 499	2 212 315	2 353 652	2 520 700	2 489 302

资料来源：联合国粮农组织（FAO）统计资料。

现有耕地的质量也在下降。有的国家由于过度耕作、自然条件限制、基础设施不完善使得土地沙化，耕地被侵蚀，土壤肥力衰竭；工业排放的增加和农药的过度使用，增加了对土地和粮食的污染；对化肥和其他化学投入的过度依赖，减少了腐殖质、纤维、蠕虫、蜣螂和益蚁。

世界耕地分布和利用结构不合理。当前，世界可耕地资源主要集中在南美洲和非洲，但这些地区的经济发展水平普遍较低，耕地开发能力总体较弱，大量适宜开发的土地无法开垦，同时农业生产技术相对较差、农业科技水平较低，使得单位耕地的生产率较低，总体上影响了世界粮食的产量。尤其是非洲，一方面虽然有大量适宜耕作的土地，但由于多种原因，有大量的居民仍处于贫困线以下，处于饥饿之中。另一方面，有的发达国家出于策略性的原因，实行耕地休耕的政策，有意识地闲置大量的土地，人为地降低粮食的生产，推高粮食的价格，在世界范围内人为地制造更多的粮食不安全状况，加剧世界范围内粮食消费的不均衡。加之有的发展中国家，耕地开垦过度、污染严重，土地质量下降，耕地抛荒、荒漠化、零星化趋势严重，用于粮食生产的耕地质量下降，严重制约了这些国家的粮食生产，造成了粮食安全的严峻局面。所有这一切因素，加剧了世界范围内耕地利用的矛盾，使得粮食生产和安全面临着更加严峻的局面。

（二）农业生产劳动力日益短缺

世界农业发展和粮食生产面临的问题之一是劳动力转移而导致劳动力短缺。从世界经济发展的一般状况来看，劳动力转移的趋势是从农业转向第二、三产业和从城市转向农村。在发达国家，由于非农产业对劳动力的需求，使得大量的农业劳动力进入城市。比如美国，工业化启动以前，农业劳动力占社会总劳动力的比重在70%以上，而到了19世纪末，该比重已降至4%以下。从1910年开始，美国的农业劳动力供给出现了相对减少和绝对减少并存的现象，并不断加剧。20世纪70年代以后，美国农业劳动力转移速度显著减慢，这标志着美国农业劳动力在完成了大规模转移后，进入了缓慢稳定的转移阶段。在美国这样的发达国家中，由于农业生产技术较高，农业生产的设备和资料较为先进，大量使用机械和能源，农业劳动力的转移并未对当地农业生产造成影响。

而在发展中国家，农村经济发展落后，农业生产效率低下，农村生活水平和环境恶劣，也使得大量的农业劳动力离开农村进入城市。因为大量农业劳动力向城市转移，1950—1980年墨西哥首都墨西哥城的人口由不足300万增加到1500万，巴西的里约热内卢人口由290万增至1070万。

劳动力对世界农业发展不仅表现在数量的缩减上，更严重的是表现在质量的降低上。粮食生产内涵的提高本质上需要劳动力素质的提高，这些素质包括劳动者的体力、智力、从事农业生产的积极性等问题。但现实是，不仅在发达国家，而且更多的是在发展中国家，随着工业化的发展、城市化进程的推进和城乡生活水平的差距，使得越来越多高素质的年轻农业劳动力转移到城市从事非农产业。由于高素质劳动力大量转移，导致农村劳动力素质下降。同时，随着人口老龄化进程加快，农业劳动力供应短缺问题将更加严重，从而对农业发展产生持久的影响。

（三）农业用水日趋紧张

水是生命之源，也是粮食生产的重要资源。世界上水的总储量约有 14 亿立方千米，其中 97.2% 的水都分布在大洋和浅海中，这些咸水是人类无法直接利用的。陆地上两极冰盖和高山冰川中的储水占总水量的 2.15%，目前也无法直接利用，余下的 0.65% 才是人类可直接利用的。因此，世界上的水是丰富的，但可利用的淡水资源却极其有限。人类用水量中，25% 的消费被用于工业，70% 以上则被用于农牧业，农业是用水矛盾最突出的领域。

世界的水资源分布十分不均。除了欧洲因地理环境优越、水资源较为丰富以外，其他各大洲都不同程度地存在一些严重缺水地区，最为明显的是非洲撒哈拉以南的内陆国家，那里几乎没有一个国家不存在严重缺水的问题，在亚洲也存在类似问题。毫无疑问，缺水地区都是农业生产和粮食生产难以开展的地区。

人们对水的需求量大量增加。例如，公元前每天人均耗水约 12 升，中世纪时人日均耗水增加到 20～40 升，18 世纪增加到人日均 60 升，当前发达国家一些大城市人均每天耗水可达 500 升。在发展中国家，对水的需求量也日益增加，如我国，近 20 年来城市用水翻了几番。随着人口膨胀与工农业生产规模迅速扩大，全球淡水用量飞速增长，用水量在 20 世纪增加了 7 倍，其中工业用水量增加了 20 倍。特别是近几十年来，全球用水量每年都以 4%～8% 的速度持续递增，淡水供需矛盾日益突出。联合国环境规划署的数据显示，如按当前的水资源消耗模式继续下去，到 2025 年，全世界将有 35 亿人口缺水，涉及的缺水国家和地区将超过 40 个。

世界粮食生产在用水供需矛盾加剧的同时，水的质量也在下降。世界各国，尤其是发展中国家，由于片面追求经济的发展，使得水体污染严重，由此严重影响了土地质量，制约了粮食生产。水体污染的主要来源是：①点污染源，包括生活污水和工业废水；②面污染源，主要指农村灌溉水形成的径流，农村中无组织排放的废水，地表径流及其他废水污水。

水体的主要污染物包括：①悬浮物；②耗氧有机物；③植物性营养物，指含有氮磷等植物所需营养物；④重金属，很多重金属对生物有显著毒性；⑤酸碱污染，使水中微生物的生长受到抑制；⑥石油类；⑦难以降解有机物，它们大多是人工合成的有机物，它们中的一部分化合物具有致癌、致畸和致突变的危害；⑧放射性物质，能从水中或土壤中转移到生物、蔬菜或其他食物中；⑨热污染；

⑩病原体，主要来自于人们的生活排放、医院和屠宰的污染。这些严重影响着农业生产用水，并威胁着人们的健康。

在世界农业用水紧张、水体受污染的同时，水资源使用效率低。许多发展中国家农业灌溉方式落后。据可持续发展世界首脑会议提供的资料，农业用水占用了全球淡水资源的 70% 左右。联合国预计，在未来 20 年内，世界需要增加 17% 的淡水灌溉农作物以满足人类对粮食的消费。农业节水尤为重要，应该根据不同农作物具有不同的需水量这一规律，把各种农作物进行优化配置，使产量和用水量达到最佳组合，从而提高灌溉用水效益，并大力推广优化技术与计算机在灌溉用水管理中的运用，提高水资源管理工作的科学性。同时，应重视发展高科技节水技术。如 20 世纪 60 年代中期，以色列发明了滴灌技术，对农田实行科学灌溉。如今，以色列利用电脑控制的水、肥封闭滴灌网已遍布全国，极大地减少了渗漏蒸发，水肥利用率高达 80% ~ 90%，可耕地面积增加了 5 倍，农业产值增长了近 20 倍。

（四）气候条件和生态恶化更加严重

粮食生产与气候生态具有紧密的因果联系，特别是在目前生态环境遭遇一定程度的伤害、极端天气反复发作的条件下，气候的变异已经成为直接影响粮食安全的关键因素之一。世界范围内粮食连续减产很大程度上是由于如土地荒漠化扩张、地下水位下降、气温上升引起的气候变化等环境的恶化造成的。由于人类活动引起的环境退化增加了自然灾害发生的频率和强度，严重抵消了技术进步和农业基础设施投入增加带给农业增产的正面作用。

全球气候的变化如极端温度、恶劣的雨雪天气等严重影响了粮食生产。目前，全球温度上升，极端气候增多，严重影响了全球粮食生产。世界气象组织宣布，1998—2007 年是有记载以来最暖和的十年，全球气候变化给人类及生态系统带来了极端天气、冰川消融、永久冻土层融化、珊瑚礁死亡、海平面上升、生态系统改变、旱涝灾害增加、致命热浪等灾难。

根据相关观测记录显示，自 1950 年以来，极端最低气温的出现频率有所下降，因此标志寒冷事件的"霜冻日数"和"冰冻日数"减少，但极端最高气温的出现频率有所增加。观测记录还显示，北半球中高纬度降水量增加的地区，大雨和极端降水事件有增多趋势。20 世纪后半叶，北半球中高纬地区强降雨事件的出现频率可能增加了 2% ~ 4%；而北半球中高纬度地区降水量减少的地区，大雨和极端降水事件有下降趋势。在亚洲和非洲的一些地区，近几十年来干旱与洪涝的发生频率增高、强度增强的趋势明显。

气温上升的直接原因在于大气中温室气体浓度的上升。21世纪以来所进行的一些科学观测表明，大气中各种温室气体的浓度在不断增加。1750年以前，大气中二氧化碳含量基本维持在280毫克/千克。工业革命后，随着人类活动，特别是消耗的化石燃料（煤炭、石油等）的不断增长和森林植被的大量破坏，人为排放的二氧化碳等温室气体不断增长，大气中二氧化碳含量逐渐上升，每年大约上升1.8毫克/千克（增长率约0.4%），到目前已上升到近360毫克/千克。从测量结果来看，大气中二氧化碳的增加部分约等于人为排放量的一半。根据夏威夷莫纳罗亚气象台1958年以来对大气中二氧化碳浓度的长期测量结果研究发现，全球大气中的主要温室气体二氧化碳的浓度已从315毫克/千克上升到376毫克/千克，大气中二氧化碳浓度呈不断增长的趋势。根据1881—2008年大气二氧化碳浓度的检测值，可以明显地看出全球二氧化碳浓度呈不断上升的趋势，并且在最近三十年增长速度显著加快。

按照政府间气候变化组织（IPCC）的评估，在过去的一个世纪里，全球表面平均温度已经上升了0.3℃～0.6℃，全球海平面上升了10～25厘米。许多学者的预测表明，到21世纪中叶，世界能源消费的格局若不发生根本性变化，大气中二氧化碳的浓度将达到560毫克/千克，地球平均温度将有较大幅度的增加。政府间气候变化组织1996年发表了新的评估报告，再次肯定了温室气体增加将导致全球气候的变化。依据各种计算机模型的预测，如果二氧化碳浓度从工业革命前的280毫克/千克增加到560毫克/千克，全球平均温度可能上升1.5℃～4℃。据国际水稻研究所的最新报道，世界平均气温只要上升1℃就会使得世界粮食减产10%。自1970年以来，地球平均气温上升了0.6℃。据联合国政府间气候变化专门委员会发布的全球气候变化报告指出，在低纬度地区，气温仅升高1℃～2℃，农作物产量就可能减少。在中高纬度地区，如果气温升高不超过3℃，且具备足够的水源，农作物产量可能有所增加，但是，一旦升温超过3℃，农业就可能减产30%。

气候变化影响到农业和自然生态系统，从而影响世界粮食安全。随着二氧化碳浓度增加和气候变暖，可能会增加植物的光合作用，延长生长季节，使世界上一些地区更加适合农业耕作。但全球气温和降雨形态的迅速变化，也可能使世界上许多地区的农业和自然生态系统无法适应或不能很快适应这种变化，使其遭受很大的破坏性影响，造成大范围的森林植被破坏和农业灾害。同时，全球平均气温略有上升，就可能带来频繁的气候灾害，如过多的降雨、大范围的干旱和持续的高温，从而造成大规模的灾害损失。从 1990—2008 年，在全世界发生的异常气象超过 1.1 万次，给各国的农业生产造成了重大损失。世界上有 57 个国家，包括 29 个非洲国家、19 个亚洲国家、9 个拉丁美洲国家都遭受过特大洪涝灾害。南亚、欧洲、中国、苏丹、莫桑比克和乌拉圭的农业收成已受到干旱和热浪的严重影响。如俄罗斯 2010 年遭遇的干旱和森林大火是 16 世纪以来最严重的；中国各地遭受强降雨或干旱，影响了粮食生产；此外还包括欧洲的严寒、巴基斯坦的洪水等。专家预测，21 世纪全球气候变暖的速度可能比 20 世纪快 2～10 倍，农作物由于气候因素造成的减产幅度有增加趋势，到 21 世纪后半期，全球主要农作物如小麦、水稻和玉米的产量最多可下降 36%。

全球生态环境恶化制约着粮食生产。由于人类的活动，导致土地沙化、森林减少、物种灭绝，粮食作物生产的环境日益恶化。2007 年 11 月，约翰·维达尔在英国《卫报》上撰文指出：联合国环境计划署认为，地球上的水、土地、空气、植物、动物和鱼类都在"无情下降"。联合国政府间气候变化专门委员会（IPCC）的资料显示，到 2025 年，发展中国家水资源供应对作物最高产量的满足程度将从目前的 86% 下降到 75%。发展中国家抵御自然灾害的能力弱，由灾害气候引起的粮食产量将减少 3%～5%（亚洲国家将减少 5%～8%）。只要地方或是区域内很小的气候变化，使传统资源供应减少，就可能带来饥荒。最近的例子发生在海地、孟加拉国和印度。

二、粮食供给政策性限制凸显

粮食生产分布呈现总体上分散、局部集中的局面，而人类对粮食的消费却具有普遍性和常年性的特点，世界上所有地区的人类的生存都需要粮食的供给，因此要满足人们对粮食的普遍消费，就必须通过流通，即通过贸易来弱化因粮食生产的地域性和季节性特点而造成的对人类消费的影响。20 世纪 70 年代以后随着世界粮食生产的发展和消费需求的增加，世界粮食贸易也在迅速扩大，并成为国际贸易中重要的大宗商品之一，贸易的规模也呈现不断增长的趋势。

在所有品种的粮食贸易中，小麦、玉米、稻米的进出额占全球粮食贸易的3/4 以上。小麦是世界粮食贸易的最大品种，主要生产于中国、印度、美国、俄罗斯、加拿大、澳大利亚和阿根廷等国家，这 7 个国家的小麦产量占世界小麦总产量的 57%。世界小麦的出口主要集中在美国、法国、加拿大、澳大利亚、阿根廷等国家，这些国家几乎垄断了世界小麦的出口市场，对国际小麦价格影响极大。与出口相反的是，小麦的消费和进口比较分散，小麦贸易呈现量大、贸易范围广和参与国家多等特点。中国是全球小麦生产和消费最大的国家之一，小麦进口主要来自澳大利亚和加拿大。

世界玉米出口主要集中在美洲 3 个国家（美国、阿根廷、巴西）。据联合国粮农组织（FAO）估计，2007 年世界玉米国际贸易量约为 8 800 万吨，美国、阿根廷、巴西三国的出口量占世界玉米总出口量的 89%，2007 年我国出口玉米约为622 万吨。进口玉米相对较多的国家和地区主要集中在亚洲，其中韩国和日本进口最多。其他主要进口国家或地区包括墨西哥、埃及、哥伦比亚、欧盟等。

世界大米出口国主要集中在 7 个国家。据联合国粮农组织（FAO）统计，2007 年世界大米出口国际贸易量约 3 000 万吨，主要的出口国家为泰国、越南、美国、印度、巴基斯坦，出口量均在 300 万吨以上，出口量超过 100 万吨的国家还包括中国和埃及。上述 7 个国家的大米出口量约占世界大米出口量的 88%。世界大米进口国则相对比较分散。2007 年进口相对较多的国家或地区依次有菲律宾、尼日利亚、印度尼西亚、欧盟、中国、伊朗和伊拉克，进口量分别都在 100万吨以上。

世界范围内的粮食减产很大程度上是因为主要粮食出口国的人为因素所致。如美国等主要粮食出口国为了国家战略资源的储备、生态环境的平衡以及国家经济利益，以农业政策为调节手段，人为地限制谷物的播种面积。据美国农业部公布的数据，以小麦播种面积为例，1999—2000 年度，美国小麦播种面积 2 539 万公顷，2004—2005 年度为 2 409 万公顷，下降了近 5%。美国耕地面积是中国的 1.4倍，但谷物收获面积仅为中国的 70%。不仅如此，美国灌溉面积的比例非常高，许多地方还实行一年两季的耕作制度，土地利用强度很高。欧美等主要农产品出口国以保护农业生态环境为由，实行严格的"土地保护计划"，通过税收、补贴等政策性因素强化政府对农业的宏观调控作用，以达到粮食出口国利益的最大化。

世界粮食消费不均及某些国家的消费不足也与粮食出口国的政策因素有关。

有的产粮国在世界粮食危机加重时，往往人为地设置和提高粮食贸易限制，"把粮食作为武器"，加剧粮食危机。对于一些产粮大国来说，由于受不利气候、政策等因素的制约，会减少粮食的产量、出口量和对低收入国家的粮食援助量。如自 2007 年下半年以来，欧盟已从世界各国进口了 520 万吨粮食，并决定于 2008 年 6 月前暂时取消粮食进口税；粮食出口大国印度于 2007 年 2 月 13 日宣布，2007 年全年都禁止小麦出口，3 月 7 日限制玉米出口，10 月禁止面粉出口；俄罗斯政府为了优先满足国内市场需求、稳定国内粮食价格，于 2010 年 8 月 5 日宣布从 2010 年 8 月 15 日至 2010 年 12 月 31 日全面禁止粮食及粮食产品出口，并考虑从哈萨克斯坦和白俄罗斯进口粮食。世界粮价也不断提高，根据联合国粮农组织（FAO）2011 年报告，虽然食品价格指数（包括 90 个国家的谷物、肉、牛奶等其他食品价格）低于 2008 年的水平，但与 2010 年同期相比增长了 22%。在一些非洲市场，肉和小麦的价格甚至比 2008 年的数字高出 20% ～ 70%。如在西非的毛里塔尼亚，大米价格在 2010 年前三个月涨了一倍。同期内赞比亚和莫桑比亚的玉米价格分别上涨了 59% 和 57%；在刚果（金）首都金沙萨，当地居民玛米·曼加（Mami Monga）买一箱鱼花了 25 美元，而 10 年前的价格仅为 10 美元，一袋 25 公斤的大米价格也涨了一倍，变成了 30 美元。这些都加深了低收入国家的粮食危机。

三、粮食需求快速增长

粮食最基本的功能是满足人类的食物需求。世界人口增长带来的粮食消费需求的问题，是粮食供给必须首先保障人们的粮食消费。人类对食物需求的增长主要来自两个方面：一是人口增长带来的粮食需求增长，另一个是膳食结构改善带来的粮食需求增长。世界粮食的生产面临着重大的约束，而对粮食的需求却保持强劲的增长。世界人口的增长、消费结构的升级、生物燃料的开发、畜牧饲料的消费，使得世界粮食的需求大大增加。

（一）人口快速增长

全球人口增长一直是粮食需求和生产增长的主要推动力。据联合国人口基金会（UWFRA）预测，2011 年 10 月 31 日，世界人口将达到 70 亿，之后，我们看到的情形是世界人口仍然处于快速增长之中。

《2010年世界人口状况报告》预测，到2050年，世界人口将超过90亿，人口过亿的国家将增至17个，印度将取代中国成为世界人口第一大国。报告显示，到2050年世界人口将增至91.5亿，在现在的基础上增加22.41亿。其中，非洲地区人口将从10.33亿增至19.85亿，增幅最大；亚洲地区的人口也将有较大幅度的增长，将从41.67亿增至52.32亿；而欧洲人口将从7.33亿减至6.91亿，是唯一人口减少的大洲。报告指出，2010年全世界共有11个国家人口过亿，其中中国人口最多，达到13.54亿，其次为拥有12.15亿人口的印度。其他人口过亿的国家依次为美国、印度尼西亚、巴西、巴基斯坦、孟加拉国、尼日利亚、俄罗斯、日本和墨西哥。报告预测，到2050年，刚果（金）、埃及、埃塞俄比亚、坦桑尼亚这4个非洲国家以及亚洲的菲律宾和越南的人口也将过亿。届时，印度的人口将增至16.14亿，成为世界第一人口大国；中国人口将增至14.17亿，退居第二。2010年，世界人口总数为69.09亿，其中只有12.37亿人生活在较发达地区。人口增长率（1996—2006年间为13.6%）超过谷物产量增长率（1997—2007年间为12.2%）。预计未来几乎所有人口增长都发生在发展中国家，特别是在50个最不发达国家。

世界人口总量的增长，加大了粮食消费的绝对数量，最终使粮食的生产和需求产生巨大压力，进一步恶化了严峻的世界粮食安全形势。为了满足人类不断增长的粮食需求，到2030年世界粮食产量必须从目前的约200 000多万吨增加到300 000多万吨，几乎相当于20世纪60年代中期以来的粮食增产总数量。实现这个粮食增产的任务十分艰巨。但如果不能实现这个粮食增产任务，世界粮食供给就要出大问题。到那时，粮食供给问题就可能成为影响世界经济发展、社会稳定的最为重要、最为直接的因素。

据美国农业部统计，仅大米一项，在过去5年里，世界的消费量增加了27%。消费量增加的国家包括尼日利亚、菲律宾、孟加拉等人口快速增长的国家。泰国是世界最大的稻谷出口国，在越南和印度限制稻谷出口后，国际市场对泰国大米的需求便随之增加。2008年前4个月销售到国际市场的泰国大米增加了67%，普通大米销量增加了184%，香米销售增加了近23%。

（二）膳食结构升级

经济增长、发展中国家和新兴国家的人们收入的增加且人口增长和都市化发展，正在逐渐改变食品需求与消费结构。多样化的饮食方式使得淀粉类食品需求下降，人们转而消费更多的肉制品和乳制品，这就促进了对粮食和饲料需求的增加。据统计，生产 1 公斤牛肉约需消耗 8 公斤粮食饲料，生产 1 公斤鸡肉约需消耗 2 公斤粮食饲料。2008 年世界用做饲料用途的粮食达到 75 600 万吨。

根据联合国粮农组织（FAO）预测，全球（特别是在发展中国家）人均食品消费增长的历史趋势仍将持续，发展中国家的平均卡路里水平将由 2010 年的每日 2 650 卡／人升至 2050 年的每日 3 070 卡／人。到 21 世纪中期，世界上 90% 以上的人口可能生活在人均食物消费每天在 2 700 卡以上的国家，而这一数字现在只有 51%，30 年前仅为 4%。基于上述假设，世界粮食需求的增长压力是巨大的。20 个"中等收入"国家中有一个新的 10 亿消费者的市场正在形成，其总支出的能力用购买力平价计算，足以和美国整体的消费能力相匹敌。这些国家包括经合组织的新成员国韩国、墨西哥、土耳其、波兰，外加中国和印度（两国占这一总数的 40%）。这些国家新消费者阶层富裕的标志是拥有汽车和消费肉类的增加。这两种商品的结合，通过对燃料和饲料的需求，加剧了粮食价格的上涨，因为这方面的竞争使土地种植其他作物更加有利可图。

（三）生物能源消耗粮食

我们对 2008 年世界粮食危机和高粮价记忆犹新。实际上，当时以美国为首的世界各国发展生物能源是粮价的重要推手。联合国粮农组织（FAO）公布的《2008 年粮农状况》报告指出，对生物燃料需求的增长将导致农产品价格的上升。世界粮食计划署执行干事乔塞特·希兰把矛头直接指向发达国家以粮食生产生物能源（如玉米乙醇、大豆柴油等），认为"粮食换能源"是粮价上涨的一个最重要的原因，所以，任何有关生物能源发展的决定都要考虑粮食安全，以及土地和水资源的可利用率。

粮食的首要任务是保证人口的食物消费，但一些国家为了抑制不断攀升的石油价格，缓解能源压力，在目前世界粮食供需不平衡的局面下，大力发展生物能源工业（生物能源是指以淀粉质生物，如粮食、薯类、作物秸秆等为原料生产的燃料）。生物能源产业最早出现在二战期间的美国，起先是为了消化过剩的粮食，而非解决能源问题。由于第一次世界大战后粮食过剩和粮食价格暴跌，二战结束前，美国政府就鼓励用谷物制造乙醇汽油，用做汽车燃料。研究资料表明，生物能源工业的发展会提高供给人类消费的小麦、稻谷等的价格，降低其产量，从而影响到世界范围内的粮食安全。

目前各国发展的生物能源，其原料主要是玉米、小麦、糖类和油料。据统计资料显示，2004—2007 年这 4 年中，世界各国用于发展生物能源的谷物消耗量由 4 300 万吨增加到 9 490 万吨，这一消耗量占世界谷物总产量的比重由 2.1% 增加到 4.5%，占世界总储备量的比重由 10.7% 增加到 27.3%。2007 年全球液态生物燃料的产量达到 3 600 万吨，其中乙醇汽油 2 857 万吨、生物柴油 7.56 万吨。在所有生产国中，美国和巴西的产量分别占世界总产量的 43.73% 和 29.37%。2008 年，世界用于生产乙醇的谷物为 1.24 亿吨，占世界谷物总产量的 5.6%，世界谷物储量的 32.9%。生物能源的发展导致粮食价格快速上涨，使小麦、玉米和大米的储备水平几乎下降了一半。

此外，生物能源开发对未来粮食安全的影响会更大。根据 2007 年美国新能源法案，到 2020 年美国生物乙醇产量将达到 360 亿加仑，这大约要耗费 1 442.91 万吨玉米，相当于 2007 年美国玉米产量的 41.2%。按照美国 2007 年的玉米单产计算，要增加 152.17 万公顷的玉米种植面积才能满足这一需求。目前，美国是世界上最大的玉米生产国，2005—2006 年度玉米产量的 14% 被用于燃料乙醇的生产，而 2009—2010 年度，估计美国有 30% 的玉米产量被用于乙醇生产。玉米需求量的增加，导致玉米产业"与其他农产品争地"的矛盾开始凸显并日益激化，全球农业生产和贸易的格局都发生了变化。有专家认为，"燃料乙醇热"将造成世界 8 亿机动车主与 20 亿贫困人口争夺粮食，这将促使世界粮食市场的供求紧张格局的初步形成。更让人值得关注的是，美国也是研发和生产生物柴油的重要国家，依照美国规划，2011 年其生物柴油生产量将达到 115 万吨，2016 年将达到 320 万吨。这对世界粮食市场上大豆的供应将会带来严重的影响。

耕地资源的有限性和用途的竞争性使得小麦和稻米的种植面积必然会下降。由此可以推断，未来世界的粮食供求形式将会进一步恶化，粮食安全这一人类最基本的权利将会受到前所未有的挑战，而挑战者却是少数国家和地区，尤其是美国、欧洲部分国家和巴西等农产品贸易大国。所以从道义上看，生物质能源的发展是少数国家把国家利益置于人类生存权之上的一种表现。

第三节 小 结

当前,世界粮食安全面临供给紧平衡、粮价上涨、缺粮人口增加的严峻新形势。世界粮食供给增长减缓,国际粮食贸易缩减,缺粮国家局面更加困难,世界粮食消费增长,粮食库存比例下降,同时世界粮食价格不断上升,缺粮人口增加且有的国家饥饿严重。这导致世界粮食安全面临着新的挑战,首先是粮食生产的要素约束日益突出,包括耕地、劳动力、水资源日益短缺和气候、生态情况恶化;其次是世界粮食供给的政策性限制凸显;最后是世界粮食需求快速增长,包括世界人口增长快于粮食增长速度,膳食结构升级加剧了对粮食的需求,生物能源的发展增加了对粮食的消耗。

第四章　中国粮食安全新形势

"民以食为天"，粮食是人类生存的第一需要，是社会经济发展的基础，是国家政治稳定的根基。千百年来，中国人民对粮食的重要性有着深刻的体会和认识。当前，中国政府和人民经过努力奋斗，依靠自身能力基本解决了我国 13 亿人的粮食需求的问题，取得了伟大的成就。但是，中国目前的粮食安全局面仍然严峻。守住耕地红线、增加粮食种植面积、提高粮食单产，从而全面提高我国的粮食产量，有效缓解我国粮食安全面临的紧张局面，仍然是一项艰巨的任务。

第一节　粮食安全的基本形势

近年来，党和国家坚决执行相关粮食安全政策，加大对粮食生产的扶持和投入，大力发展农业生产，我国粮食种植面积与产量稳定增加，粮食单产稳步上升，使得我国粮食安全紧张的局面得到有效缓解，加上各种强有力的扶农助粮的相关政策的出台，创建了粮食生产的良好局面。但是，我国在"十二五"期间和其后的较长时间里，粮食的生产、供应和需求，仍像全国政协委员、中央农村工作领导小组办公室主任陈锡文概括的那样："地减、人增、粮紧。"所以，我国粮食安全形势依然严峻，并面临着一些新的挑战。

一、粮食种植面积与产量稳定增加

新中国成立以来，我国粮食产量一直处于增长状态。同时由于我国人口基数大、出生率高、人口增长快，这些原因使我国人均粮食占有量增长较慢，并在近十多年间有所反复（见表4.1）。

表4.1 1952—2008年中国粮食产量和人均粮食占有量

年份	粮食产量（万吨）	人口（万）	人均粮食（公斤）	年份	粮食产量（万吨）	人口（万）	人均粮食（公斤）
1952	16 392	57 482	285	1981	32 502	100 072	325
1953	16 683	58 796	284	1982	35 450	101 654	349
1954	16 952	60 266	281	1983	38 728	103 008	376
1955	18 394	61 465	299	1984	40 731	104 357	390
1956	19 275	62 828	306	1985	37 911	105 851	358
1957	19 505	64 653	302	1986	39 151	107 507	364
1958	20 000	65 994	303	1987	40 298	109 300	369
1959	17 000	67 207	253	1988	39 408	111 026	354
1960	14 350	66 207	216	1989	40 755	112 704	362
1961	14 750	65 859	224	1990	44 624	114 333	390
1962	16 000	67 295	238	1991	43 529	115 823	376
1963	17 000	69 172	246	1992	44 266	117 171	377
1964	18 750	70 499	265	1993	45 649	118 517	385
1965	19 453	72 538	268	1994	44 510	119 850	371
1966	21 400	74 542	287	1995	46 662	121 121	385
1967	21 782	76 368	285	1996	50 453	122 389	412
1968	20 906	78 534	266	1997	49 417	123 626	400
1969	21 097	80 671	262	1998	51 230	124 761	411
1970	23 996	82 992	289	1999	50 839	125 786	404
1971	25 014	85 229	293	2000	46 217	126 743	364
1972	24 048	87 177	275	2001	45 264	127 627	355
1973	26 494	89 211	297	2002	45 706	128 453	356
1974	27 527	90 859	303	2003	43 070	129 227	333
1975	28 452	92 420	308	2004	46 947	129 988	361
1976	28 631	93 717	305	2005	48 402	130 756	370
1977	28 273	94 974	298	2006	49 746	131 448	378

续 表

年份	粮食产量（万吨）	人口（万）	人均粮食（公斤）	年份	粮食产量（万吨）	人口（万）	人均粮食（公斤）
1978	30 477	96 259	317	2007	50 150	132 129	380
1979	33 212	97 542	340	2008	52 850	132 802	398
1980	32 056	98 705	324	—	—	—	—

　　2003 年全国粮食播种面积和产量都降到低点，为此，国家加大了粮食生产的投入并制定了相关政策。从 2004 年开始，全国粮食播种面积和总产量都稳步上升。2009 年全国粮食播种面积为 10 898.6 万公顷，比 2008 年增加了 219.3 万公顷，增幅达 2.1%。2009 年粮食总产量为 53 082 万吨，比上年增产 211.2 万吨，增幅为 0.4%。2010 年，全国粮食播种面积进一步上升，达到 10 986.7 万公顷。最近的数据表明，我国粮食生产局面较好。据全国 31 个省（区、市）抽样调查和全面统计，2010 年全国粮食总产量为 54 641 万吨，比上年增加了 1 559 万吨，增产 2.9%。其中，夏粮总产量为 12 310 万吨，比上年减少 39 万吨；早稻总产量为 3 132 万吨，比上年减少 204 万吨；秋粮总产量为 39 199 万吨，比上年增加 1 801 万吨，实现粮食连续 7 年增产（见图 4.1）。

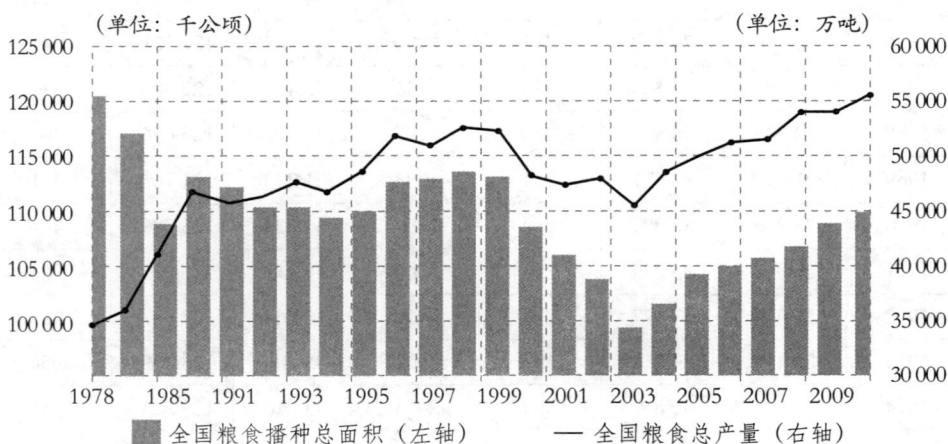

资料来源：中华粮网数据库（本章以下资料皆出自该数据库）。

图 4.1　1978—2009 年国内粮食播种面积和总产量

2010 年，中国东北及内蒙古粮食总产量达到 11 779 万吨，比 2009 年增产 1 393 万吨，增长 13.4%。由于 2009 年东北及内蒙古地区遭遇伏旱，造成吉林、辽宁和内蒙古粮食减产约 800 万吨，因此，2010 年东北及内蒙古地区大幅度增产是带有较大的恢复性增产因素的。

13 个粮食主产区 2010 年粮食总产量为 41 185 万吨，比上年增加 1 475 万吨，增长 3.7%。其中江西、湖南因灾害有一定幅度的减产。

旱灾较重的广西、贵州、云南三省（区）粮食总产量为 4 048 万吨，比 2009 年减产了 160 万吨，下降 3.8%，其中，夏粮和早稻共减产约 201 万吨，秋粮形势较好，增产 43 万吨。

在品种结构上，国内稻谷播种面积连续 3 年增加，产量也持续增长。2009 年我国稻谷播种面积为 2 936 万公顷，较 2008 年增加 1.3%，单产为 6.585 吨/公顷，较 2008 年增长 22 公斤/公顷，增幅为 0.3%。在播种面积扩大和单产水平提高的双重作用下，2009 年国内稻谷产量达到 19 510 万吨，比 2008 年增加 320 万吨，增幅为 1.7%。2010 年，国内稻谷播种面积和总产进一步上升。播种面积为 3 067 万公顷，总产达 19 700 万吨（见图 4.2）。

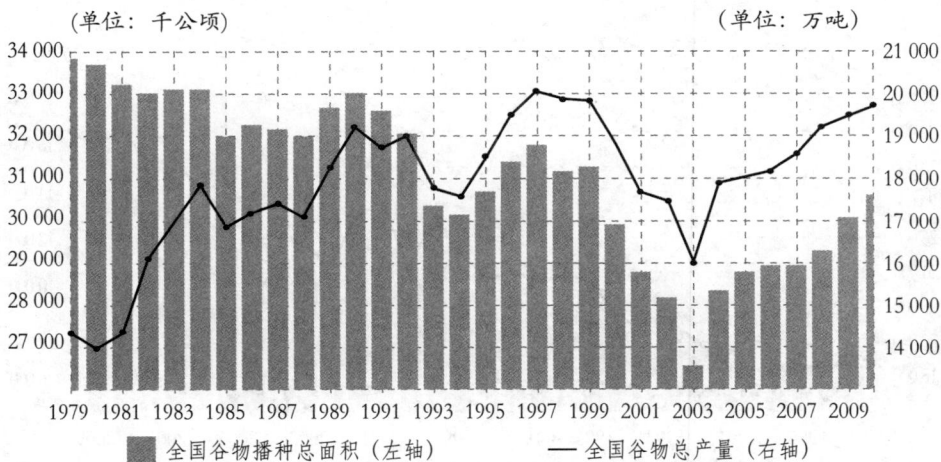

图 4.2 1979—2009 年国内稻谷播种面积和总产量

国内小麦的播种面积连续 3 年持续增加，但 2010 年的产量出现下滑。2009

年我国小麦供需形势保持当年新增供给大于需求的格局，小麦产量连续6年增产。2009年全国小麦总产量为11 511.5万吨，比2008年增产了265.1万吨，增长了2.36%（见图4.3）。据海关统计，2009年我国共进口小麦90.4万吨，比2008年增加了86.1万吨。2009年我国小麦总需求量为10 619万吨，比2008年增加了169万吨，涨幅为1.62%。出口量较小，2009年小麦仅出口了24.5万吨。

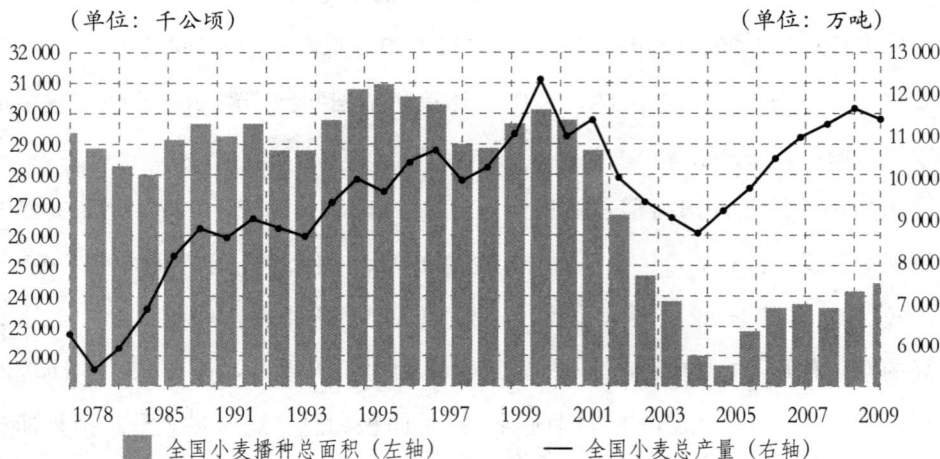

图4.3 1978—2009年国内小麦播种面积和总产量

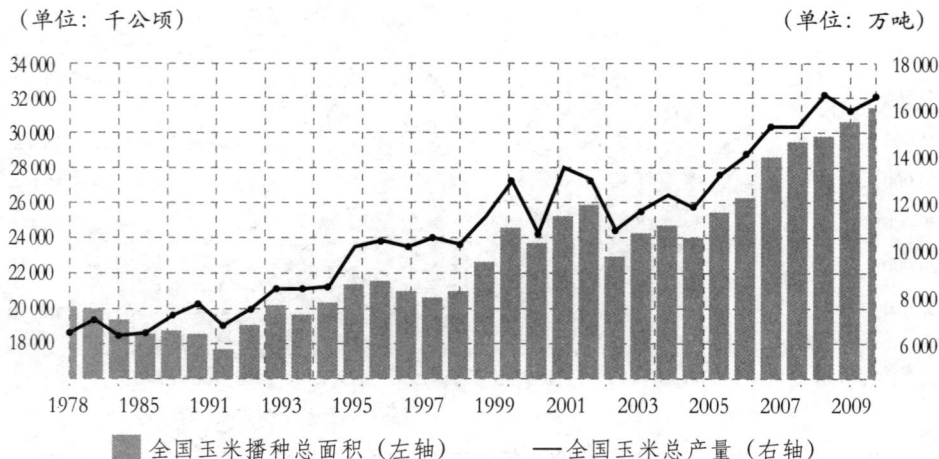

图4.4 1978—2009年国内玉米播种面积和总产量

玉米的播种面积连续 7 年持续增加，产量也在波动上升。2009 年玉米产量小幅下降为 16 397 万吨，比 2008 年减少了 194 万吨，减幅为 1.2%，进口 8.4 万吨，比 2008 年增加了 3.4 万吨，增幅为 70.1%。国内玉米消费量小幅回落，当年节余数量增加。2010 年玉米播种面积约 3 070 万公顷，产量扭转了 2009 年下降的势头，出现了增长（见图 4.4）。

二、粮食单产稳步上升

新中国成立以来，随着农业投入的增加，农业生产技术的提高，中国粮食单产稳步上升。

表 4.2a 1949—2008 年全国主要农作物单位面积产量（按季节分）

（单位：公斤／公顷）

年份	粮食	夏粮	早稻	秋粮
1949	1 029.3	652.5	1 770.8	1 119.7
1950	1 154.9	653.6	1 823.7	1 299.1
1951	1 220.1	752.2	1 930.8	1 347.8
1952	1 322.1	724.2	2 040.8	1 498.3
1953	1 317.4	724.9	2 107.5	1 468.7
1954	1 314.1	862.0	2 023.3	1 429.8
1955	1 416.6	834.6	2 165.2	1 574.2
1956	1 413.7	899.7	2 204.2	1 528.2
1957	1 459.6	830.3	2 456.8	1 628.7
1958	1 548.8	880.7	2 496.3	1 694.7
1959	1 462.5	936.9	2 318.4	1 553.4
1960	1 174.9	837.7	2 020.1	1 223.8
1961	1 124.0	635.5	2 036.3	1 230.1
1962	1 269.6	716.5	2 222.1	1 410.4
1963	1 408.0	760.5	2 498.9	1 564.0
1964	1 535.6	799.4	2 672.0	1 723.6
1965	1 626.1	1 045.6	3 115.4	1 699.0

续 表

年份	粮食	夏粮	早稻	秋粮
1966	1 768.8	1 076.7	3 216.6	1 838.0
1967	1 826.9	1 135.4	3 214.7	1 908.0
1968	1 799.8	1 130.5	3 126.9	1 877.2
1969	1 793.9	1 138.4	3 201.5	1 847.0
1970	2 011.9	1 150.1	3 644.8	2 122.5
1971	2 069.9	1 304.2	3 589.1	2 125.9
1972	1 984.0	1 385.4	3 599.8	1 955.8
1973	2 186.7	1 319.6	3 551.9	2 307.7
1974	2 275.4	1 497.5	3 965.6	2 305.2
1975	2 350.2	1 616.9	3 799.0	2 402.7
1976	2 371.2	1 743.0	3 967.1	2 358.9
1977	2 348.2	1 426.2	3 646.4	2 504.7
1978	2 527.3	1 862.2	4 168.4	2 543.1
1979	2 784.7	2 125.7	4 551.0	2 796.1
1980	2 734.3	1 912.2	4 423.0	2 823.8
1981	2 827.3	2 142.3	4 654.7	2 840.9
1982	3 124.4	2 477.0	5 047.9	3 110.1
1983	3 395.7	2 772.8	4 836.6	3 448.4
1984	3 608.2	2 958.0	5 194.4	3 663.3
1985	3 483.0	2 919.3	5 097.3	3 507.3
1986	3 529.3	3 036.0	5 199.7	3 518.2
1987	3 621.7	2 984.5	5 083.7	3 702.1
1988	3 578.6	2 944.8	5 099.0	3 658.1
1989	3 632.2	2 987.1	5 124.0	3 720.0
1990	3 932.8	3 124.8	5 370.2	4 104.4
1991	3 875.7	3 054.6	5 064.2	4 095.5
1992	4 003.8	3 260.6	5 301.7	4 177.2
1993	4 130.8	3 419.9	5 144.5	4 334.6
1994	4 063.2	3 373.7	5 106.7	4 246.9

续　表

年份	粮食	夏粮	早稻	秋粮
1995	4 239.7	3 469.4	5 149.2	4 468.9
1996	4 482.8	3 637.2	5 309.3	4 753.6
1997	4 376.6	3 986.9	5 609.2	4 409.9
1998	4 502.2	3 556.2	5 189.9	4 836.1
1999	4 492.6	3 810.5	5 408.0	4 684.3
2000	4 261.2	3 609.3	5 501.5	4 411.4
2001	4 266.9	3 642.8	5 322.6	4 415.9
2002	4 399.4	3 597.2	5 157.7	4 647.8
2003	4 332.5	3745.0	5 274.0	4 477.3
2004	4 620.5	4 017.4	5 417.7	4 768.6
2005	4 641.6	4 039.5	5 287.4	4 808.1
2006	4 745.2	4 341.7	5 332.6	4 847.3
2007	4 748.3	4 384.9	5 488.2	4 823.2
2008	4 950.8	4 501.1	5 535.3	5 068.3

表 4.2b　1949—2008 年全国主要农作物单位面积产量（按作物品种分）

（单位：公斤／公顷）

年份	粮食	作物品种								
		稻谷	小麦	玉米	高粱	谷子	大豆	薯类	花生	油菜籽
1949	1 029.3	1 892.1	641.9	961.5	756.4	846.9	611.3	1 404.2	1 010.4	484.5
1950	1 154.9	2 107.2	635.7	1 072.6	917.2	965.8	774.3	1 609.9	1 293.9	480.0
1951	1 220.1	2 248.4	747.3	1 108.6	903.6	991.5	799.0	1 689.8	1 257.3	496.5
1952	1 322.1	2 410.9	731.4	1 340.9	1 182.2	1 172.3	815.1	1 879.0	1 283.8	500.3
1953	1 317.4	2 516.5	713.1	1 270.4	1 173.2	1 044.0	803.3	1 847.3	1 198.3	527.3
1954	1 314.1	2 466.8	865.3	1 301.3	1 042.7	1 024.7	717.6	1 736.0	1 319.5	514.4
1955	1 416.6	2 674.6	858.9	1 387.7	1 273.0	1 123.9	797.1	1 879.4	1 289.6	414.5
1956	1 413.7	2 476.0	909.4	1 305.1	1 063.8	979.3	849.6	1 987.8	1 292.0	426.3
1957	1 459.6	2 691.4	858.3	1 434.8	1 152.4	1 021.8	788.0	2 088.6	1 011.8	384.7

续 表

年份	粮食	作物品种								
		稻谷	小麦	玉米	高粱	谷子	大豆	薯类	花生	油菜籽
1958	1 548.8	2 533.3	876.2	1 426.0	1 204.1	1 177.0	907.2	2 127.5	1 258.0	436.6
1959	1 462.5	2 389.1	940.8	1 280.2	1 132.2	1 045.3	888.2	1 937.9	1 142.4	460.9
1960	1 174.9	2 017.4	812.3	1 137.7	870.8	829.6	683.6	1 504.0	597.8	308.9
1961	1 124.0	2 041.4	557.3	1 138.7	1 035.6	830.1	623.2	1 806.9	874.2	259.0
1962	1 269.6	2 338.4	692.2	1 268.5	960.0	825.3	684.4	1 926.3	845.5	358.6
1963	1 408.0	2 661.6	777.2	1 338.1	1 021.4	853.5	717.3	1 797.6	976.0	359.0
1964	1 535.6	2 803.4	820.2	1 476.9	1 068.5	1 017.7	786.3	1 787.8	970.6	524.9
1965	1 626.1	2 941.2	1 020.7	1 509.5	1 156.9	945.6	714.0	1 777.2	1 044.4	597.7
1966	1 768.8	3 124.6	1 056.9	1 775.7	1 363.0	1 523.2	981.0	1 934.0	1 207.6	518.3
1967	1 826.9	3 078.1	1 125.9	1 815.6	1 507.7	1 594.3	972.0	2 093.1	1 133.0	604.8
1968	1 799.8	3 162.2	1 113.4	1 717.2	1 523.4	1 458.6	960.8	2 162.1	1 101.1	644.1
1969	1 793.9	3 123.8	1 084.4	1 709.4	1 264.7	1 516.0	915.5	2 308.3	1 055.9	615.3
1970	2 011.9	3 399.2	1 146.4	2 086.4	1 685.2	1 408.2	1 090.2	2 489.0	1 256.9	664.1
1971	2 069.9	3 299.3	1 270.5	2 143.4	1 766.2	1 217.9	1 104.5	2 408.9	1 247.9	763.0
1972	1 984.0	3 225.5	1 368.1	1 921.8	1 499.0	1 032.3	850.6	2 261.3	1 114.0	710.2
1973	2 186.7	3 469.2	1 332.3	2 330.9	2 041.3	1 379.3	1 129.2	2 791.0	1 210.7	645.5
1974	2 275.4	3 489.1	1 510.1	2 465.0	2 165.4	1 328.7	1 028.8	2 551.3	1 271.5	669.9
1975	2 350.2	3 514.2	1 638.0	2 538.7	2 306.2	1 454.9	1 034.4	2 604.2	1 209.4	663.6
1976	2 371.2	3 473.6	1 773.1	2 504.7	2 012.0	1 235.6	992.4	2 571.9	1 017.4	574.6
1977	2 348.2	3 618.9	1 463.6	2 512.2	2 043.1	1 370.3	1 059.9	2 642.3	1 172.5	527.7
1978	2 527.3	3 978.1	1 844.9	2 802.7	2 333.9	1 536.1	1 059.0	2 690.7	1 344.4	718.5
1979	2 784.7	4 243.8	2 136.8	2 981.9	2 403.4	1 467.9	1 029.4	2 598.6	1 360.6	870.0
1980	2 734.3	4 129.6	1 913.9	3 116.4	2 516.0	1 406.2	1 098.8	2 829.1	1 539.2	838.1
1981	2 827.3	4 323.7	2 106.9	3 047.9	2 547.8	1 482.3	1 162.2	2 699.5	1 547.6	1 069.5
1982	3 124.4	4 886.3	2 449.3	3 265.9	2 509.0	1 629.3	1 072.6	2 886.4	1 620.8	1 372.4
1983	3 395.7	5 096.1	2 801.7	3 623.3	3 086.5	1 844.7	1 289.8	3 110.5	1 795.0	1 168.3
1984	3 608.2	5 372.6	2 969.1	3 960.3	3 148.4	1 850.0	1 330.6	3 168.0	1 988.6	1 232.1
1985	3 483.0	5 256.3	2 936.7	3 607.2	2 895.9	1 801.1	1 360.5	3 037.4	2 008.1	1 247.6

续　表

年份	粮食	作物品种								
		稻谷	小麦	玉米	高粱	谷子	大豆	薯类	花生	油菜籽
1986	3 529.3	5 337.6	3 040.2	3 705.1	2 870.7	1 523.5	1 400.2	2 917.4	1 807.8	1 196.3
1987	3 621.7	5 413.1	2 982.9	3 920.6	2 911.5	1 620.8	1 476.0	3 180.7	2 041.9	1 254.0
1988	3 578.6	5 286.7	2 968.0	3 928.1	3 136.2	1 755.3	1 434.1	2 978.3	1 912.5	1 021.9
1989	3 632.2	5 508.5	3 043.0	3 877.9	2 721.6	1 566.3	1 269.3	3 001.5	1 820.2	1 088.8
1990	3 932.8	5 726.1	3 194.1	4 523.9	3 674.1	2 007.9	1 455.1	3 007.8	2 190.7	1 264.3
1991	3 875.7	5 640.2	3 100.5	4 578.3	3 561.9	1 645.4	1 379.5	2 991.7	2 188.7	1 212.4
1992	4 003.8	5 803.1	3 331.2	4 532.7	3 596.1	1 776.3	1 427.0	3 140.5	2 000.5	1 280.7
1993	4 130.8	5 847.9	3 518.8	4 963.0	4 107.5	2 183.0	1 619.1	3 450.1	2 491.9	1 309.2
1994	4 063.2	5 831.1	3 426.3	4 693.4	4 626.7	2 210.8	1 734.9	3 263.5	2 564.3	1 295.5
1995	4 239.7	6 024.8	3 541.5	4 916.9	3 914.4	1 982.3	1 661.4	3 427.5	2 686.7	1 415.5
1996	4 482.8	6 212.4	3 734.1	5 203.3	4 393.1	2 359.9	1 770.2	3 609.1	2 804.0	1 366.5
1997	4 376.6	6 319.4	4 101.9	4 387.3	3 358.0	1 603.6	1 765.1	3 262.5	2 592.4	1 479.1
1998	4 502.2	6 366.2	3 685.3	5 267.8	4 215.1	2 212.5	1 782.5	3 604.3	2 942.8	1 271.8
1999	4 492.6	6 344.8	3 946.6	4 944.7	3 310.8	1 744.1	1 789.2	3 515.8	2 961.1	1 468.6
2000	4 261.2	6 271.6	3 738.2	4 597.5	2 904.0	1 700.1	1 655.7	3 496.9	2 973.3	1 518.6
2001	4 266.9	6 163.3	3 806.1	4 698.4	3 445.6	1 713.4	1 624.8	3 487.5	2 888.2	1 597.2
2002	4 399.4	6 189.0	3 776.5	4 924.5	3 945.4	1 908.9	1 892.9	3 709.9	3 011.3	1 477.2
2003	4 332.5	6 060.7	3 931.8	4 812.6	3 962.0	1 894.4	1 652.9	3 621.3	2 653.8	1 581.5
2004	4 620.5	6 310.6	4 251.9	5 120.2	4 102.0	1 979.6	1 814.8	3 762.0	3 022.4	1 812.8
2005	4 641.6	6 260.2	4 275.3	5 287.3	4 469.5	2 100.3	1 704.5	3 649.9	3 076.1	1 793.3
2006	4 745.2	6 279.6	4 593.4	5 326.3	2 977.6	1 911.3	1 620.1	3 429.2	3 257.7	1 832.6
2007	4 748.3	6 433.0	4 607.7	5 166.5	3 837.2	1 796.7	1 453.7	3 474.1	3 302.4	1 873.8
2008	4 950.8	6 562.5	4 762.0	5 555.7	3 749.8	1 578.2	1 702.8	3 536.6	3 364.8	1 835.3

直到 2008 年，我国粮食单产都处于上升态势。2009 年粮食平均单产 324.7 公斤／亩，比 2008 年的 330.05 公斤／亩减少 5.35 公斤／亩，减幅为 1.6%。但近年来，全国粮食人均产量上升较大。2009 年人均产量与 2008 年基本持平，均为 399 公斤（见图 4.5）。

（单位：公斤/亩）   （单位：公斤/人）

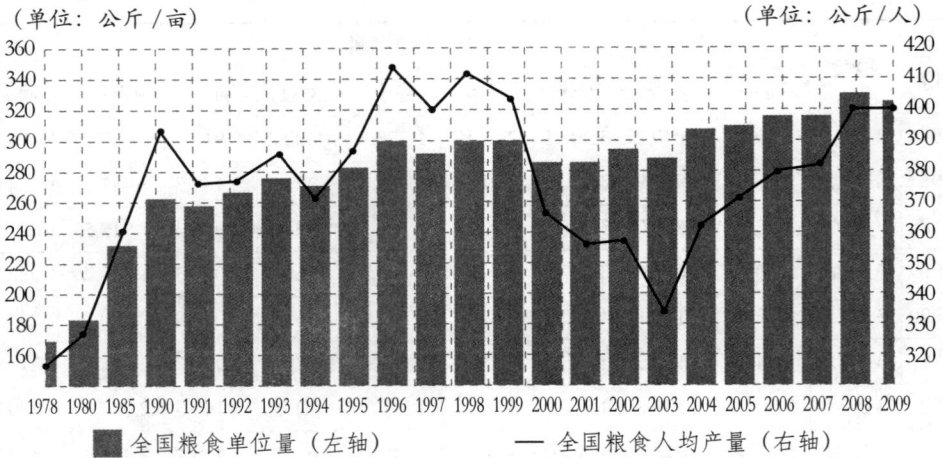

图 4.5　1978—2009 国内粮食单产量和人均产量

三、粮食生产政策向好

国家加强对粮食生产能力建设的投入，持续增加了对粮食生产的补贴。2011年，国家对粮食生产的四项补贴总额为 1 406 亿元（见图 4.6）。

（单元：亿元）

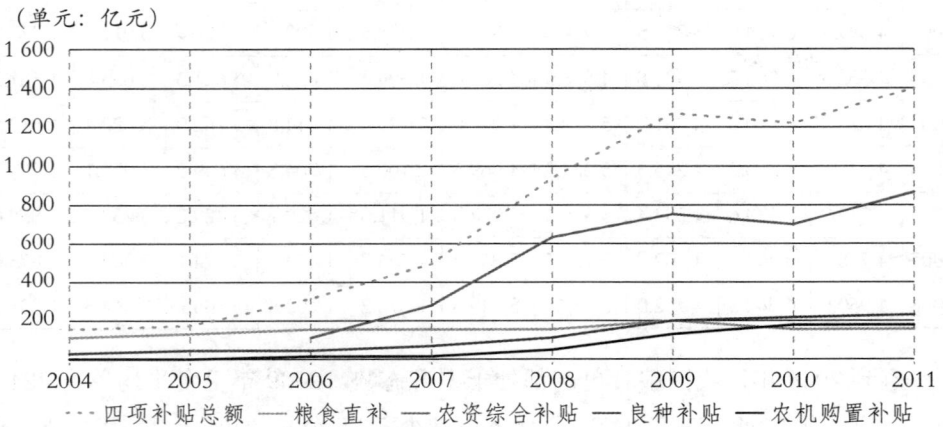

图 4.6　2004—2011 年种粮补贴情况

2011 年中央财政安排良种补贴 220 亿元。开展试点的农作物有水稻、小麦、玉米、棉花、大豆（东北和内蒙古）、冬油菜（长江流域 10 个省市和河南信阳、陕西汉中和安康地区）、青稞（藏区全覆盖）马铃薯、花生（主产区）。小麦、玉米、大豆、油菜、青稞每亩补贴 10 元。其中，新疆地区的小麦良种每亩补贴 15 元；水稻、棉花每亩补贴 15 元；马铃薯微型薯每粒补贴 0.1 元，一、二级种薯每亩补贴 100 元；花生良种繁育每亩补贴 50 元、大田生产每亩补贴 10 元。水稻、玉米、油菜补贴采取现金直接补贴方式，小麦、大豆、棉花可采取现金直接补贴或差价购种补贴方式，具体由各省（区、市）按照简单便民的原则自行确定。2012 年中央财政将继续稳定实施良种补贴政策。

2012 年，中央财政进一步加大对粮食生产的政策扶持力度。2012 年党中央、国务院对农业农村工作的总体要求是，要以稳定发展粮食生产为重点，加快农业科技进步，千方百计使粮食产量稳定在 10 500 亿斤以上、农民收入增幅保持在 7.5% 以上，努力确保不发生重大农产品质量安全事件和区域性重大动物疫情，持续提高农产品供给保障能力，为实现经济社会平稳较快发展提供基础保证。在工作着力点上，围绕强科技保发展、强生产保供给、强民生保稳定，突出"巩固、加强、优化、改革"。巩固，就是要巩固增产增收的好形势，扩大强农惠农富农政策效果，坚持和完善行之有效的发展措施、工作机制，确保农业农村经济在新的起点上稳步前进。加强，就是要加强农业科技创新和推广，加强体系机构建设，切实提高基层科技服务能力，开展"农业科技促进年"活动，更大地发挥科技支撑作用。优化，就是要优化农业生产力布局，完善现代农业产业体系，大力支持主产区、生产大县和区域特色产业发展，提高农业生产专业化、标准化、规模化、集约化水平。改革，就是要坚持不懈地推进农村改革和制度创新，总结、推广基层经验，深入推进现代农业示范区和农村改革试验区建设，扩大农业对外开放，进一步增强农业农村经济发展活力。

2012 年，中央财政将安排 151 亿元用于继续实行种粮农民直接补贴。2012 年农资综合补贴共安排 1 078 亿元。为支持做好春耕备耕工作，1 月份，中央财政已向各省（区、市）预拨补贴资金 835 亿元，要求力争在春耕前通过"一卡通"或"一折通"直接兑付到农民手中。3 月份，中央财政下拨第二批农资综合补贴 243 亿元。

为进一步满足农民的农机具购置需求，2012 年中央财政安排农机购置补贴预计 200 亿元，补贴范围继续覆盖全国所有农牧业县（场）。补贴范围涵盖 12

大类 46 个小类 180 个品目，在此基础上各地可再自行增加 30 个品目。中央财政农机购置补贴实行同一种类、同一档次农业机械在省域内统一补贴标准。补贴按不超过各省（区、市）近三年的市场平均价格的 30% 测算，重点血防疫区补贴比例可提高到 50%。单机补贴上限 5 万元，100 马力以上大型拖拉机、高性能青饲料收获机、大型免耕播种机、挤奶机械、大型联合收割机、水稻大型浸种催芽程控设备、烘干机单机补贴限额可提高到 12 万元；甘蔗收获机、200 马力以上拖拉机单机补贴额可提高到 20 万元；大型棉花采摘机单机补贴额可提高到 30 万元。为支持 2012 年春耕备耕工作，中央财政第一批农机购置补贴资金 130 亿指标已于 2011 年 9 月提前通知到了各地。

国家同时加强粮食市场宏观调控，提高粮食的收购价格水平。从图 4.7 中可以看出，到 2011 年 6 月份，除小麦的收购价格略有下降，大豆的收购价格基本持平外，国家不同程度地提高了原粮、玉米、早籼稻、中晚籼稻、粳稻和稻谷的收购价格。

（单元：元）

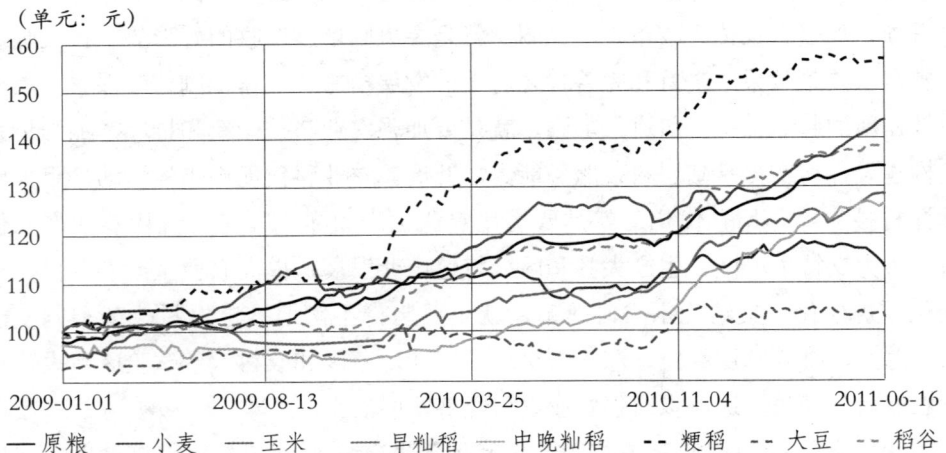

图 4.7 2009—2011 年全国原粮收购月价格指数走势图

为进一步加大对粮食生产的支持力度，调动农民种粮积极性，国家决定从新粮上市起适当提高主产区 2012 年生产的小麦、稻谷最低收购价水平。每 50 公斤白小麦（三等，下同）、红小麦、混合麦最低收购价分别提高到 102 元、102 元、102 元，比 2011 年分别提高 7 元、9 元和 9 元，提价幅度分别为 7.4%、9.7% 和 9.7%；每 50 公斤早籼稻（三等，下同）、中晚籼稻、粳稻最低收购价格分别

提高到 120 元、125 元、140 元，比 2011 年分别提高 18 元、18 元、12 元，提价
幅度分别为 17.6%、16.8% 和 9.4%。

为改善和增强产粮大县财力状况，调动地方政府重农抓粮的积极性，2005
年中央财政出台了产粮大县奖励政策。2011 年产粮（油）大县奖励资金规模达
到 236 亿元，奖励县份达到 1 000 多个，其中安排用于奖励受国务院表彰的粮食
生产突出贡献的粮食主产区和粮食大县的资金 36 亿元。为鼓励地方多产粮、多
调粮，中央财政依据粮食商品量、产量、播种面积各占 50%、25%、25% 的权重，
结合地区财力因素，将奖励资金直接"测算到县、拨付到县"。2012 年，中央
财政将继续增加奖励资金规模，安排奖励资金 277.65 亿元。

四、粮食价格稳中有升

2004 年以来，我国粮食批发价格指数在波动中不断上升。到 2009 年，我国
稻谷、小麦、玉米三种粮食全年平均收购价为每 50 公斤 88.3 元，比 2008 年上
升了 6.6%；其中稻谷收购价格为每 50 公斤 98 元，比 2008 年上升了 6.3%；小麦
收购价格为每 50 公斤 92.8 元，比 2008 年上升了 12.7%，玉米收购价格为每 50
公斤 74.1 元，比 2008 年略升 1%。

（单元：元）

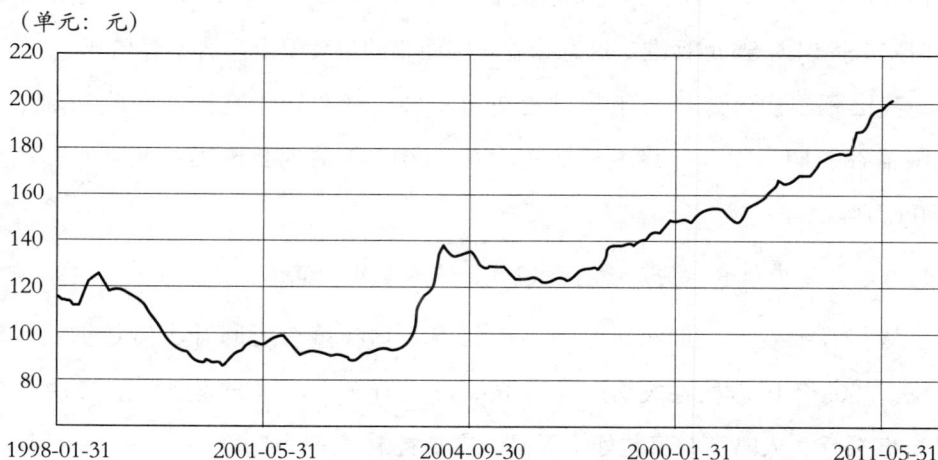

图 4.8　1998—2011 年粮食批发价格指数

如图 4.8 所示，粮食批发价格指数（基期：1994 年 6 月＝100）在 2011 年

7 月 31 日达到 201.5，不断创出历史高位。

上升的粮食价格增加了农民收入，解决了农业比较效益差带来的诸多问题，提升了农民种粮的积极性。

五、粮食供求形势依然严峻

（一）国内粮食供需关系偏紧的态势将长期存在

在党中央惠农强农政策指引下，近年来我国粮食生产出现了重大转机，但从长远看，粮食生产受资源、气候、技术、市场制约和种粮比较效益的影响，产量大幅度增长的难度很大。而随着人口增长、畜牧业和粮食加工业的快速发展，粮食消费量继续增加的趋势不可逆转。这种状况决定了紧平衡将是我国中长期粮食供求的常态。

1996 年，《中国的粮食问题》白皮书提出粮食自给率不低于 95%，也就是净进口量不超过国内消费量的 5%。2009 年我国净进口粮食 4 264.5 万吨，其中大豆 4 220 万吨，当年的粮食产量是 53 082 万吨。如果我们把当年产量加上净进口量作为国内消费量，那么净进口量占国内消费量的比重是 7.4%，已经超出了粮食白皮书提出的 5% 的标准。这意味着我国面临的粮食安全形势不容乐观。

我国稻谷生产连续 4 年超过消费量，供求形势较为宽松，在此基础上，我国稻谷的期末库存始终大于期初库存。2011 年前期我国稻谷期末库存达到 4 609 万吨。

（二）国内粮食人均产量有所回升，但基本处于低位

从稻谷上看，2003 年以来，国内稻谷人均产量有所回升，但是仍处于较低位。2009 年国内稻谷人均产量为 146.17 公斤 / 人，这一数据只比 1978 年的 142.25 公斤 / 人略高，目前处于缓慢的恢复之中（见图 4.9）。

（单位：公斤/人）

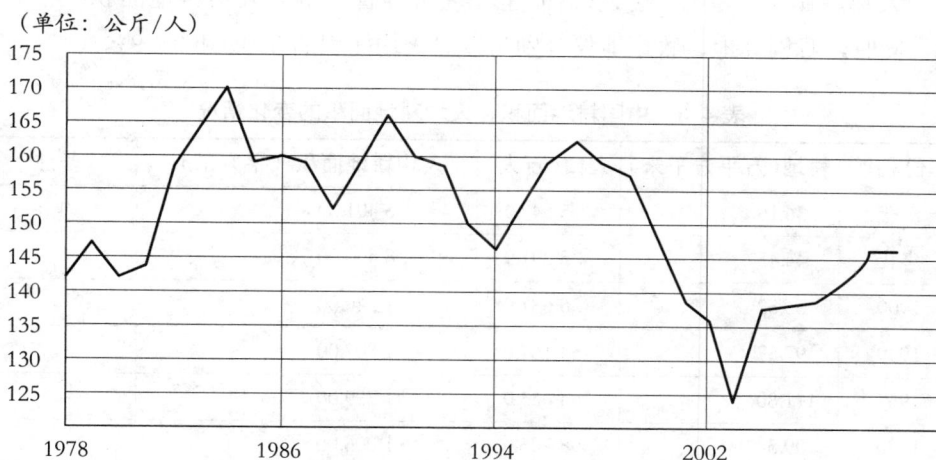

图 4.9　1978—2002 年国内稻谷人均产量

同期，我国玉米的人均产量为 122.25 公斤，小麦的人均产量为 86.25 公斤。

第二节　粮食安全面临的新挑战

一、自然资源约束日益增强

（一）耕地总量减少，质量降低

土地是财富之母，是粮食生产的物质基础，是保障我国粮食安全不可或缺、无可替代的根本性条件。但我国目前耕地的总量和质量都不容乐观。据国土资源部提供的资料显示，1996 年至 2011 年间我国耕地面积已由 19.49 亿亩减少到 18.26 亿亩，减少了 1.23 亿亩，减少面积比 2 倍于海南省的耕地面积还要多，而且减少的耕地多是城郊村旁的优质耕地。当前我国人口每年仍以 1 000 多万的速度递增，人地矛盾更加尖锐。我国人均耕地面积由 10 多年前的 1.58 亩减少到 2011 年的 1.23 亩，仅为世界平均水平的 40%。全国只有内蒙古、黑龙江、宁夏、新疆、吉林、甘肃等 6 个省（区）人均耕地面积在 1.3 亩以上；北京、上

海、天津、湖南、浙江、广东、福建、贵州等省（市）人均耕地面积少于0.8
亩。同时，我国林地、牧草地仅分别为世界人均面积的5.9%和36.9%。

表4.3　中国耕地面积、人均耕地面积的变化情况

年份（代）	耕地（万平方千米）	人口（万人）	人均耕地面积（平方米）	备注
汉代	36.16	5 649.0	6 401.00	
唐代	44.45	5 291.9	8 400.00	
1900	56.52	36 681.0	1 540.00	
1949	97.87	54 167.0	1 807.00	
1957	111.80	64 653.0	1 729.00	
1980	99.34	98 705.0	1 006.00	
1990	95.67	114 333.0	836.00	
1995	19.49（亿亩）	128 517.0	1.58（亩）	
2011	18.26（亿亩）	133 972.0	1.23（亩）	约为世界平均水平的40%

据表4.4和表4.5所示，我国2001—2007年耕地面积共增加了3 989 155.8
亩，减少了13 399 026亩，总耕地面积合计减少9 409 870.2亩。这并非问题的
全部，在减少的耕地中，被侵占的大多是良田，而增加的耕地中，大多是耕作条
件较差的土地。因此，我国耕地面积减少的同时，还伴随着耕地质量的恶化。

表4.4　2001—2007年各省（区、市）增加的耕地面积

（单位：亩）

地区	年初耕地面积	合计	整理	复垦	开发	农业结构调整
全国	1 923 647 003.0	3 989 155.8	654 171.6	36 6760.8	2 018 191.8	950 031.6
北京	4 981 755.3	41 538.5	5 468.0	2 871.2	2 2121.0	11 078.3
天津	7 251 241.2	22 750.2	4 438.2	1 007.6	16 963.0	341.4
河北	102 633 606.4	164 079.0	7 652.8	15 641.1	113 113.7	27 671.4
山西	66 860 210.5	77 232.4	18 274.2	6 972.0	34 946.9	17 039.3
内蒙古	113 854 733.8	290 259.0	118 739.4	8 317.3	153 722.9	9 479.4
辽宁	62 462 569.1	68 461.3	310.9	2 724.0	53 202.5	12 223.9
吉林	83 674 027.5	41 811.1	74.4	5 816.5	22 425.3	13 494.9

续　表

地区	年初耕地面积	合计	整理	复垦	开发	农业结构调整
黑龙江	176 090 945.9	161 494.8	20 488.2	6 246.1	117 886.0	16 874.5
上海	4 335 320.6	42 977.4	3 223.7	21 008.3	10 979.2	7 766.2
江苏	75 244 105.7	274 727.5	43 708.5	53 194.6	146 557.8	31 266.6
浙江	31 339 324.6	371 198.5	237 475.7	6 333.9	109 549.9	17 839.0
安徽	89 436 733.7	128 058.3	19 768.9	53 126.5	35 398.8	19 764.1
福建	20 723 107.1	54 621.0	1 483.5	3 525.0	38 393.6	11 218.9
江西	44 412 034.6	53 456.4	1 601.1	5 145.3	38 207.7	8 502.3
山东	115 080 045.4	408 295.8	41 844.8	40 108.3	186 662.0	139 680.7
河南	121 218 827.3	175 949.4	22 848.6	32 124.3	78 509.8	42 466.7
湖北	73 824 557.2	102 925.0	10 751.8	15 271.6	69 555.0	7 346.6
湖南	58 823 976.5	123 273.7	19 392.8	6 813.2	75 436.6	21 631.1
广东	46 917 493.3	128 480.9	31 433.7	27 387.4	32 913.4	36 746.4
广西	65 771 538.6	439 520.5	1 138.2	2 418.6	132 043.8	303 919.9
海南	11 434 423.3	4 104.6	150.0	0	239.1	3 715.5
重庆	37 843 833.7	42 826.0	2 987.7	2 927.4	31 454.7	5 456.2
四川	96 521 109.7	121 940.9	12 129.8	8 119.3	94 701.4	6 990.4
贵州	71 556 196.6	59 972.9	3 057.2	2 646.1	28 603.4	25 666.2
云南	95 095 155.8	107 712.0	3 156.3	2 533.6	88 942.0	13 080.1
西藏	5 518 005.4	9 649.8	2 411.4	360.0	6 448.4	430.0
陕西	72 006 669.4	95 753.2	7 314.4	17 246.4	34 457.9	36 734.5
甘肃	74 854 980.9	93 736.1	2 276.0	11 603.6	71 214.8	8 641.5
青海	10 037 388.3	13 728.5	6 928.9	33.6	6 766.0	0
宁夏	21 383 062.2	63 026.3	147.6	876.4	50 895.6	11 106.7
新疆	62 460 023.3	205 594.8	3 494.9	4 361.4	115 879.6	81 858.9

表 4.5 2001—2007 年各省（区、市）减少的耕地面积

（单位：亩）

地区	合计	建设占用	灾毁耕地	生态退耕	农业结构调整	年末耕地面积
全国	13 399 026.0	2 454 809.3	458 685.4	8 860 339.1	1 625 192.2	1 914 237 133.0
北京	708 764.3	232 775.1	51 147.3	258 325.2	166 516.7	4 314 529.5
天津	56 367.6	33 440.5	0	822.4	22 104.7	7 217 623.8
河北	298 641.5	100 086.1	25 354.1	151 167.0	22 034.3	102 499 043.9
山西	190 212.4	70 075.3	16 581.7	76 344.4	27 211.0	66 747 230.5
内蒙古	2 467 719.3	42 684.1	59 269.4	2 357 781.8	7 984.0	111 677 273.5
辽宁	85 588.9	40 831.6	12 201.1	14 738.4	17 817.8	62 445 441.5
吉林	109 216.2	25 027.0	7 340.5	75 109.8	1 738.9	83 606 622.4
黑龙江	165 200.8	58 457.6	15 218.1	86 790.8	4 734.3	176 087 239.9
上海	39 736.8	35 198.0	558.8	1 709.7	2 270.3	4 338 561.2
江苏	481 264.6	257 278.4	31 245.5	23 686.1	169 054.6	75 037 568.6
浙江	485 569.3	272 048.6	5 460.5	186 312.5	21 747.7	31 224 953.8
安徽	127 453.9	91 630.1	6 387.6	12 907.6	16 528.6	89 437 338.1
福建	85 165.7	46 358.9	4 617.0	2 324.2	31 865.6	20 692 562.4
江西	50 573.8	44 318.5	1 038.9	916.3	4 300.1	44 414 917.2
山东	431 504.6	306 781.2	17 401.7	18 595.0	88 726.7	115 056 836.6
河南	221 371.0	118 230.8	10 711.8	74 838.0	17 590.4	121 173 405.7
湖北	345 144.4	77 370.2	8 045.4	192 585.5	67 143.3	73 582 337.8
湖南	259 086.3	53 596.5	25 366.3	156 891.9	23 231.6	58 688 163.9
广东	170 907.9	89 197.7	10 688.0	7 592.9	63 429.3	46 875 066.3
广西	296 137.0	51 203.2	19 193.5	76 917.8	148 822.5	65 914 922.1
海南	13 091.7	1 085.4	77.1	10 786.9	1 142.3	11 425 436.2
重庆	98 523.6	34 835.8	9 594.1	11 679.7	42 414.0	37 788 136.1
四川	1 079 934.1	143 335.9	33 114.3	710 142.1	193 341.8	95 563 116.5
贵州	191 775.2	45 600.4	20 844.4	97 507.2	27 823.8	71 424 394.3
云南	255 168.9	56 360.1	30 652.7	105 637.5	62 518.6	94 947 698.9
西藏	7 183.4	2 032.2	2 512.2	2 639.0	0	5 520 471.8

续　表

地区	合计	建设占用	灾毁耕地	生态退耕	农业结构调整	年末耕地面积
陕西	1 820 667.8	58 974.7	5 690.5	1 458 286.1	297 716.5	70 281 754.8
甘肃	298 008.0	18 514.8	2 823.5	264 760.7	11 909.0	74 650 709.0
青海	263 131.0	12 795.6	2 412.7	247 687.1	235.6	9 787 985.8
宁夏	2 090 968.0	14 676.3	326.8	2 073 840.0	2 124.9	19 355 120.5
新疆	204 948.0	20 008.7	22 809.9	101 015.5	61 113.9	62 460 670.1

估计 2010 年和 2020 年，我国耕地面积将分别减少 141 万公顷和 210 万公顷，耕地面积将分别下降到 12 067 万公顷和 11 755 万公顷左右。预计到 2030 年我国人均耕地将下降至 1 亩以下，中国将成为世界上利用最少的耕地资源供养着世界最多人口的国家。

与此同时，我国耕地的质量也不容乐观。耕地质量指耕地用于一定的农作物栽培时，耕地对农作物的适宜性、生物生产力的大小（耕地地力）、耕地利用后经济效益的多少和耕地环境是否被污染四个方面，是耕地土壤质量、耕地环境质量、耕地管理质量和耕地经济质量的总和。我国耕地质量等别呈现总体偏低、分布集中、经济发展区域与优质耕地分布区域在空间上重合等特点，具体表现为：沿燕山、太行山、大巴山以东地区，集中了我国 80% 以上的耕地，全国 52 片优质耕地集中分布区中有约 10 亿亩耕地，其中 6 亿亩可灌溉；我国 83 个 50 万人口以上的大中城市中，有 73 个分布在 52 片耕地集中分布区，最强劲的经济发展区域与最需要保护的集中连片优质耕地分布区域在空间上是重合的；我国中部地区和东部地区耕地平均质量等别较高，西部地区和东北地区耕地平均质量等别较低。

《中国耕地质量等级调查与评定》根据自然条件、耕作制度、基础设施、农业生产技术及投入等因素综合调查与评定，把我国耕地评定为 15 个等别，1 等耕地质量最好，15 等最差。据调查显示，全国耕地质量平均等别为 9.80 等，等别总体偏低。优等地、高等地、中等地、低等地面积占全国耕地评定总面积的比例分别为 2.67％、29.98％、50.64％、16.71％。全国耕地低于平均等别的 10 至 15 等地占调查与评定总面积的 57% 以上；全国生产能力大于 1 000 公斤／亩的耕地仅占 6.09%。

全国 66% 的耕地分布在山地、丘陵和高原地区，只有 34% 的耕地分布在平原、盆地。耕地总体质量不高，有 9 100 万亩耕地坡度在 25°以上。受综合因素的影响，现有耕地中，中低产田占到 70%。在耕地总量下降的同时，耕地的质量结构也呈下降趋势，我国每年城镇发展和各类基础设施建设都占用大量高质量的耕地，而补充的耕地往往是地形、区位、水热条件相对较差的地区，使得耕地总体质量下降。对土地的过度使用，土地承载度高，使土质和肥力降低。土地沙化、荒漠化、盐碱化的情况仍然存在。由于耕地基础地力下降，保水保肥性能、耐水耐肥性能差，对干旱、养分不均衡更为敏感，对农田管理技术水平的要求更为苛求，因此土壤更加"吃肥、吃工、吃水"，增加产量或维持高产，主要靠大量使用化肥、农药、农膜和灌溉用水。

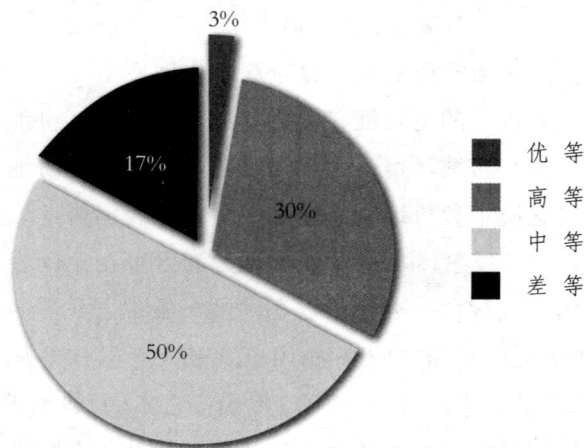

图 4.10　全国耕地质量比重示意图

分析显示，目前在全球高氮化肥用量国家中，我国是唯一的"增肥低增产"类型国家，2000—2008 年，化肥总用量较 20 世纪 90 年代增长了 35%，而粮食单产仅增加 315 公斤 / 公顷。

耕地污染日益严重。由于工业和城市排污，农田农药、农膜等化学品的超高量和不合理使用，使得我国大量耕地受到污染，污染土壤占耕地面积的 1/5，污染最严重的耕地主要集中在耕地土壤生产性状态最好、人口密集的城市周边地带和对土壤环境质量的要求更高的蔬菜、水果种植基地。部分严重的土地已不适宜种植。目前，我国农药使用量已达 130 万吨，受农药污染的耕地土壤面积达 1.36

亿亩；地膜使用量达 63 万吨，白色污染相当严重；在畜禽养殖业主产区，当地畜禽粪便及废弃物产生量往往超出当地农田安全承载量数倍乃至百倍以上，造成严重的土壤重金属和抗生素、激素等有机污染物的污染。

我国耕地退化严重。据水利部第二次遥感调查（2002 年），我国水土流失面积达 356 万平方公里，约占国土面积的 37%，4 866.67 万公顷耕地中存在水土流失的约占 38%，较为严重的黄河流域和长江流域水土流失面积分别达到 54 万平方公里和 74 万平方公里，全国平均每年水土流失面积达 1 万平方公里。沙漠化面积已经高达 262 万平方公里，约占国土面积的 27%，现在沙漠化以每年 2 460 平方公里的惊人速度扩展，有 4 亿多人口笼罩在荒漠化的阴影之中。新中国成立以来，全国共有 66.7 万平方公里的耕地沦为沙地，年均丧失耕地 1.5 万平方公里。荒漠化和水土流失使耕地肥力降低或丧失严重，基岩裸露，导致地力衰竭，可耕地面积减少。

同时，全国耕地后备资源严重不足。全国宜耕荒地资源约为 1 360 万公顷，按 60% 的复垦率计算，可增加耕地 813.33 万公顷，根据现有的开垦能力，今后 15 年最多可开发耕地 533.33 万公顷，且投入大、周期长，短期内难以见效。退耕还林还草政策已全面启动，坡度为 25° 以上的陡坡耕地约为 600 万公顷，亟待退耕，10°～25° 以上的坡耕地为 1 250 万公顷，要逐步退耕。因此，可以开发利用的后备耕地资源极其有限。

（二）水资源总量不足，分布不均，利用率低

我国是一个干旱缺水严重的国家。我国淡水资源总量占全球水资源的 6%，仅次于巴西、俄罗斯和加拿大，位居世界第四位，但人均只有 2 200 立方米（2008 年），仅为世界平均水平的 1/4、美国的 1/5，是全球人均水资源最贫乏的 13 个国家之一。

根据水利部《2008 年中国水资源公报》，2008 年全国水资源总量为 27 434 亿立方米，比常年值偏少 1%。地下水与地表水资源不重复量为 1 057 亿立方米，占地下水资源量的 13%，也就是说，地下水资源量的 87% 与地表水资源量重复，地下水资源总量较低。在空间上，我国水资源地域分布不均，呈现出南方水多、北方水少、西部水少、沿海水多的态势。2008 年，北方 6 区水资源总量为 4 601 亿立方米，比常年值偏少 12.5%，占全国的 16.8%；南方 4 区水资源总量为 22 834 亿立方米，比常年值偏多 1.7%，占全国的 83.2%。全国水资源总量占降水

总量的 44.2%，平均每平方公里产水 29 万立方米。

2008 年全国总供水量 5 910 亿立方米，占当年水资源总量的 21.5%。其中，地表水源供水量占 81.2%，地下水源供水量占 18.3%，其他水源供水量占 0.5%。在 4 796 亿立方米地表水源供水量中，蓄水工程占 33.8%，引水工程占 38.6%，提水工程占 24.9%，水资源一级区间调水占 2.7%。在 1 085 亿立方米地下水供水量中，浅层地下水占 80.1%，深层承压水占 19.4%，微咸水占 0.5%。

在 2008 年全国总用水量 5 910 亿立方米中，生活用水占 12.3%，工业用水占 23.7%，农业用水占 62.0%，生态与环境补水（仅包括人为措施供给的城镇环境用水和部分河湖、湿地补水）占 2.0%。与 2007 年比较，全国总用水量增加 91 亿立方米，其中生活用水增加 19 亿立方米，工业用水减少 7 亿立方米，农业用水增加 65 亿立方米，生态与环境补水增加 14 亿立方米。

2008 年全国人均用水量为 446 立方米，万元国内生产总值（当年价格）用水量为 193 立方米。城镇人均生活用水量（含公共用水）为每日 212 升，农村居民人均生活用水量为每日 72 升，农田实灌面积亩均用水量为 435 立方米，万元工业增加值（当年价格）用水量为 108 立方米。按可比价计算，2008 年全国万元国内生产总值用水量和万元工业增加值用水量分别比 2007 年下降了 7% 和 9%。

同时，我国水体污染严重。2008 年，对约 15 万公里的河流水质进行了监测评价，Ⅰ类水河长占评价河长的 3.5%，Ⅱ类水河长占 31.8%，Ⅲ类水河长占 25.9%，Ⅳ类水河长占 11.4%，Ⅴ类水河长占 6.8%，劣Ⅴ类水河长占 20.6%。全国全年Ⅰ、Ⅱ、Ⅲ类水河长比例为 61.2%，与 2007 年基本持平。经过对 44 个湖泊的水质进行监测评价，水质符合和优于Ⅲ类水的湖泊面积占 44.2%，Ⅳ类和Ⅴ类水的湖泊面积共占 32.5%，劣Ⅴ类水的湖泊面积占 23.3%。经过对 44 个湖泊的营养状态进行评价，1 个湖泊为贫营养，中营养湖泊有 22 个，轻度富营养湖泊有 10 个，中度富营养湖泊有 11 个。水资源的污染集中在经济发达的东部、城市周边等水量丰富、用水需求大的区域。

水土流失严重。据《2007 年中国水土保持公报》，我国 11 条主要河流土壤侵蚀总量为 14.92 亿吨。

水资源短缺与浪费同存。一方面水资源不足，另一方面生产生活用水浪费严重，缺乏有效的节水机制和良好的用水习惯。

农业用水是我国水资源使用的第一大户。我国农业用水量约占全国总用水量的 64%，但由于用水方式落后，保水节水措施不力，水资源的有效利用率只有 45% 左右。由于水资源利用效率不高，我国农业灌溉水每立方米平均生产粮食为 1 公斤，每亩每毫米降水生产粮食为 0.5 公斤，仅为发达国家水平的一半。农业用水 90% 以上用于灌溉。我国的地面灌溉约占总灌溉面积的 98%，其中土渠占 95% 以上，全国 2/3 的灌溉面积的灌水方法十分粗放，灌溉水利用率低。如果灌溉水利用率提高 10% ～ 15%，每年可节约灌溉用水量约 600 亿～ 800 亿立方米。

（三）气候条件影响粮食生产

根据我国 2007 年发布的《气候变化国家评估报告》，近 100 年来我国年平均地表气温升温幅度为 0.8℃。近 50 年来中国增暖尤其明显，我国年平均地表气温增加 1.1℃，平均每 10 年增加 0.22℃。以现在的年平均气温为基准，2020 年中国年平均气温将增加 1.3℃～ 2.1℃，2030 年将增加 1.5℃～ 2.8℃，2050 年将增加 2.3℃～ 3.3℃。气温升高会导致气候变化，气候变化会加剧农业水资源的不稳定性与供需矛盾以及土地的荒漠化进程，造成农业病、虫、草害的发生区域扩大，危害时间延长，作物受害程度加重。

近年来，由于降雨规律的反常变化和高温气候，南方也出现了区域性缺水的现象。20 世纪 60 年代以来，随着气候变暖变干，华北部分地区的土地荒漠化趋势加重，西北地区农牧交错带边缘和绿洲边缘区的沙漠化土地面积也在增加。与此同时，中国西部 82% 的冰川正在退缩。随着冰川融水资源逐渐耗尽，我国的水资源供给将会受到长期威胁，尤其是主要靠冰川融水供给江河径流的西部地区的水资源供给更为紧张。

农业生产对气候变化非常敏感，这会导致农业生产的不稳定性增加，高温、干旱、虫害等因素都可能导致农业减产。如果不采取适当措施，中国种植业生产能力到 2030 年可能会下降 5% ～ 10%，小麦、水稻、玉米三大农业作物均以下降为主，21 世纪后半期产量最多可下降 37%。同时气候变化还会对农作物品质产生影响，如大豆、冬小麦和玉米等。

二、劳动力数量和质量制约粮食生产后劲

按照当前的统计口径，农村转移劳动力是指到乡外就业 6 个月以上的农村劳动力，或者虽然未发生地域性转移，但在本乡内到非农产业就业 6 个月以上的劳

动力。也就是说，只要地域或产业发生变化，即便是到外乡仍从事农业劳动，都视为转移。而由于婚姻关系引起的地域的变化，以及由于上学、参军等原因离开农村的，并不当做是劳动力转移。

当前，我国农村人力资源总量较高（见表 4.6），但是，由于统计口径的原因，实际从事农业生产的劳动力数量远远低于这些统计数字。2011 年国家统计局公布的第一产业就业人口为 2.66 亿，扣除城镇从事第一产业的 360 万人之后，农村从事第一产业的就业人数约为 2.62 亿。

表 4.6　截至 2006 年年末农村劳动力资源总量及构成

	全国	东部地区	中部地区	西部地区	东北地区
农村劳动力资源总量（万人）	53 100	19 828	14 582	15 142	3 548
农村劳动力性别构成（%）					
男性	50.8	50.9	50.4	50.9	52.0
女性	49.2	49.1	49.6	49.1	48.0
农村劳动力年龄构成（%）					
20 岁以下	13.1	13.2	13.8	12.8	11.1
21～30 岁	17.3	18.8	15.4	16.9	18.4
31～40 岁	23.9	23.4	23.7	24.5	24.6
41～50 岁	20.7	21.4	20.9	19.1	23.5
51 岁以上	25.0	23.2	26.2	26.7	22.4

数据来源：2008 年第二次全国农业普查主要数据公报（第五号）。

我国农村劳动力转移的历史由来已久，从新中国成立初期至今，农业劳动力向非农产业的转移经历了一条漫长而曲折的过程。目前，我国建筑业的 50%、煤矿采掘业的 80%、纺织服装业的 60% 和城市一般服务业 50% 的从业人员均来自农村。

劳动力向非农行业和向城市转移的根本原因在于我国农业劳动生产率低，导致所需各生产要素的收益低，引发了相关生产要素如人员、土地的流动。特别是在沿海地区，劳动力缺乏和耕地减少尤为明显。

表 4. 7　截至 2006 年年末农村外出从业劳动力总量及构成

	全国	东部地区	中部地区	西部地区	东北地区
外出从业劳动力总量（万人）	13 181.0	3 846.0	4 918.0	4 035.0	382.0
外出从业劳动力性别构成（%）					
男性	64.0	65.8	62.8	63.1	70.2
女性	36.0	34.2	37.2	36.9	29.8
外出从业劳动力年龄构成（%）					
20 岁以下	16.1	14.2	17.6	16.1	16.7
21～30 岁	36.5	36.1	36.6	36.7	35.4
31～40 岁	29.5	27.3	29.3	32.2	25.4
41～50 岁	12.8	15.4	11.9	11.1	15.3
51 岁以上	5.1	7.0	4.6	3.9	7.2
外出从业劳动力文化程度构成（%）					
文盲	1.2	0.9	1.1	1.7	0.5
小学	18.7	15.0	16.5	24.9	20.1
初中	70.1	70.9	73.0	65.5	71.8
高中	8.7	11.4	8.4	6.9	5.9
大专及以上	1.3	1.8	1.0	1.0	1.7

数据来源：2008 年第二次全国农业普查主要数据公报（第五号）。

　　据 2008 年第二次全国农业普查主要数据公报显示，农村外出从业劳动力 13 181 万人，全国每 4 个农村劳动力中就有 1 人外出打工。外出务工人员几乎全为青壮年且其中初中及以上文化程度就占到 70.1%，而留在农村的劳动力中年龄在 51 岁以上的为 13 269 万人，占 25%，文盲及小学文化程度劳动者占到务农劳动力的 39.5%。

　　随着我国城镇化和工业化的进一步推进，农村劳动力转移的趋势还将进一步扩大。虽然我国农业劳动力众多，但由于脱离农业生产的劳动力都是文化水平较高的青壮年劳动力，长此以往会造成农业劳动力的老龄化倾向严重，并给未来农业科技的推广带来困难。

三、人口增长对粮食的刚性需求

我国人口的持续增长给粮食生产和消费带来了刚性需求。2008年，我国人口总数为13.28亿人，2009年增加到13.35亿人，到2010年，我国人口增至13.40亿人。但关于我国目前粮食消费水平的数据，极少见诸正式公开的权威报告，只有2008年发布的《国家粮食安全中长期规划纲要（2008—2020年）》认为，2007年我国人均占有量为380公斤，人均消费量为388公斤。如果按此水平简单计算，2010年我国粮食消费量为5.09亿吨。

同时，随着经济发展和人民生活水平的提高，人们的膳食结构发生变化，将消费更多的肉、蛋、奶。这需要通过更多的粮食来转化，从而加大了粮食供给的压力。

2010年9月，国家发改委主任张平向全国人大常委会作国家粮食安全工作情况的报告时表示，当前中国粮食安全面临五大问题，其中一个重要问题是，粮食产需缺口扩大，预测2020年，中国粮食需求总量将达到11 450亿斤。按照粮食自给率95%测算，2020年粮食综合生产能力需要达到10 800亿斤以上。显然，中国粮食实际需求与粮食产出存在着较大差距。

四、比较效益低影响农民种粮积极性

国内种粮的收益水平增长趋缓。2004年国内粮食每亩净利润达到一个高位，2005年有所下降，之后三年得以缓慢回调，2007年全国水稻、玉米和小麦三种粮食每亩净利润为185.18元，2008年为186.39元，基本持平并保持低位（见图4.11）。纯收益的长期低位运行严重影响了农民种粮的积极性。

国内粮食种植的每亩物质与费用和人工成本皆处于上升之中，尤其近两年来增长幅度较大。2007年，国内三种粮食每亩物质与服务费用为239.87元，2008年上涨为287.78元，人工成本在2007年和2008年数据分别为159.55元和175.02元。两种成本一年分别上涨了19.97%和9.69%（见图4.12）。

（单位：元）

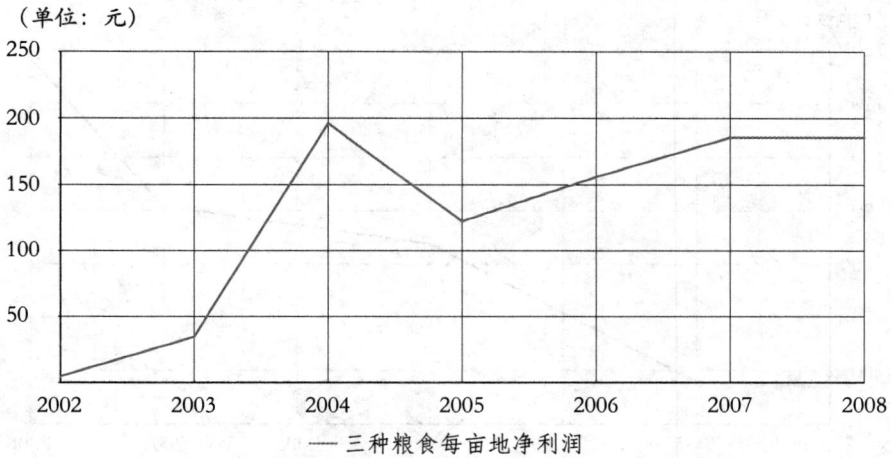

—— 三种粮食每亩地净利润

图 4.11 2002—2008 年国内三种粮食成本收益情况

（单位：元）

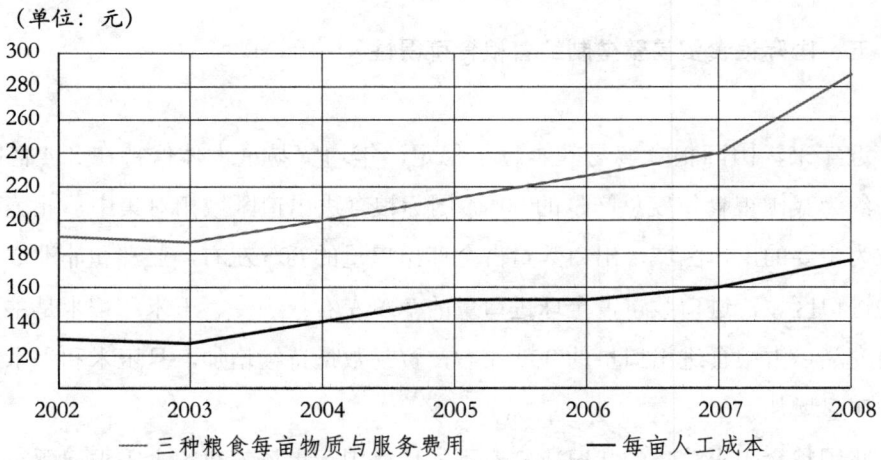

—— 三种粮食每亩物质与服务费用　　　—— 每亩人工成本

图 4.12 2002—2008 年国内三种粮食和用工情况

化肥投入成本不断攀升。2007 年，国内三种粮食每亩化肥投入 90.8 元，到 2008 年，上升为 118.49 元，上涨幅度为 30.49%。种粮投入的提高，给粮农造成了很大的压力（见图 4.13）。

（单位：元）

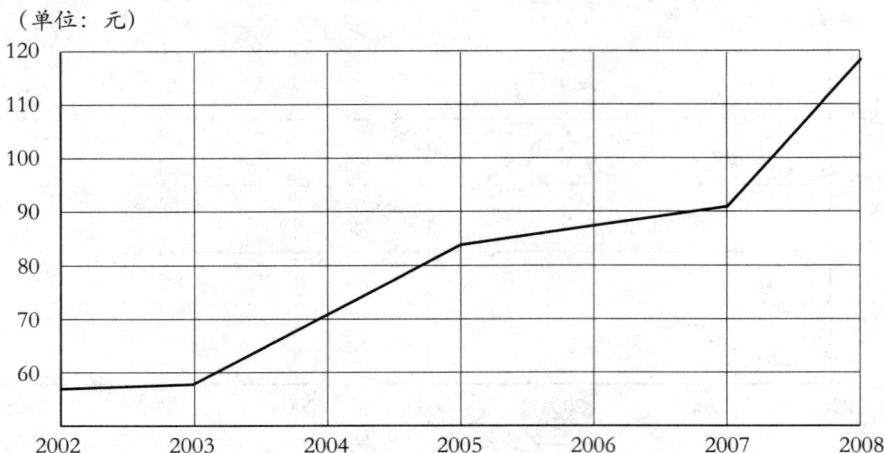

图 4.13　2002—2008 年国内三种粮食化肥投入情况

五、国际粮食贸易壁垒制约着粮食可得性

近年来，国际粮食贸易基本趋于稳定，年均贸易量大体保持在 2.4 亿吨左右，约为我国粮食年度总产量的 50%。国际粮食进出口区域相对集中，北美和欧洲成为主要的出口区域，出口数量占全球出口量的 60% 左右，亚洲和非洲成为主要的进口区域，进口数量占全球进口量的 70% 左右；小麦、玉米和稻米是主要的贸易商品，占粮食进出口量的 90% 左右，贸易数量持续增加，且玉米和稻米所占份额明显增加。

我国粮食需求总量的状况决定着不能依靠国际市场解决粮食需求问题。我国粮食进口存在着明显的"大国效应"，如我国粮食进口占国内需求量的 1%，就相当于国际粮食贸易量的 2%，如果我国大量进口粮食，不仅会拉动国际市场粮价大幅上扬，还将打破现有的世界粮食贸易格局。

2011 年中国农业丰收，但农产品还是供不应求，粮、棉、油、糖、肉都要从国际市场进口，2010 年进口粮食 1 160 多亿斤（包括大豆在内），2010 年国内总产粮食 11 242 亿斤，进口粮食超过国内产粮的 1/10，已经超过进口粮食 5% 的警戒线一倍。2010 年美国农业部发布的一份报告显示，预计 2011 年中国将进口 5 800 万吨大豆，同比增长 5.5%，其中从美国进口 2 500 万吨大豆，比目前美国官方预测高出 100 万吨。2012 年度中国将从美国进口 2 700 万吨大豆，超过了美国预计的产量增幅。

继大豆之后，中国对玉米的需求也越来越依赖于从美国进口。2011 年 7 月份中国一次性向美国订购了 53.34 万吨玉米，这甚至超过美国政府预估的当年中国从美国方面进口的玉米总量。有专家估计，2011 年中国从美国采购了 500 万吨以上的玉米，中国玉米缺口不断加大的现实将维持相当长的一段时间。

当前的国际贸易规则限制了我国从国际市场获取粮食。在现行 WTO 框架下，欧美发达国家一直对粮食维持高额补贴，人为地压低了粮食价格，扭曲了全球粮食供求体系，发展中国家从粮食出口中获利有限，粮食生产积极性下降，全球粮食生产向发达国家转移，部分国家如菲律宾等甚至由大米出口国变为大米进口国。国际市场高度依赖欧美等国，以致欧美国内粮食供需变化经常引发国际粮食供求关系和价格的震荡。

产粮国的贸易政策也加剧了国际粮食供求矛盾，从而使我国从国际市场获取粮食的数量加大。近年来，在高粮价下各国纷纷出台了粮食"限出奖入"政策，以维护本国粮食安全。很多国家或地区采取了鼓励粮食进口的政策，如欧盟、俄罗斯、墨西哥、埃及、印度、菲律宾、尼日利亚、摩洛哥、土耳其、秘鲁等国都取消或大幅度降低了粮食的进口关税。与此同时，粮食出口国加强了对粮食出口的限制，如阿根廷、俄罗斯、哈萨克斯坦、乌克兰等重要粮食出口国都大幅度提高了粮食出口关税，2007 年俄罗斯还提出建立"粮食欧佩克"。类似的思潮将会恶化当前的粮食贸易格局。

中国目前有 13 亿多人口，解决如此巨大人口的粮食安全问题，是一个艰巨的任务；也是对世界人民做出的巨大贡献，是一种负责任的做法。正是出于这样的原因，中国的粮食安全必须坚决立足国内，国际粮食贸易只能作为我国粮食安全的微量补充。凡是将中国粮食安全寄托在国际贸易，将自己的"米袋子"交到别人手上的想法和做法，都是极其危险和不负责任的。

第三节　小　结

　　中国的粮食安全面临着新的形势。粮食种植面积和产量稳步上升，单产稳定增加，国家持续加大了对粮食生产的政策扶持力度，粮食价格稳中有升。但中国粮食供求形势依然严峻，供求紧平衡偏紧的状态将长期存在，使中国粮食安全面临着新的挑战，主要表现在自然资源对粮食生产约束日益增强，包括耕地减少，质量降低；水资源贫乏且时空分布不均，气候条件变化影响粮食生产；劳动力数量和质量降低影响到我国粮食生产后劲；人口基数巨大，人口数量持续增加对中国粮食的高位需求长期存在；粮食生产比较效益低下影响着农民种粮积极性。从国际上看，中国粮食进口的"大国效应"使得我们必须立足国内以解决粮食安全问题。中国粮食安全面临的新形势对云南省区域粮食安全提出了新的挑战。

第五章　云南粮食安全新形势

第一节　粮食安全的基本形势

　　云南粮食作物包括水稻、玉米、马铃薯、小麦、豆类等 20 余种。其中水稻、玉米、马铃薯、小麦是云南四大粮食作物。由于云南是一个山区面积占 94% 左右的省份，自然条件相对恶劣、山区和半山区多，因此云南的粮食生产一直面临着压力。

　　云南省粮食播种面积、产量和平均亩产水平自 1989 年以来呈逐年增长的趋势，播种面积从 1989 年的 5 290.6 万亩增加到 2009 年的 6 300.2 万亩，年均增长 0.95%，产量由 1989 年的 1 000.2 万吨增加到 2009 年的 1 576.9 万吨，年均增长 2.88%。（见图 5.1）平均亩产水平则从 1989 年的 189.05 公斤增长至 2009 年的 250.3 公斤，年均增长 1.61%。

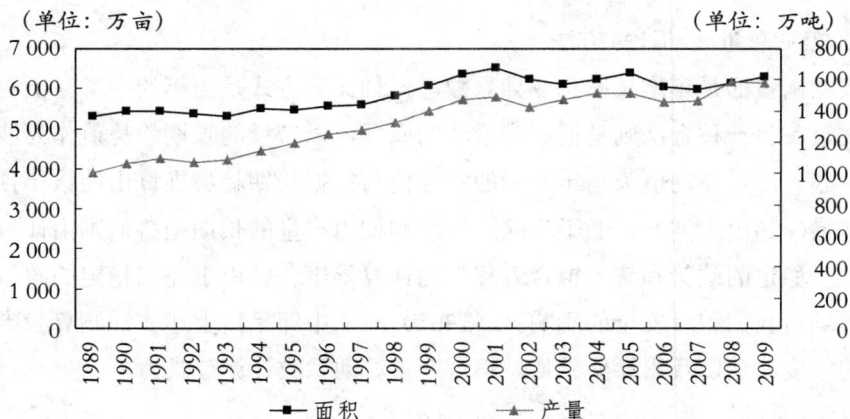

图 5.1　1989—2009 年云南粮食播种面积和产量变化情况

从图 5.1 可知，云南粮食播种面积的变化经历了两个阶段：1989—2001 年，基本属于增长期，年均增长 1.77%，高于整个比较期的 0.95%；2002—2009 年，播种面积有所下滑。而产量虽然在 2001—2007 年间稍有反复，但是一直保持增长。这种情况说明云南作为山区省份，土地播种面积本来就有限，随着退耕还林和城市化、工业化发展，近几年来播种面积有所降低属于正常现象；由于新品种、新技术的推广，促进生产效率的提高，产量反而出现了增长。

一、粮食总产量实现"九连增"

（一）粮食总产量持续上升

近 30 年来，云南省粮食产量增长迅速，总的呈现出明显上升的趋势。其中，我省粮食生产经历了不能自足到供给自求平衡两个阶段。1978—1998 年，我省的粮食产量快速增长，从 864 万吨增加到 1 319.5 万吨，年均增长 2.1%。但由于人口增长较快，粮食的人均占有量仍较低，温饱问题没有得到根本解决。1999—2009 年间，我省的粮食播种面积不断扩大，总产量由 1 399.3 万吨增加到 1 576.9 万吨，达到了我省 30 年来粮食生产的历史最高水平；2011 年，在连续 3 年旱灾的不利条件下，云南省粮食生产实现了"九连增"，粮食总产由 2002 年的 1 424.7 万吨增加到 1 755.6 万吨。2011 年云南粮食总产量列全国第 14 位，粮食生产能力接近全国粮食主产省、区标准。

（二）粮食总产量波动有加剧趋向

1. 粮食总量波动计算方法

波动衡量的是年增长率和变异系数。一种计算方式是当年的产量与上一年的产量比较，另一种方法则是根据剩余法的原理，以产量的长期趋势值作为波动的测定中心。产量波动值为当年产量的实际值与根据长期趋势推算出的该年预期产量的差异，超出为增产，低于为减产；观测期内产量的长期趋势值则由计量经济方法在"稳定的政策和统一拟合方程"的计算得出。钟甫宁在《稳定的政策和统一的市场对我国粮食安全的影响》（1995）一文中即采用上述方法测算我国粮食产量的年度波动以及累计变异量。粮食产量波动系数计算公式为：

$$\hat{Y}_t = c + a \times t$$
$$V_t = Y_t - \hat{Y}_t$$

$$RV_t = (Y_t - \hat{Y}_t)/\hat{Y}_t$$

（式中：Y_t 为实际产量，$\hat{Y}_t$ 为趋势产量；V_t 为年变异量，RV_t 为年变异率，C 和 a 为待定系数。）

一个国家或地区的粮食生产量决定了这个国家或地区的粮食供给能力。粮食产量波动系数反映了粮食数量的稳定状况。波动系数越小，说明生产的稳定性越强；反之，则稳定性越弱。变异指数（VI）是经过自由度调整后，实际产量相对于趋势产量的方差与实际产量相对于平均产量方差的比率，表示为：

$$VI = \frac{\sum\limits_{t=1}^{n}\left(X_t - \hat{X}_t\right)^2 \big/ (N-2)}{\sum\limits_{t=1}^{n}\left(X_t - \bar{X}_t\right)^2 \big/ (N-1)} = 1 - \bar{R}^2$$

（式中：$\bar{R}^2$ 是方程回归的可决系数。）

2. 云南粮食总产量波动分析

为了描述粮食总产量的变化和波动，图 5.2 给出了自 1978 年以来云南省粮食总产量及其变动趋势。总体而言，改革开放以来，云南省粮食总产量不断增长。但其发展过程也出现了阶段性特征，大致经历了三个阶段：第一个阶段是从改革开放开始的 20 世纪 80 年代，这一阶段属于波动周期较长且总量增长不大；第二个阶段是 20 世纪 90 年代，这一阶段是波动较小且快速增长阶段；第三阶段是自 2000 年以来，粮食总产量出现波动增加且停滞不前的阶段。

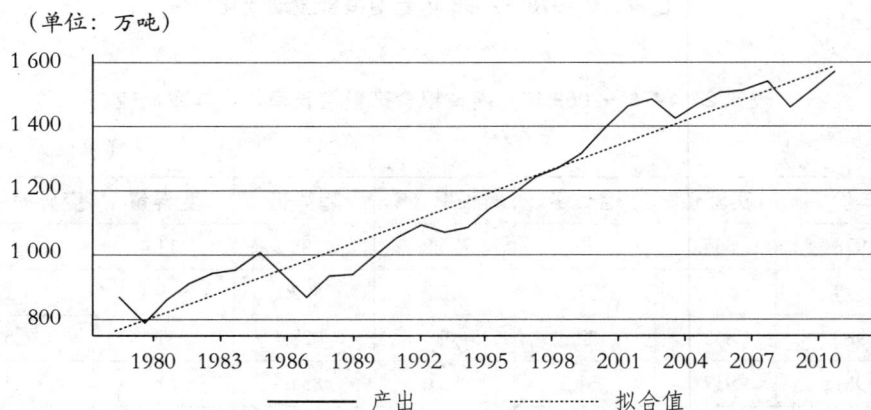

图 5.2　1980—2010 年云南省粮食总产量变化情况

表 5.1　粮食总产量拟合

	系数	t 值
t	26.31	21.67
c	− 51 264.24	− 21.18
Adj R − squared	0.938	—
F（1，30）	469.57	—

从回归的可决系数 0.938 可以得到云南省粮食总产量变异指数为 0.062，国家粮食总产量变异指数为 0.055（龙方，2007）。从各粮食品种来看，水稻的变异指数为 0.12；小麦的变异指数为 0.738；玉米的变异指数为 0.141。相比较而言，水稻的波动程度是最低的（见图 5.3）。

（单位：%）

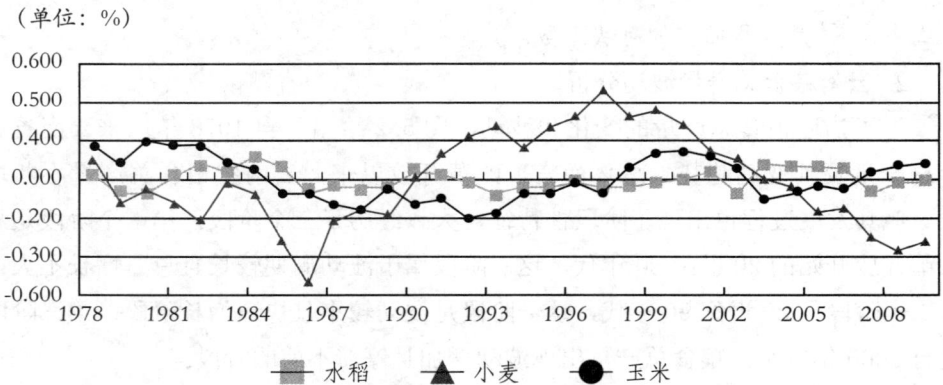

图 5.3　1978—2008 年云南粮食波动变化

表 5.2　1978—2009 年云南省粮食产量增长率与变异率比较

（单位：万吨）

年份	实际值	增长量	增长率（%）	趋势值	变异量	变异率（%）
1978	864.0	—	775.8	88.2	11.4	—
1979	793.0	− 71.0	− 8.2	802.1	− 9.1	− 1.1
1980	865.5	72.5	9.1	828.4	37.1	4.5
1981	917.0	51.5	6.0	854.8	62.2	7.3
1982	946.0	29.0	3.2	881.1	64.9	7.4

续　表

年份	实际值	增长量	增长率（%）	趋势值	变异量	变异率（%）
1983	954.5	8.5	0.9	907.4	47.1	5.2
1984	1 005.0	50.5	5.3	933.7	71.3	7.6
1985	935.0	− 70.0	− 7.0	960.0	− 25.0	− 2.6
1986	870.0	− 65.0	− 7.0	986.3	− 116.3	− 11.8
1987	934.8	64.8	7.4	1 012.6	− 77.8	− 7.7
1988	940.2	5.4	0.6	1 038.9	− 98.7	− 9.5
1989	1 000.2	60.0	6.4	1 065.2	− 65.0	− 6.1
1990	1 057.2	57.0	5.7	1 091.5	− 34.3	− 3.1
1991	1 093.0	35.8	3.4	1 117.8	− 24.8	− 2.2
1992	1 070.4	− 22.6	− 2.1	1 144.2	− 73.8	− 6.4
1993	1 085.2	14.8	1.4	1 170.5	− 85.3	− 7.3
1994	1 146.5	61.3	5.6	1 196.8	− 50.3	− 4.2
1995	1 188.9	42.4	3.7	1 223.1	− 34.2	− 2.8
1996	1 246.2	57.3	4.8	1 249.4	− 3.2	− 0.3
1997	1 271.9	25.7	2.1	1 275.7	− 3.8	− 0.3
1998	1 319.5	47.6	3.7	1 302.0	17.5	1.3
1999	1 399.3	79.8	6.0	1 328.3	71.0	5.3
2000	1 467.8	68.5	4.9	1 354.6	113.2	8.4
2001	1 486.3	18.5	1.3	1 380.9	105.4	7.6
2002	1 424.7	− 61.6	− 4.1	1 407.3	17.4	1.2
2003	1 471.0	46.3	3.2	1 433.6	37.4	2.6
2004	1 509.5	38.5	2.6	1 459.9	49.6	3.4
2005	1 514.9	5.4	0.4	1 486.2	28.7	1.9
2006	1 542.2	27.3	1.8	1 512.5	29.7	2.0
2007	1 460.7	− 81.5	− 5.3	1 538.8	− 78.1	− 5.1
2008	1 518.6	57.9	4.0	1 565.1	− 46.5	− 3.0
2009	1 576.9	58.3	3.8	1 591.4	− 14.5	0.9

资料来源：根据《中国农业统计资料》整理计算得出。

二、粮食单产实现连续增长

粮食单产是科技进步、单位劳动量投入以及耕地质量和数量提升的综合体现。改革开放以来，随着种植结构的调整，粮食作物播种面积持续下降，但粮食产量却实现了连续增长，主要源于粮食单产大幅提高。由图 5.4 可见，云南的粮食单产总体上呈现明显的递增趋势，尤其是 1978 年以来，由于实行了家庭联产承包责任制，极大地调动了农民的生产积极性，各种生产要素得到了优化配置，生产力得到了极大释放，粮食单产节节攀升，2009 年单位面积产量达到 3.75 吨／公顷，粮食单产达到了历史新高。

（单位：吨／公顷）

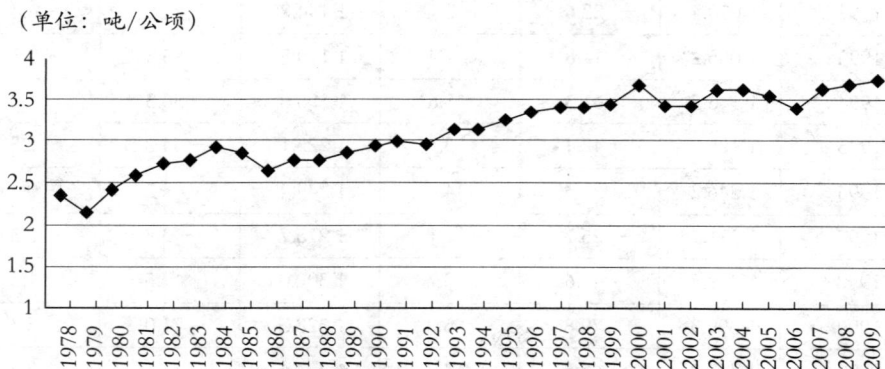

图 5.4　1978—2009 年云南粮食单产变化图

三、粮食播种总面积上升但人均占有面积下降

粮食产量与粮食作物播种面积密切相关，粮食作物播种面积在很大程度上影响和决定了粮食产量。1979—1985 年，云南粮食作物播种面积持续下降，改革开放前，绝大部分土地的用途限制于粮食作物种植，用以解决温饱，使得种植结构不合理，例如蔬菜、水果等经济作物的产量供应严重不足。改革开放后，农村开始推行家庭联产承包责任制，农民对土地用途开始有了一定的支配权，随着集贸市场和农产品市场的开放，一部分土地被用于生产非粮食经济作物。1985 年粮

食播种面积下降了 3.3%（1979—1984 年粮食作物播种面积年均下降 1% 左右），1986 年粮食作物播种面积环比回升，1990 年我国粮食丰产，达到新中国成立以来的最高产量，环比增长 9.94%，由于粮食价格走低导致云南 1991—1993 年粮食作物播种面积又出现环比下降。2001 年云南粮食播种面积达到近 30 年的历史最高值之后，2002 年粮食作物播种面积又迅速比上一年减少了 4.2%，经过 2006 年的粮食丰产之后，2007 年粮食作物播种面积又迅速下降了 6.5%（图 5.5）。

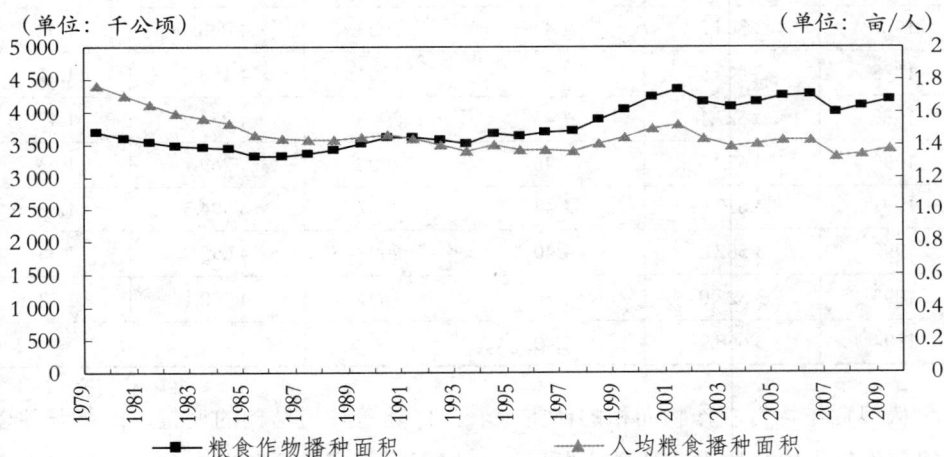

图 5.5　1979—2009 年粮食播种面积与人均粮食播种面积

伴随着城市化和工业化发展，现有耕地被占用是必然趋势，粮食作物耕地面积呈现下降的势头也在所难免。统计数据显示，在过去 10 年间，云南耕地面积从 630 万公顷减少到 607 万公顷，减少了 23 万公顷，平均每年减少 2.3 万公顷。若照此速度下降，到 2020 年耕地面积将减少到 585 万公顷，将无法确保 598 万公顷的耕地红线的要求。

表 5.3　1979—2009 年粮食作物播种面积和人均粮食播种面积

年份	粮食作物播种面积（万亩）	人均粮食播种面积（亩）	年份	粮食作物播种面积（万亩）	人均粮食播种面积（亩）
1979	3 687.3	1.76	1995	3 643.0	1.37
1980	3 593.3	1.70	1996	3 698.2	1.37
1981	3 539.8	1.65	1997	3 719.1	1.36
1982	3 473.9	1.59	1998	3 886.3	1.41

续 表

年份	粮食作物播种面积（万亩）	人均粮食播种面积（亩）	年份	粮食作物播种面积（万亩）	人均粮食播种面积（亩）
1983	3 470.8	1.56	1999	4 042.1	1.45
1984	3 441.4	1.53	2000	4 238.7	1.50
1985	3 318.5	1.46	2001	4 339.0	1.52
1986	3 332.9	1.44	2002	4 160.6	1.44
1987	3 364.5	1.43	2003	4 068.4	1.39
1988	3 417.9	1.43	2004	4 158.5	1.41
1989	3 527.1	1.45	2005	4 253.9	1.43
1990	3 622.3	1.46	2006	4 269.7	1.43
1991	3 618.9	1.44	2007	3 994.5	1.33
1992	3 582.0	1.40	2008	4 095.9	1.35
1993	3 527.0	1.36	2009	4 200.1	1.38
1994	3 668.9	1.40	—	—	—

从粮食作物占农作物面积的比重来看，伴随着种植结构的调整，改革开放以来粮食作物占农作物面积比重不断下降，但下降幅度趋缓。考虑到下一步尚需继续优化种植结构以及退耕还林、退耕还牧的趋势，其比重还可能会下降，但只要粮食作物播种面积占农作物播种面积比重不低于 70%，耕地红线面积就能保住。

总之，改革开放 30 多年，云南粮食播种面积有降有升，最近 10 年基本在 400 万公顷（6 000 万亩）以上，2009 年为 420 万公顷。为保证云南粮食安全目标的实现，我们认为，云南省粮食播种面积应稳定在 433 万公顷（6 500 万亩）。

四、粮食品种结构相对稳定

我省粮食由稻谷、玉米、小麦、薯类、豆类等构成，其中稻谷是主要的粮食作物。除 1999—2000 年外，稻谷产量占粮食总产量的 40% 以上，1986 年以前占到了 50% 以上，随着农产品市场需求的变化，逐步下降到 40% 左右。水稻播种面积随市场和政策的变动时高时低，除了 1992—1999 年和 2007 年降到 1 000 千公顷以下外，其他年份均保持在 1 000 千公顷以上（见图 5.6、5.7、5.8）。

（单位：%）

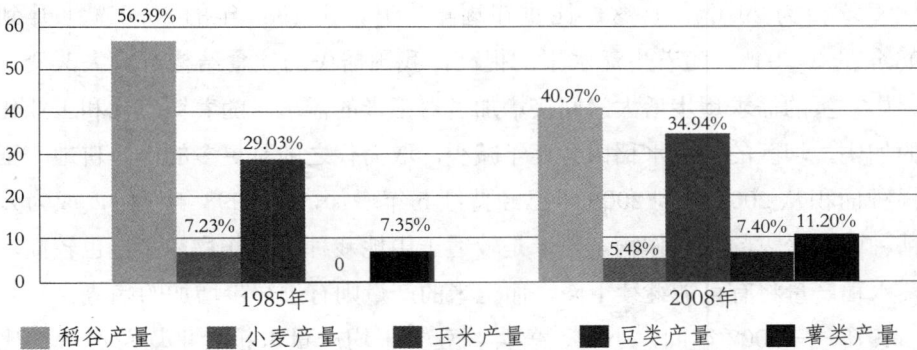

图 5.6　1985 年和 2008 年云南省粮食作物产量结构比较图

（单位：万亩）

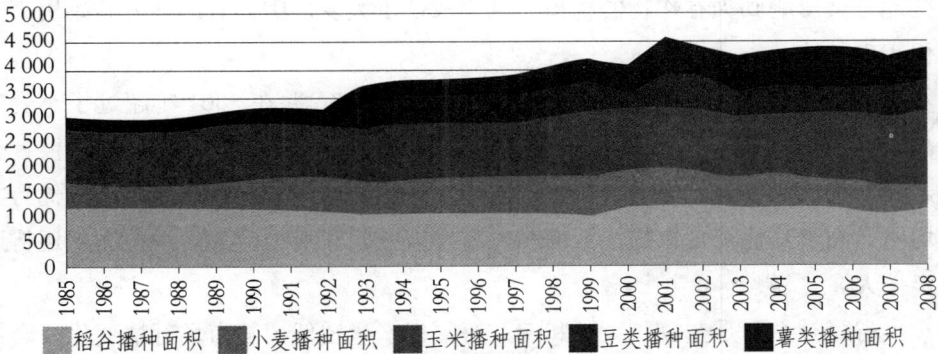

图 5.7　1985—2008 年云南省粮食播种面积结构图

（单位：%）

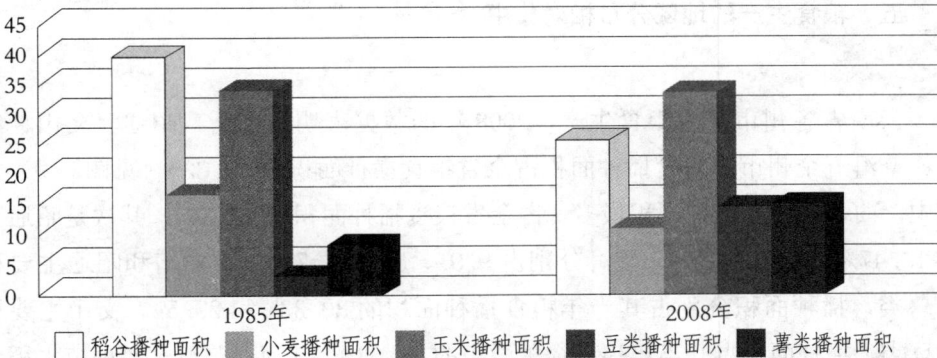

图 5.8　1985 年和 2008 年云南省粮食作物播种面积结构比较图

　　云南产量排名第二的粮食作物是玉米，1985—2008 年，玉米占粮食总产量的比重均值为 29.6%，且这一比重在逐年上升，由 1985 年的 29.03% 上升到了 2008 年的 34.94%。随着生活水平的提高，我国居民的饮食结构有较大改变，对肉、奶、蛋的需求逐步增大，间接增加了对玉米的需求。随着城市化和工业化进程的加快，坝区的优质水稻田会逐年减少，取而代之的是更多的山区耕地。玉米的播种面积从 2004 年到 2009 年已经持续 5 年增加，从 1993 年开始，成为云南省播种面积最大的粮食作物。玉米是较适于山地栽种的农作物，产量也较高。因此，水稻产量将有可能继续下降，而玉米的产量则有进一步增加的趋势。

　　1978——2008 年间，小麦、薯类、豆类平均产量占粮食平均总产量的比重分别为 9.24%、8.78%、6.32%，均不到 10%。其中，小麦产量占我省粮食产量的比重不多，且成逐年下降趋势。小麦主要作为饲料用粮，其生长期比大麦长，在有些地方会影响到大春作物的种植，且收成低于大麦，因此有的地方开始用大麦替代小麦种植。

　　薯类的产量占我省粮食产量的比重在逐年增加，并在 2001 年超过了小麦产量。云南省大面积种植的是马铃薯，马铃薯是一种比较适于山地种植的粮食作物。根据我们的研究，马铃薯在生产效率优势、生产规模优势和综合比较优势方面均明显高于其他粮食作物，云南马铃薯发展空间和潜力巨大，种植面积还将进一步扩大。

　　我省豆类主要是蚕豆、大豆和豌豆等，但产量较低，随市场行情变化，产量会略有波动，一般占粮食产量的 4%～7%。

五、粮食生产的地域分布相对集中

　　云南省各州市都有粮食生产，2008 年的数据表明，曲靖、昭通、文山、红河、普洱五个州市的粮食播种面积占全省粮食播种面积的 49.82%（见图 5.9）。其中，曲靖的粮食播种面积最多，占全省粮食播种面积的 13.34%；其次是昭通，占 11.47%；文山、红河、普洱分别占 9.9%、8.08%、7.03%。曲靖和昭通主要种植薯类，播种面积分别占其当年粮食播种面积的 30.33% 和 29.5%。文山主要种植豆类，播种面积占其当年粮食播种面积的 21.63%。红河、普洱主要种植水稻，播种面积分别占其当年粮食播种面积的 28.56% 和 31.66%。昆明市辖区内的土地相对平坦肥沃，交通相对便利，许多土地都用于种植其他经济作物，但昆明仍然是云南的重要产粮区，2008 年其粮食播种面积达 25.641 万公顷，占全省粮食播种面积的 6.26%。

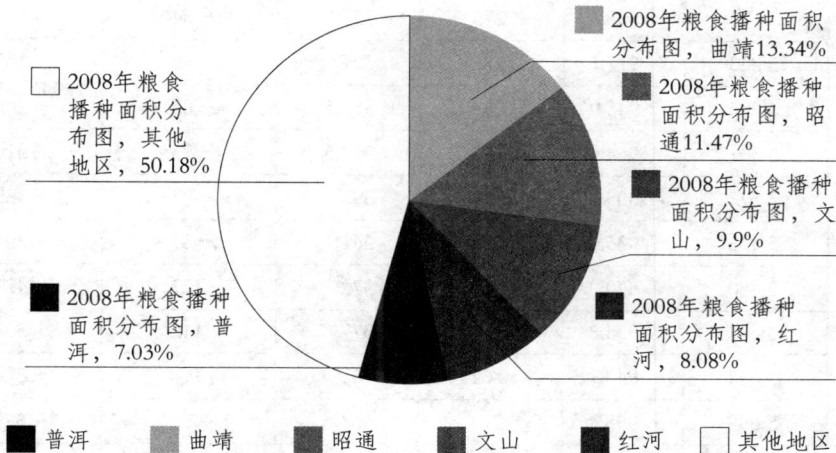

图 5.9　2008 年云南省粮食播种面积地区分布图

六、粮食自给率依然低于全国平均水平

云南省 1979—1995 年自给粮食人均占有量都比较低，1996 年终于跃上了人均粮食 300 公斤的台阶，2001 年达到了最好水平 347 公斤。尽管如此，1979—2008 年，云南省自产粮食一直都不能满足本省的粮食消耗。在 1979—2008 年的 30 年间，有 16 年粮食人均消耗缺口达 80 公斤以上，仅有 6 年粮食人均消耗缺口在 40 公斤以下，有 16 年需省际调剂的粮食量超过 300 万吨以上（见表 5.4）。

从自给率来看，按人均不少于 395 公斤粮食作为粮食安全标准计算，云南省近 30 年来的粮食自给率如表 5.5 所示，有 19 年粮食自给率不足 80%，1998 年后云南省的粮食自给率迈上了新台阶，粮食自给率达到 80% 以上，2000 年以来，粮食自给率在 85% 左右徘徊。按我国粮食自给率达 95% 以上的要求，云南省存在着粮食安全隐患。

表 5.4　1979—2008 年云南省粮食供应及消耗对照

年份	年底总人口数（万人）	粮食产量（万吨）	人均粮食占有量（公斤）	人均粮食消耗量（公斤）	人均粮食消耗缺口（公斤）	需省际调剂的粮食量（万吨）
1979	3 135	792.9	253	342.5	− 90	− 281
1980	3 173	865.6	273	327	− 54	− 172
1981	3 223	917.1	285	327	− 42	− 137
1982	3 283	945.9	288	351.5	− 63	− 208
1983	3 331	954.4	287	379.5	− 93	− 310
1984	3 372	1 005.0	298	395.5	− 97	− 329
1985	3 418	935.0	274	361	− 87	− 299
1986	3 480	870.0	250	372	− 122	− 425
1987	3 534	934.8	265	377	− 112	− 398
1988	3 594	940.7	262	362	− 100	− 360
1989	3 648	998.4	274	364	− 90	− 329
1990	3 731	1 061.2	284	393	− 109	− 405
1991	3 782	1 093.0	289	378	− 89	− 337
1992	3 832	1 070.4	279	380	− 101	− 386
1993	3 885	1 085.2	279	387	− 108	− 418
1994	3 939	1 146.5	291	374	− 83	− 327
1995	3 990	1 188.9	298	385	− 87	− 348
1996	4 042	1 246.2	308	419	− 111	− 447
1997	4 094	1 271.9	311	402	− 91	− 374
1998	4 144	1 319.5	318	412	− 94	− 389
1999	4 192	1 399.3	334	406	− 72	− 303
2000	4 241	1 467.8	346	366	− 20	− 84
2001	4 287	1 486.3	347	356	− 9	− 40
2002	4 333	1 424.7	329	357	− 28	− 122
2003	4 376	1 471.0	336	334	2	9
2004	4 415	1 509.5	342	362	− 20	− 89
2005	4 450	1 514.9	340	371	− 31	− 136
2006	4 483	1 542.2	344	380	− 36	− 161

续表

年份	年底总人口数（万人）	粮食产量（万吨）	人均粮食占有量（公斤）	人均粮食消耗量（公斤）	人均粮食消耗缺口（公斤）	需省际调剂的粮食量（万吨）
2007	4 514	1 460.7	324	381	− 57	− 259
2008	4 543	1 518.6	334	399	− 65	− 294

注：人均粮食消耗量为当年的全国人均粮食占有量。

在用于直接消费的粮食数量基本稳定的条件下，人口平均的粮食生产数量越多，则可用于加工转化和其他方面的粮食数量就越多，粮食数量安全程度就越高。

表 5.5　1979—2009 年云南省粮食自给率

年份	年底总人口数（万人）	粮食产量（万吨）	粮食人均占有量（公斤）	粮食自给率
1979	3 135	792.9	253	0.64
1980	3 173	865.6	273	0.69
1981	3 223	917.1	285	0.72
1982	3 283	945.9	288	0.73
1983	3 331	954.4	287	0.73
1984	3 372	1 005.0	298	0.75
1985	3 418	935.0	274	0.69
1986	3 480	870.0	250	0.63
1987	3 534	934.8	265	0.67
1988	3 594	940.7	262	0.66
1989	3 648	998.4	274	0.69
1990	3 731	1 061.2	284	0.72
1991	3 782	1 093.0	289	0.73
1992	3 832	1 070.4	279	0.71
1993	3 885	1 085.2	279	0.71
1994	3 939	1 146.5	291	0.74
1995	3 990	1 188.9	298	0.75
1996	4 042	1 246.2	308	0.78
1997	4 094	1 271.9	311	0.79
1998	4 144	1 319.5	318	0.81

续 表

年份	年底总人口数（万人）	粮食产量（万吨）	粮食人均占有量（公斤）	粮食自给率
1999	4 192	1 399.3	334	0.85
2000	4 241	1 467.8	346	0.88
2001	4 287	1 486.3	347	0.88
2002	4 333	1 424.7	329	0.83
2003	4 376	1 471.0	336	0.85
2004	4 415	1 509.5	342	0.87
2005	4 450	1 514.9	340	0.86
2006	4 483	1 542.2	344	0.87
2007	4 514	1 460.7	324	0.82
2008	4 543	1 518.6	334	0.85
2009	4 580	1 576.9	344	0.87

注：粮食自给率为粮食人均占有量除以 395 公斤。

七、粮食生产的区域比较优势相对落后

为了深入研究云南粮食生产的优势和不足，分析可持续发展的前景，为云南粮食安全提供一些思考，我们尝试引入比较优势理论对云南的粮食生产情况进行分析。

（一）分析方法

我们采用综合比较优势指数法，结合云南省及我国东、中、西部部分典型粮食主产区省份的数据，分别计算主要农作物（水稻、玉米、小麦）的生产效率优势指标（EAI）、生产规模优势指标（SAI）和综合比较优势指标（AAI）。

1. 效率优势指标（EAI）

主要通过分析云南粮食的土地产出率（亩产量）与云南所有农作物平均土地产出率的相对水平以及与全国该比率平均水平的对比关系，考察云南在主要粮食作物生产上的生产效率相对优势。其公式为：

$$EAI_{ij} = \frac{AP_{ij} / AP_i}{AP_j / AP}$$

（式中：EAI 为云南省主要农作物（水稻、玉米、小麦）农作物的效率优势指数，AP_{ij} 为云南省三种农作物（水稻、玉米、小麦）的单产；AP_i 为云南所有农作物的平均单产；AP_j 为全国三种农作物（水稻、玉米、小麦）平均单产；AP 为全国所有农作物的平均单产。）

$EAI_{ij}>1$，说明该种粮食作物与全国平均水平相比，具有比较优势；$EAI_{ij}<1$，说明该种粮食作物生产效率处于劣势，显然，EAI 值越大，生产效率优势越明显。

2. 规模优势指数（SAI）

主要是从播种面积的角度来反映云南主要粮食作物生产的相对规模优势。其公式为：

$$SAI_{ij} = \frac{GS_{ij} / GS_i}{GS_j / GS}$$

（式中：SAI 为云南农作物规模优势系数；GS_{ij} 为云南省三种农作物的播种面积；GS_i 为云南所有农作物的播种面积，GS_j 为全国各三种农作物的播种面积；GS 为全国所有农作物的播种面积。）

$SAI_{ij}>1$，表明与全国平均水平相比，该种农作物生产具有规模优势；$SAI_{ij}<1$，说明该种粮食作物在生产规模上处于劣势，同样，SAI 值越大，生产规模优势越明显。

3. 综合优势指数（AAI）

从效率和规模优势两方面，综合衡量云南主要粮食作物生产的相对比较优势，结果等于效率优势指标（EAI）与规模优势指数（SAI）乘积的平方根。

$$AAI_{ij} = \sqrt{EAI_{ij} \times SAI_{ij}}$$

$AAI_{ij} > 1$，表明与全国平均水平相比，云南该种农作物生产具有综合比较优势。$AAI_{ij} < 1$，表明云南该种农作物生产与全国平均水平相比，处于相对劣势。AAI_{ij} 值越大，综合比较优势越明显。

4. 分析的数据来源

为了便于比较，我们选取全国部分省区及云南 1989—2007 年的水稻、玉米、小麦三大粮食作物生产的单产和种植面积的数据进行比较。

（二）云南粮食生产的区域比较优势

1. 效率优势

表 5.6　1989—2009 年云南水稻、玉米、小麦生产与全国主产区
效率优势指数（EAI）比较

省份年份	水稻					玉米					小麦				
	云南	贵州	甘肃	湖南	浙江	云南	贵州	甘肃	湖南	浙江	云南	贵州	甘肃	湖南	浙江
1989	1.08	1.03	1.56	0.76	0.77	0.99	0.99	1.75	0.34	0.49	0.64	0.55	1.20	0.29	0.60
1990	1.18	1.18	1.34	0.78	0.78	0.84	0.91	1.40	0.35	0.37	0.76	0.71	1.28	0.36	0.70
1991	1.15	1.22	1.34	0.79	0.81	0.84	0.92	1.58	0.33	0.40	0.82	0.66	1.38	0.39	0.55
1992	1.16	1.17	1.81	0.80	0.79	0.84	0.89	1.87	0.41	0.53	0.87	0.77	1.22	0.34	0.65
1993	1.18	1.13	1.49	0.81	0.80	0.83	0.93	1.25	0.41	0.52	0.84	0.91	1.18	0.36	0.65
1994	1.20	1.21	2.35	0.79	0.79	0.91	1.03	1.38	0.46	0.59	0.76	0.61	1.12	0.36	0.58
1995	1.17	1.22	2.49	0.80	0.79	0.91	0.96	1.43	0.46	0.61	0.81	0.69	1.02	0.37	0.61
1996	1.22	1.28	1.91	0.83	0.82	0.95	1.01	1.54	0.48	0.58	0.79	0.61	1.11	0.41	0.64
1997	1.17	1.23	1.84	0.78	0.79	1.08	1.19	1.29	0.81	0.64	0.74	0.55	1.00	0.35	0.60
1998	1.22	1.28	1.62	0.80	0.83	0.96	1.03	1.43	0.61	0.57	0.77	0.63	1.26	0.42	0.57
1999	1.25	1.21	1.99	0.79	0.82	1.04	1.17	1.56	0.77	0.64	0.72	0.57	1.07	0.37	0.63
2000	1.04	1.17	2.29	0.76	0.80	1.12	1.18	1.65	0.76	0.68	0.78	0.56	1.00	0.41	0.67
2001	1.09	1.20	2.30	0.78	0.82	1.11	1.14	1.38	0.69	0.67	0.70	0.54	1.05	0.39	0.62
2002	1.04	1.00	2.12	0.79	0.83	1.07	1.30	1.31	0.73	0.67	0.76	0.60	1.13	0.40	0.55
2003	1.21	1.25	1.70	0.80	0.85	0.93	1.15	1.42	0.74	0.67	0.67	0.47	0.99	0.39	0.58
2004	1.19	1.29	1.83	0.81	0.85	0.95	1.13	1.43	0.74	0.65	0.67	0.51	1.00	0.37	0.60
2005	1.28	1.3	1.84	0.81	0.86	0.94	1.12	1.39	0.77	0.67	0.61	0.51	0.89	0.40	0.65
2006	1.24	1.29	1.83	0.79	0.84	0.94	1.12	1.21	0.78	0.62	0.61	0.52	0.90	0.38	0.58
2007	1.20	1.26	1.54	0.77	0.82	0.98	1.15	1.48	0.82	0.62	0.60	0.52	0.81	0.41	0.64
2008	1.22	1.27	1.79	0.78	0.83	0.97	1.13	1.51	0.79	0.63	0.59	0.57	0.81	0.39	0.59

续　表

省份 年份	水稻					玉米					小麦				
	云南	贵州	甘肃	湖南	浙江	云南	贵州	甘肃	湖南	浙江	云南	贵州	甘肃	湖南	浙江
2009	1.23	1.25	1.82	0.76	0.86	0.99	1.11	1.48	0.78	0.67	0.58	0.54	0.85	0.41	0.60
平均数	1.18	1.21	1.85	0.79	0.81	0.96	1.07	1.46	0.60	0.59	0.73	0.60	1.08	0.38	0.62

资料来源：根据中国种植业信息网（http://zzys.agri.gov.cn/）相关数据计算得出。

根据效率优势指数（EAI）公式，效率优势指数 $EAI >1$，说明具有效率优势。从上表可以看出，云南三大粮食作物中除水稻具有效率优势之外，玉米和小麦都不具有效率上的优势。另外和其他省份相比，云南粮食的比较效率都没有明显的优势，土地产出率属于中等偏下的水平。

2. 规模优势

表 5.7　1989—2009 年云南水稻、玉米、小麦生产与全国主产区规模优势指数（SAI）比较

省份 年份	水稻					玉米					小麦				
	云南	贵州	甘肃	湖南	浙江	云南	贵州	甘肃	湖南	浙江	云南	贵州	甘肃	湖南	浙江
1989	1.04	0.94	0.005	2.52	2.47	1.62	1.24	0.58	0.11	0.08	0.59	0.54	1.99	0.13	0.35
1990	1.02	0.93	0.006	2.47	2.44	1.53	1.16	0.58	0.11	0.08	0.61	0.59	1.95	0.12	0.35
1991	1.01	0.87	0.007	2.45	2.49	1.47	1.13	0.62	0.12	0.08	0.61	0.62	1.95	0.13	0.35
1992	0.98	0.89	0.007	2.44	2.52	1.43	1.09	0.62	0.12	0.08	0.61	0.64	1.85	0.13	0.35
1993	0.95	0.88	0.009	2.56	2.65	1.40	1.09	0.61	0.12	0.07	0.63	0.68	1.89	0.11	0.31
1994	0.95	0.89	0.008	2.57	2.68	1.44	1.11	0.59	0.12	0.07	0.65	0.71	1.88	0.12	0.29
1995	0.93	0.86	0.009	2.54	2.66	1.31	1.01	0.60	0.12	0.07	0.65	0.69	1.87	0.11	0.28
1996	0.89	0.83	0.009	2.49	2.62	1.21	0.91	0.71	0.13	0.06	0.67	0.69	1.85	0.11	0.29
1997	0.85	0.80	0.009	2.47	2.56	1.21	0.91	0.84	0.14	0.07	0.68	0.68	1.8	0.10	0.32
1998	0.88	0.83	0.011	2.50	2.56	1.29	1.00	0.84	0.17	0.07	0.71	0.70	1.84	0.10	0.34
1999	0.82	0.81	0.009	2.48	2.49	1.28	0.95	0.84	0.21	0.07	0.72	0.70	1.74	0.10	0.36
2000	0.97	0.83	0.010	2.54	2.35	1.32	1.05	0.84	0.24	0.10	0.65	0.71	1.87	0.09	0.29
2001	1.00	0.87	0.010	2.52	2.23	1.23	1.00	0.81	0.22	0.10	0.68	0.71	1.92	0.09	0.24

续　表

省份 年份	水稻					玉米					小麦				
	云南	贵州	甘肃	湖南	浙江	云南	贵州	甘肃	湖南	浙江	云南	贵州	甘肃	湖南	浙江
2002	1.02	0.87	0.009	2.49	2.10	1.22	0.95	0.87	0.22	0.11	0.67	0.69	1.91	0.08	0.20
2003	1.04	0.89	0.008	2.54	1.99	1.17	0.94	0.86	0.24	0.12	0.68	0.71	1.84	0.08	0.17
2004	1.00	0.83	0.007	2.55	2.00	1.14	0.91	0.80	0.21	0.12	0.65	0.65	1.81	0.07	0.15
2005	0.93	0.81	0.007	2.56	1.95	1.15	0.88	0.77	0.21	0.13	0.60	0.58	1.83	0.06	0.16
2006	0.94	0.80	0.007	2.84	2.08	1.16	0.88	0.76	0.14	0.05	0.49	0.35	1.69	0.01	0.12
2007	0.91	0.80	0.007	2.80	2.06	1.15	0.85	0.68	0.16	0.05	0.48	0.35	1.69	0.01	0.13
2008	1.03	0.92	0.005	2.61	2.34	1.26	0.94	0.75	0.17	0.09	0.51	0.49	1.78	0.08	0.32
2009	1.01	0.94	0.007	2.59	2.32	1.28	0.96	0.74	0.15	0.08	0.50	0.64	2.82	0.08	0.27
平均数	1.04	0.94	0.008	2.54	2.36	1.30	1.00	0.73	0.16	0.08	0.63	0.63	1.85	0.09	0.26

资料来源：根据中国种植业信息网（http：//zzys.agri.gov.cn/）相关数据计算得出。

　　根据规模优势指数（SAI）公式，规模优势指数 *SAI* >1，说明具有规模优势。从表5.7可以看出，云南玉米生产的规模优势相对明显，水稻规模优势指数 *SAI* 多年低于1，基本不具备规模优势，而小麦完全没有规模优势。与湖南、浙江等水稻种植大省相比，云南水稻规模优势差距悬殊；而小麦与甘肃等相比，比较规模也处于劣势。这和云南省情是紧密相连的，云南是山区占94%的省份，加之受水利基础设施的限制，适宜山区种植且相对抗旱的玉米种植比较有规模，而坝区水稻种植面积比较分散，基本不成规模。

　　3. 综合优势

表5.8　1989—2009年云南水稻、玉米、小麦生产与全国主产区综合优势指数（AAI）比较

省份 年份	水稻					玉米					小麦				
	云南	贵州	甘肃	湖南	浙江	云南	贵州	甘肃	湖南	浙江	云南	贵州	甘肃	湖南	浙江
1989	1.05	0.98	0.008	1.92	1.90	1.60	1.23	1.02	0.037	0.039	0.38	0.30	2.38	0.04	0.21
1990	1.20	1.10	0.008	1.93	1.90	1.29	1.06	0.81	0.039	0.030	0.46	0.42	2.49	0.04	0.25
1991	1.16	1.06	0.009	1.94	2.02	1.23	1.04	0.98	0.040	0.032	0.50	0.41	2.70	0.05	0.19

续　表

省份 年份	水稻					玉米					小麦				
	云南	贵州	甘肃	湖南	浙江	云南	贵州	甘肃	湖南	浙江	云南	贵州	甘肃	湖南	浙江
1992	1.14	1.04	0.013	1.95	1.99	1.20	0.97	1.16	0.049	0.042	0.53	0.49	2.25	0.04	0.23
1993	1.12	0.99	0.013	2.07	2.12	1.16	1.01	0.76	0.049	0.036	0.53	0.62	2.22	0.04	0.20
1994	1.14	1.08	0.019	2.03	2.12	1.31	1.14	0.81	0.055	0.041	0.50	0.43	2.10	0.04	0.17
1995	1.09	1.05	0.022	2.03	2.10	1.19	0.97	0.86	0.055	0.043	0.53	0.48	1.91	0.04	0.17
1996	1.09	1.06	0.017	2.07	2.15	1.15	0.92	1.09	0.062	0.035	0.53	0.43	2.05	0.05	0.19
1997	0.99	0.98	0.017	1.93	2.02	1.31	1.08	1.08	0.113	0.045	0.50	0.37	1.80	0.04	0.19
1998	1.07	1.06	0.018	2.00	2.12	1.24	1.03	1.20	0.104	0.040	0.55	0.44	2.31	0.04	0.19
1999	1.03	0.98	0.018	1.96	2.04	1.33	1.11	1.31	0.162	0.045	0.52	0.40	1.86	0.03	0.23
2000	1.01	0.97	0.023	1.93	1.88	1.48	1.24	1.39	0.182	0.068	0.51	0.40	1.87	0.04	0.19
2001	1.09	1.04	0.023	1.97	1.83	1.37	1.14	1.12	0.152	0.067	0.48	0.38	1.82	0.04	0.15
2002	1.06	0.87	0.019	1.97	1.74	1.31	1.24	1.14	0.161	0.074	0.51	0.41	2.16	0.03	0.11
2003	1.26	1.11	0.014	2.03	1.69	1.09	1.08	1.22	0.178	0.080	0.46	0.33	1.82	0.03	0.10
2004	1.19	1.07	0.013	2.07	1.70	1.08	1.03	1.14	0.155	0.078	0.44	0.33	1.81	0.03	0.09
2005	1.19	1.05	0.013	2.07	1.68	1.08	0.99	1.07	0.162	0.087	0.37	0.30	1.63	0.02	0.10
2006	1.17	1.03	0.015	2.24	1.75	1.29	0.99	0.92	0.109	0.031	0.30	0.18	1.52	0.00	0.07
2007	1.09	1.01	0.011	2.16	1.69	1.13	0.98	1.01	0.131	0.031	0.29	0.18	1.37	0.00	0.08
2008	1.10	0.99	0.012	2.03	1.68	1.12	0.96	1.03	0.129	0.035	0.31	0.25	1.76	0.01	0.12
2009	1.11	1.08	0.110	1.40	1.41	1.13	1.03	1.05	0.340	0.230	0.54	0.59	1.55	0.18	0.40
平均数	1.22	1.14	0.015	2.01	1.91	1.25	1.07	1.07	0.096	0.047	0.46	0.38	2.00	0.03	0.16

资料来源：根据中国种植业信息网（http://zzys.agri.gov.cn/）相关数据计算得出。

　　根据综合优势指数（AAI）公式，综合优势指数 $AAI > 1$，说明具有综合优势。通过比较综合优势指数，可以知道，云南水稻和玉米具有综合优势，而小麦则不具备综合优势。同时与省外相比，在水稻综合优势上，云南远远落后于湖南和浙江等水稻种植大省；而与甘肃这些传统的小麦主产区相比，云南根本不具备小麦综合优势。

4. 结　论

结合以上分析，我们大致可以看出，云南玉米生产具有效率和规模优势，云南水稻有一定的效率优势但基本没有规模优势，云南小麦生产则既没有效率优势也没有规模优势。

为了保障云南粮食安全，对于云南玉米生产，应该继续在新品种和新技术上加大扶持和示范推广力度，使云南的玉米生产水平在巩固优势的基础上更上一个台阶。对于水稻生产而言，通过土地流转实现水稻种植面积集约化、规模化是提高比较规模优势的主要途径。另外通过前面的分析，我们也发现，云南粮食生产的优势都不是很明显，说明云南粮食安全存在比较大的隐患，一旦遇到像 2009 年那样百年一遇的特大旱灾等自然灾害，则从粮食生产的角度来看，粮食安全的保障链条就会断裂。因此，要尽快加大抵抗自然灾害的新品种、新技术及节水农业的研发和推广力度，加快水利基础设施的建设，尽早建立粮食生产、销售等环节的价格预警机制。

第二节　粮食安全面临的新挑战

近年来，云南省的粮食自给率在 85% 左右徘徊，这低于 95% 的国家粮食自给率。加之工业化、城市化进程的加快，粮食生产将面临资源约束和需求上升带来的新挑战。

一、农业基础设施落后的状况仍未得到根本改变

2009 年云南遭遇历史罕见大旱，暴露出了水利等农业基础设施的薄弱。云南农业与农村水利基础设施建设长期滞后，一些设施老化、年久失修，灌溉排洪配套设施不够完善，农村自然环境质量退化，抵御农业自然灾害的基础设施建设薄弱、配套不全，许多河道淤积，防洪排涝能力减弱，保障能力明显下降。水利工程规模小、骨干工程少、蓄水能力弱，灌溉能力十分有限，致使农田保灌面积较低。"病塘""险库"等大量存在，大部分渠道渗漏严重，输水效率较低，水利"工程性缺水"严重，稻田保灌面积仅为 46.8%，绝大多数旱地和 1/4 的稻田

没有灌溉设施，水土流失面积高达 55.3%。

我省水资源和人均占有量并不算少，水资源总量排在全国第三位，金沙江、澜沧江、怒江等多条大江大河都流经云南，但由于复杂的地形地貌以及脆弱的水生态环境，使得云南面临着严重的水资源挑战。占全省土地面积 6% 的坝区，集中了 2/3 的人口和 1/3 的耕地，但水资源拥有量只占全省的 5%，水资源与人口、耕地等经济要素极不匹配，在山清水秀的地貌下，隐藏的是长期缺乏农业用水的现实。水资源在时空分布上极不均匀，我省降水干湿分明、时空分布不均，干季为 11 月至次年 4 月，降水量占全年的 15%～27%，雨季集中在 5 月至 10 月，降水量占全年的 73%～85%。从我省特殊的地理条件看，我省多为喀斯特地貌，占全省国土面积的 28.14%，地表水渗漏严重，十分缺水。而其资源总量为 742 亿立方米 / 年左右的丰富地下水资源，开采量仅为 1 亿立方米 / 年左右，开发利用率不足 5%。加之，由于历史的原因，我省水利基础薄弱，开发利用难度较大，控制程度较低。

二、频繁的自然灾害加剧粮食生产的不稳定性

云南是全国自然灾害最为严重的省份之一，往往是多灾并发、交替叠加。云南自然灾害主要有气象灾害、地震灾害、地质灾害、生物灾害、森林灾害等 5 大类。云南自然灾害种类多、分布广、频率高、强度大、损失重，尤其是干旱、洪涝、地震、雷击、冰雹、低温冷害、霜冻、倒春寒、泥石流、滑坡等灾害十分严重，每年云南气象灾害受灾面积占全省总种植面积的 23% 左右。每年自然灾害损失占同期国民生产总值（GDP）的 3.5%～6.5%，每年因灾经济损失在 30 亿元以上。云南自然灾害损失占国民生产总值的比例与全国平均水平基本接近，但这对于一个经济不甚发达的西部省份来说是一个相当沉重的负担。自然灾害已严重威胁云南人民的生命财产安全，成为影响和制约云南经济发展和社会安定的重要因素之一。

根据云南省抗旱规划，按轻度干旱、中度干旱、严重干旱和特大干旱四个等级来看，全省 129 个县（市、区）中有 33 个属于轻度干旱，65 个属于中度干旱，26 个属于严重干旱，5 个属于特大干旱。达到严重干旱以上的县（市、区）共有 31 个，占全省的 24%。

每年云南因自然灾害造成的粮食减产量达数亿公斤。1977—1991 年的 15 年

间，云南省因各种自然灾害而减产的粮食总量达 96.73 亿公斤，相当于同期全省粮食总产量的 7%；年均因灾减产粮食达 6.45 亿公斤，相当于年均净调入粮食量的 112%。1977—2001 年间年均因灾减产粮食量 11.35 亿公斤，相当于丧失了 28.86 万公顷耕地。

（单位：千公顷）

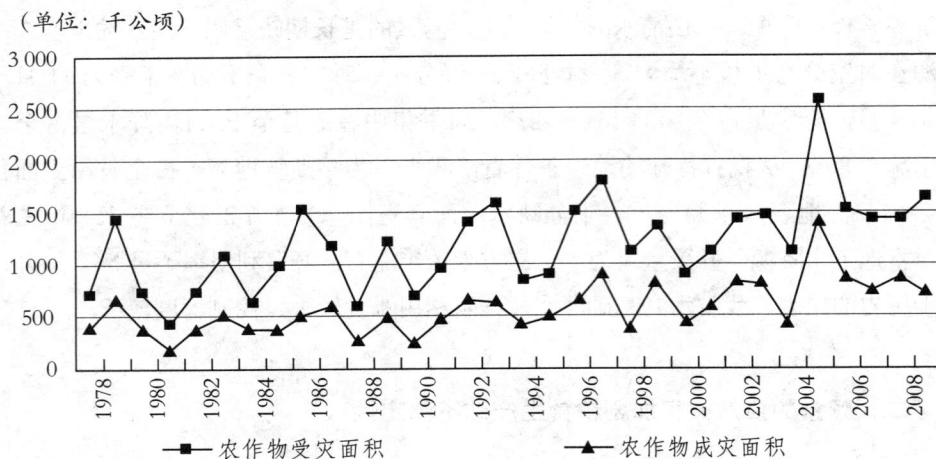

图 5.10　1978—2008 年云南省农作物受灾与成灾面积

　　2008 年，云南省先后发生低温雨雪、冰冻、地震、风雹、洪涝、滑坡、泥石流等 7 次重特大自然灾害，遭遇了最近 30 年来最严重的自然灾害。据统计，截至 2008 年 11 月，云南省因自然灾害共造成 2 900 多万人受灾，其中死亡 341 人、失踪 62 人、伤病 3.3 万人，紧急转移安置灾民 70 余万人，灾害导致 31 万间民房倒塌，383 千公顷农作物绝收。直接经济损失 194.5 亿元人民币，转移安置灾民数和经济损失数均为 1978 年以来的最大值。

　　据统计数据显示，2009 年 9 月至 2010 年 3 月 15 日，旱情造成云南农业直接经济损失已达 172.7 亿元。2010 年 4 月 15 日云南省农业厅召开新闻发布会称："截至目前，云南因旱灾造成农业直接经济损失达 120 亿元以上，农民收入受影响。农作物受灾严重，全省秋冬播农作物受灾达 3 261.2 万亩，成灾 2 521.8 万亩，绝收 1 506.9 万亩。小麦粮食作物受灾 1 593.2 万亩，成灾 1 296.9 万亩，绝收 930 万亩。水果、茶叶等五类经济林果受灾 1 482.5 万亩，成灾 432.7 万亩，绝收 79.9 万亩，农产品供给受影响；全省蔬菜产量同比减少 30% 左右，鲜切花产量减少 30% 左右，甘蔗产糖量减少 32 万吨，春茶产量减少

51%；全省 2 050.9 万头（匹）牲畜饮水困难，草地受灾 8 420 万亩。"

三、工业和城市建设用地与保护"坝子"良田的矛盾突出

耕地是粮食生产的最基本生产要素。耕地数量是粮食生产的基础和条件，是粮食安全的保障。云南地处高原，全省 39.4 万平方公里的土地中，山地占84%，高原、丘陵约占 10%，平坝仅占 6%，特殊的地形决定了云南耕地数量有限的现实。同时，耕地质量也决定着粮食产出数量和质量，大面积的山地、坡地土层薄、坡度较大，风蚀、水蚀性强，保水保肥性能差，土壤瘦瘠。在云南现有耕地中，中低产田地占耕地总面积的比例高达 67%，且抗御自然灾害能力弱，平均每年有 30% 左右农作物受旱，25% 左右的耕地受到洪水威胁，近 2/3 的耕地只能"靠天吃饭"。更让人担忧的是，随着人口的不断增长，城市化和工业化进程的加快，将有更多人口进入城市，城建和工业用地将占用更多耕地，耕地日趋减少。据统计，2000 年云南有耕地面积 629.89 万公顷，至 2009 年末有耕地面积607.21 万公顷，10 年间减少了 22.68 万公顷，并且城市化发展所占用的土地大多是坝区的好地良田，可以预见的是这种趋势还将继续，人均占有耕地面积会不断减少，人地矛盾日益突出。

表 5.9　1996—2008 年云南省耕地面积统计表

年份	耕地面积（万公顷）	年份	耕地面积（万公顷）
1996	642.16	2003	611.95
1997	640.51	2004	611.95
1998	640.82	2005	609.44
1999	638.76	2006	607.78
2000	633.97	2007	607.23
2001	632.98	2008	607.20
2002	629.89	—	—

全省 1 平方公里以上的坝子共有 1 442 个，这既是主要的、最好的农业种植区域，同时又是城镇、工业和交通建设的中心，过去的 30 年，在坝子里占用良田、良地进行工业和城市建设的情况非常普遍，虽然我们长期坚持保护基本农

田，实现占补平衡甚至是补大于占的用地方针，但良田良地减少的情况却是普遍的和全省性的。尤其是最近几年，在土地增值潜力较大的城郊地区，由于"土地财政"的作用和房地产高额利润的驱使，甚至出现了逼农民"上楼"、进城，目的就是要为工业和城市房地产发展腾地让道。过去 30 多年，这种被占用的良田良地的面积大概占已有的良田良地面积的 10% 左右。

四、快速发展的经济作物种植挤占粮食播种面积

云南具有丰富多样的农业资源，气候温和、雨量充沛、无霜期长、光照充足，农业生产条件因地域差异和垂直差异而具有立体农业特点。得天独厚的自然环境，适宜种植多种经济作物，近年来，随着产业结构的调整，经济作物种植面积迅速增加。烤烟、甘蔗、茶叶、橡胶、油菜是最具规模的经济作物，也是云南农业乃至整个国民经济的支柱产业，占全省财政收入的 70% 以上。从粮食作物占农作物种植面积的比重看，改革开放以来，伴随着种植结构调整，粮食作物占农作物面积的比重不断下降，但下降幅度趋缓，考虑到下一步尚需继续优化种植结构以及退耕还林、退耕还牧的趋势，其比重还可能下降。"粮食播种面积逐步减少并趋稳，经济作物种植面积增长迅速"已经成为基本态势。

近年来，云南实施了建设绿色经济强省战略，传统农业优势得到发挥，生物资源开发创新产业得到发展，水果、蔬菜、花卉、咖啡、香料、药材发展较快，其中鲜切花、香料已占全国市场的 50% 以上。在今后的现代农业发展中，云南正力争建成亚洲最大的天然优质糖料基地、花卉生产基地、优质热带亚热带水果基地、无公害蔬菜水果基地和西部最大的绿色食品生产基地。在生物资源开发创新产业发展方面，确定了重点发展烟草、蔗糖、茶叶、天然橡胶、畜牧和水产养殖、林业、以天然药物为主的现代医药、绿色食品及功能食品、花卉及观赏园艺、生物化工等 10 个产业。总的来讲，云南得天独厚的自然优势决定了云南适于发展特色农业，烟草、花卉、甘蔗等经济作物比粮食生产更具有发展优势，省委省政府建设绿色经济强省战略是符合云南的客观实际的，如果现代农业五大基地的建设和生物资源十个产业的开发获得成功，云南经济一定会上一个新台阶，云南农业产品不论在国内还是国外，都将获得一定优势。显然，这些基地和产业都要占用相当数量的耕地，这就意味着云南的粮食种植面

积还会继续减少。

五、农村青壮年劳动力大量转移导致农业粗放经营的趋势

随着农村劳动力的大量转移，尤其是青壮年劳动力的外出务工，使农业劳动力呈现女性化的趋势或者成为"386199部队（38指妇女，61指儿童，99指老人）"的专属工作，使粮食生产从业人员的科技素质下降，造成对新技术、新品种的接受能力差，大面积农业生产管理日趋粗放，先进的技术难以推广，关键技术措施难以到位。有的农户甚至由于经济能力有限和人手不足，即便是化肥的使用，也满足不了农作物的需要。而出租和代耕的土地也因为耕地出租和承租之间的关系很不稳定，造成承租人利用耕地的短视行为，耕作较为粗放，或者大量使用化肥和农药，影响了现有耕地的质量，降低了土地的综合生产能力。多数地区农业生产的趋势与我们所倡导和希望的农业集约经营和科技应用几乎背道而驰。

六、农民日益下降的种田愿望

"打工挣钱才是正事，种田打谷只要够自己吃就行了"，这种观点已经成为很多农民生产和生活的基本观点。由于农业生产的低回报和低效益，农民对农业生产不抱长期发展的希望，再加上农用生产资料价格的上涨（以2008年为例，我省的尿素、碳铵、普钙、钙镁磷肥、国产钾肥、高浓度三元复合肥、中浓度三元复合肥和低浓度三元复合肥的市场销售价分别比上年同期上涨6.5%、14.7%、41.7%、31.9%、10.5%、23.9%、14.1%和16.9%；农药大多数品种价格上涨15%左右，代森锰锌、多菌灵甲托等个别品种上涨幅度高达30%），"种粮不挣钱"的思想成为目前大多数农户的普遍想法，"谷贱伤农"的现象普遍存在。目前，农民仍然愿意种粮的普遍心理，一是老弱劳动力没有更好的出路，"闲着也是闲着"，就去种地；二是为了每年有新米吃；三是不想让土地荒着，通过种植活动表示对土地的占有。"没有更好的门路才种粮食"，这种状况使农业生产进入了一个低水平的维持性经营状态。

七、不完善的粮食流通体制

我省粮食流通体制还有许多不完善的地方，一是国有粮食企业宏观调控能力减弱。在改革过程中，粮食经营网点不断收缩，优质资产大量流失。人员负担减轻了，但调控能力也减弱了，在某种程度上已经丧失了主渠道的作用。二是我省各级储备粮规模偏少，商品周转粮较少。如果发生全国性粮食短缺，省外的粮食进不来，即使把中央储备粮用上，支撑时间也不会太长。三是粮食加工能力明显不足，特别是地州以下城镇缺乏较大规模的加工设备，加工能力弱。四是粮食市场发育相对滞后，多数地方还未形成具有一定规模及规范化的粮食流通市场。五是对国际粮食市场利用不足，同东南亚国家粮食贸易额较少。

第三节　云南粮食需求及预测

一、粮食需求结构

粮食需求主要由口粮、饲料用粮、种子用粮和工业用粮构成。一是城乡居民的生活消费口粮，尽管不同学者对人均口粮消费量的看法不尽一致，但大家都认为，随着收入增加、城市化进程加快、生活水平提高，人均口粮将趋于减少，只是减少的程度有所不同；二是畜牧业饲料用粮，从云南近年来的情况看，畜牧业饲料用粮占到粮食总消费量的 40% 左右，已成为粮食消费的主要构成部分；三是粮食生产的种子用粮，云南全省基本稳定在 80 ～ 90 万吨；四是工业生产用粮包括酿酒、调味品生产、副食品生产等，云南近几年每年此方面粮食消费在 200 万吨左右。

二、未来粮食需求结构变化分析

（一）未来饮食结构变化导致粮食需求变化

据国家统计局 2007 年的统计数据显示，由于家庭收入的差距，城镇居民家庭与农村居民家庭的饮食结构存在明显的差距，如表 5.10 所示，当城镇居民家庭人均可支配收入为农村居民家庭人均纯收入的 3.3 倍时，农村居民家庭的人均粮食消费为城镇居民家庭的 2.57 倍；而城镇居民家庭人均蔬菜、猪肉、牛羊肉、家禽、鲜蛋、水产品、奶产品消费分别为农村居民家庭的 1.19 倍、1.36 倍、2.6 倍、2.5 倍、2.18 倍、2.65 倍、5.04 倍。从饮食消费结构来看，城镇居民家庭的饮食结构更为科学营养。可以预见，随着我国经济社会的发展，城镇化进程的推进，我国城乡二元结构逐步打破，农村居民的人均收入将大幅提高。当农村居民人均收入与城镇居民人均收入等同时，农村居民食品的消费结构将与城镇居民食品的消费结构逐渐趋同。

表 5.10　我国城镇和农村居民家庭人均食品消费对比表

（单位：元、千克）

城镇居民家庭人均消费		农村居民家庭人均消费	
项目	2007 年	项目	2007 年
可支配收入	13 785.80	人均纯收入	4 140.40
粮食	77.60	粮食（原粮）	199.48
鲜菜	117.80	蔬菜	98.99
食用植物油	9.63	食用植物油	5.06
猪肉	18.21	猪肉	13.37
牛羊肉	3.93	牛羊肉	1.51
家禽	9.66	家禽	3.86
鲜蛋	10.33	蛋及制品	4.72
水产品	14.20	水产品	5.36

续 表

城镇居民家庭人均消费		农村居民家庭人均消费	
项目	2007 年	项目	2007 年
鲜奶	17.75	奶及制品	3.52
酒	9.14	酒	10.18

资料来源：数据来源于国家统计年报。

表 5.11　我国城镇和农村居民家庭人均粮食消耗对比表

（单位：千克）

城镇居民家庭人均消费		农村居民家庭人均消费	
项目	2007 年	项目	2007 年
粮食	77.60	粮食（原粮）	199.48
猪肉	72.84	猪肉	53.48
牛羊肉	7.86	牛羊肉	3.02
家禽	19.32	家禽	7.72
鲜蛋	20.66	蛋及制品	9.44
水产品	14.20	水产品	5.36
鲜奶	71.00	奶及制品	14.08
酒	21.022	酒	23.414
合计	304.502	合计	315.994

　　我们以《云南省粮食安全问题及对策研究》（云南省农业科学院编，北京中国农业科学技术出版社 2007 年版，第 69、73 页）中提及的我国最低转化率标准为依据，按照猪肉以 1:4、牛羊肉以 1:2、禽以 1:2、蛋以 1:2.5、水产品以 1:1、酒以 1:2.3 的比例转化为粮食需求量。2007 年按照城镇居民家庭人均饮食消费结构，其粮食消耗量为 304.5 千克，比农村居民家庭人均饮食消耗结构的粮食消耗量大约少 11.5 千克。由此说明，由于饮食结构的变化可能使饮食消耗方面的人均粮食需求减少。但这并不意味着云南省未来饮食方面的粮食消耗会减少，由于人口的增长，仍然会导致云南省未来饮食方面的粮食消耗需求的净增加。

（二）未来人口变动与饮食结构变动对粮食需求的影响

假设云南省的城镇居民家庭和农村居民家庭的人均饮食消费结构与全国人均消费结构相同，且 2007 年的城镇居民家庭的饮食消耗结构是适于我国居民的科学合理的饮食结构，并在未来维持同样的结构。根据云南省 2008 年的统计数据显示，城镇人口为 1 499.2 万人，乡村人口为 3 043.8 万人。按照表 5.10 和表 5.11 的消耗水平和换算方法，云南省 2008 年的饮食粮食消耗为 1 383.4 万吨。

城乡统筹作为党和国家调整城乡关系、解决"三农"问题的一种战略思路，是一个循序渐进的过程，不可能在短期内完成。今后几十年云南省人口的城乡比例既不可能一直保持不变，也不可能在一夜之间完成城乡统筹计划，全部变为城镇居民。现假设以 2008 年的乡村居民所占比例为基数，分别按照每年 5%、10%、15%（表 5.12 中，$r = 0.05$，$r = 0.10$，$r = 0.15$）的城镇化速度测算，即每年有 5%、10% 或 15% 的乡村居民转变为城镇居民，并转变为城镇居民的食品消费结构。可以看到，按照云南省未来人口的预测，随着人口的增加，食品的粮食消费将明显增加。对于不同的城乡统筹速度，食品的粮食需求量的变化也是不同的。乡村居民转化为城镇居民的速度越快，其粮食需求越少，例如当 $r = 0.05$ 时，2015 年粮食需求比 2008 年增加 99.09 万吨，当 $r = 0.15$ 时，2015 年粮食需求比 2008 年增加 10.84 万吨。

表 5.12　2015—2040 年云南省人口预测及食品粮食消费变化表

年份	城乡粮食消费（万吨）	城镇人口比例	城乡粮食消费（万吨）	比2008年增加粮食消费	城镇人口比例	城乡粮食消费（万吨）	比2008年增加粮食消费	城镇人口比例	城乡粮食消费（万吨）	比2008年增加粮食消费
			($r = 0.05$)			($r = 0.1$)			($r = 0.15$)	
2015	1 197.29	0.56	1 187.16	− 196.24	0.71	1 180.55	− 202.85	0.82	1 175.70	− 207.70
2020	1 560.07	0.66	1 541.12	157.72	0.74	1 536.53	153.13	0.92	1 526.19	142.79
2030	1 642.49	0.73	1 618.31	234.91	0.80	1 614.08	230.68	0.96	1 604.40	221.00
2040	1 703.37	0.79	1 674.53	291.13	0.84	1 671.39	287.99	0.98	1 662.62	279.22

注：2008 年食品粮食消费为 1 383.4 万吨。

（三）种子需求和工业用粮需求分析

粮食的种子需求与粮食播种面积密切相关。尽管由于城市扩张、环境保护等原因使得耕地保护面临巨大压力，但由于国家出台了一系列严格保护耕地的相关政策，未来耕地面积与现有耕地相比或将不会有太大变化。由于各种粮食在一年中的栽种次数基本固定，粮食播种面积在未来应基本稳定。因此，可以预测粮食的种子需求量和现在相比不会出现太大的变化。按照每年每亩粮食平均需要12公斤种子计算，6 500万亩粮食播种面积大约每年需要78万吨粮食。

除了上述粮食需求外，剩下的是工业用粮需求。工业用粮在此主要包括制糖、浆纱、医药、制革、制酱醋等所需的粮食。由于没有详细的工业用粮统计数据，在此做一粗略估算。根据刘振伟（2004）量化粮食安全应保证人均不少于400公斤谷物的计算，扣除按照2007年我国居民家庭人均饮食消费结构计算的粮食需求和必要的种籽需求，其余的应为工业用粮需求。400公斤人均粮食拥有量是我国粮食安全的最低保证，而在很多西方发达国家，其人均粮食拥有量达到600～700公斤。除了与我国的饮食结构中肉蛋奶食用比例的差别外，工业用粮需求占据粮食需求的很大比重。经济发展对能源的需求不断增加，世界能源价格一涨再涨。由于现在使用的能源大部分属于不可再生资源，一些发达国家开始考虑利用粮食制造乙醚以部分地替代能源，以缓解能源短缺的危机。我国粮食转化能源技术仍在研发实践阶段，其转化率仍有待于提高，其转化成本仍相当高昂。如果这一技术能在将来投入实际应用，其对粮食的需求将无法估量。

三、云南省粮食需求预测

现阶段我国粮食主要用于满足口粮需求、饲料需求、食品加工需求和种子需求四类。随着科技的发展，粮食将有可能越来越多地用于生物制药和生物能源，由此导致的未来粮食需求将无法准确估计，我们以粮食安全应保证人均粮食拥有量不少于400公斤的算法作为粮食安全的标准，可根据云南省未来人口数量的变化对云南省未来粮食需求进行预测。

四、未来人口数量变化

我国是人口大国，粮食安全最大的压力来自于人口压力。新中国成立后的几十年，人口呈现爆炸式增长。尽管20世纪70年代后期我国实行了计划生育政策，但同时我国人口死亡率也随着生活医疗条件的改善而逐步降低。虽然近年来人口增长率明显降低，但人口总量呈上升持续趋势。随着计划生育政策的持续执行，必将在未来的某个时点人口总量会出现下降趋势。然而，有学者研究欧洲和日本的人口增长过程，发现当人口出现负增长时，也将对经济社会发展产生负面影响，劳动力缺乏将会成为经济增长的主要障碍之一。近几年，有人口学者提出了适时取消计划生育政策的建议，这意味着取消该政策只是时间问题，但这并不意味着人口将会恢复快速增长。即使取消了计划生育政策，由于经济社会的发展，现代人生活节奏加快、竞争激烈，工作和心理压力逐渐加大，很多年轻人推迟了婚育年龄。加之孩子养育成本过高，很多年轻人迫于经济压力放弃了生育。同时，还会出现生育观念的转变，少生少育成为越来越多的家庭的选择。还有环境和食品污染导致不少适龄年轻人患有不孕不育疾病。有专家表示："20年前，中国育龄人群中的不孕不育比例只占到2%～5%，但当前竟然达到了10%～15%，不过20年的时间，不孕不育人群翻了两番！"综合考虑以上各因素，可以推断：云南省的人口数量增加到一定程度时，将达到社会和环境所能容纳的极限。即人口既不会大幅增加也不会大幅下降，而是会保持在这一极限水平的平衡状态。因此，用经典的Logistic阻滞增长模型预测未来人口数量是比较适合的。

在此假设：（1）人口增长率是当时人口数 x 的线性递减函数 $r(x)$；（2） x_m 是自然资源和环境条件限制下的最大人口容量；（3） r 为人口固有增长率。

建立模型为：

设 $r(x) = r - ax$

$$r(x) = r - \frac{r}{x_m} \times X = r \times \left(1 - \frac{r}{x_m}\right)$$

由假设 $x \rightarrow x_m$ 时，应 $r(x) \rightarrow 0$，即 $0 = r - ax_m$。

当 x 足够大时，可视为连续变量，对 t 可微。则有：

$$\frac{dx}{dt}=r\times\left(1-\frac{r}{xm}\right)\times X$$

求解方程为：

$$X=\frac{x_m}{1+\left(\frac{x_m}{x_o}-1\right)\times\mathrm{e}^{-r(t-\mathrm{to})}}$$

现需要估计参数 x_m 和 r。

以云南省 1978 年至 2008 年的人口数据为样本，利用 Eviews 5.0 进行了模型估计，结果为：

$$X=\frac{5\ 922.8}{1+\left(\frac{5\ 922.8}{5\ 053}-1\right)\times e^{-0.0039(t-t_o)}}$$

该模型的可决系数为 0.998 6，拟合效果较好。x_0、x_m 和 r 参数估计显著水平达到了 99% 以上。模型估计结果表明，云南省的人口上限为 5 922.8 万人，其人口的固有增长率为 0.038。根据模型预测，云南省 2020 年将达到 4 997 万人，2030 年将达到 5 261 万人，2040 年将达到 5 456 万人。

五、未来粮食需求的变化

根据保证粮食安全的人均粮食需求量为 400 公斤的要求，以及云南省未来人口的变化可以大概测算出云南省未来粮食需求的变化（如表 5.13）。预计 2020 年云南省粮食需求量为 1 999 万吨，2030 年为 2 104 万吨。

表 5.13　2010—2030 年云南省粮食需求预测变化表

（单位：万吨）

年份	粮食需求	年份	粮食需求
2010	1 861.43	2021	2 010.68
2011	1 876.68	2022	2 022.28

续 表

年份	粮食需求	年份	粮食需求
2012	1 891.59	2023	2 033.57
2013	1 906.16	2024	2 044.55
2014	1 920.39	2025	2 055.23
2015	1 934.28	2026	2 065.61
2016	1 947.84	2027	2 075.69
2017	1 961.06	2028	2 085.49
2018	1 973.95	2029	2 095.00
2019	1 986.52	2030	2 104.23
2020	1 998.76	—	—

六、云南省粮食缺口

考虑到粮食作为人类生存的必需品，缺乏需求弹性，即使在收入相对较低的情况下，第一支出项目肯定是粮食。我们假设云南省的人均粮食消耗量能够达到全国平均水平，将全国人均粮食占有量作为云南省的粮食人均消耗量，根据云南省各年的人口数及粮食产量，能够计算出云南自给粮食的人均占有量，通过计算自给粮食人均占有量与全国人均占有量的差额为人均消耗缺口，根据人均消耗缺口和人口数，可计算出云南粮食缺口，结果如表 5.14 所示。

表 5.14 1978—2008 年云南省粮食供应及消耗对照表

年份	年底总人口数（万人）	粮食产量（万吨）	粮食人均占有量（公斤）	粮食人均消耗量（公斤）	粮食人均消耗缺口（公斤）	需省际调剂的粮食量（万吨）	年份	年底总人口数（万人）	粮食产量（万吨）	粮食人均占有量（公斤）	粮食人均消耗量（公斤）	粮食人均消耗缺口（公斤）	需省际调剂的粮食量（万吨）
1979	3 135	792.9	253	342.5	− 90	− 281	1994	3 939	1 146.5	291	374	− 83	− 327
1980	3 173	865.6	273	327.0	− 54	− 172	1995	3 990	1 188.9	298	385	− 87	− 348

续 表

年份	年底总人口数（万人）	粮食产量（万吨）	粮食人均占有量（公斤）	粮食人均消耗量（公斤）	粮食人均消耗缺口（公斤）	省际调剂的需食量（万吨）	年份	年底总人口数（万人）	粮食产量（万吨）	粮食人均占有量（公斤）	粮食人均消耗量（公斤）	粮食人均消耗缺口（公斤）	省际调剂的需食量（万吨）
1981	3 223	917.1	285	327.0	− 42	− 137	1996	4 042	1 246.2	308	419	− 111	− 447
1982	3 283	945.9	288	351.5	− 63	− 208	1997	4 094	1 271.9	311	402	− 91	− 374
1983	3 331	954.4	287	379.5	− 93	− 310	1998	4 144	1 319.5	318	412	− 94	− 389
1984	3 372	1 005.0	298	395.5	− 97	− 329	1999	4 192	1 399.3	334	406	− 72	− 303
1985	3 418	935.0	274	361.0	− 87	− 299	2000	4 241	1 467.8	346	366	− 20	− 84
1986	3 480	870.0	250	372.0	− 122	− 425	2001	4 287	1 486.3	347	356	− 9	− 40
1987	3 534	934.8	265	377.0	− 112	− 398	2002	4 333	1 424.7	329	357	− 28	− 122
1988	3 594	940.7	262	362.0	− 100	− 360	2003	4 376	1 471.0	336	334	2	9
1989	3 648	998.4	274	364.0	− 90	− 329	2004	4 415	1 509.5	342	362	− 20	− 89
1990	3 731	1 061.2	284	393.0	− 109	− 405	2005	4 450	1 514.9	340	371	− 31	− 136
1991	3 782	1 093.0	289	378.0	− 89	− 337	2006	4 483	1 542.2	344	380	− 36	− 161
1992	3 832	1 070.4	279	380.0	− 101	− 386	2007	4 514	1 460.7	324	381	− 57	− 259
1993	3 885	1 085.2	279	387.0	− 108	− 418	2008	4 543	1 518.6	334	399	− 65	− 294

注：人均粮食消耗量为当年的全国人均粮食占有量。

表 5.15　1979—2009 年云南省粮食自给率变化表

年份	年底总人口数（万人）	粮食产量（万吨）	粮食人均占有量（公斤）	粮食自给率（%）	年份	年底总人口数（万人）	粮食产量（万吨）	粮食人均占有量（公斤）	粮食自给率（%）
1979	3 135	792.9	253	0.63	1995	3 990	1 188.9	298	0.75
1980	3 173	865.6	273	0.68	1996	4 042	1 246.2	308	0.77
1981	3 223	917.1	285	0.71	1997	4 094	1 271.9	311	0.78
1982	3 283	945.9	288	0.72	1998	4 144	1 319.5	318	0.80
1983	3 331	954.4	287	0.72	1999	4 192	1 399.3	334	0.84

续　表

年份	年底总人口数（万人）	粮食产量（万吨）	粮食人均占有量（公斤）	粮食自给率（%）	年份	年底总人口数（万人）	粮食产量（万吨）	粮食人均占有量（公斤）	粮食自给率（%）
1984	3 372	1 005.0	298	0.75	2000	4 241	1 467.8	346	0.87
1985	3 418	935.0	274	0.69	2001	4 287	1 486.3	347	0.87
1986	3 480	870.0	250	0.63	2002	4 333	1 424.7	329	0.82
1987	3 534	934.8	265	0.66	2003	4 376	1 471.0	336	0.84
1988	3 594	940.7	262	0.66	2004	4 415	1 509.5	342	0.86
1989	3 648	998.4	274	0.69	2005	4 450	1 514.9	340	0.85
1990	3 731	1 061.2	284	0.71	2006	4 483	1 542.2	344	0.86
1991	3 782	1 093.0	289	0.72	2007	4 514	1 460.7	324	0.81
1992	3 832	1 070.4	279	0.70	2008	4 543	1 518.6	334	0.84
1993	3 885	1 085.2	279	0.70	2009	4 580	1 576.9	344	0.86
1994	3 939	1 146.5	291	0.73	—	—	—	—	—

注：粮食自给率为粮食人均占有量除以人均粮食需求量400公斤。

第四节　小　结

　　云南省属于国家粮食基本平衡区。当前云南省粮食安全的基本形势是：粮食总产量稳步上升但有波动，粮食播种面积上升但人均面积下降，粮食自给率低于全国平均水平。基于云南省是一个边疆、少数民族和山区省份，使得云南省粮食安全面临新的挑战，主要是：云南省农业基础设施落后，地形地貌严重制约了粮食生产基础设施建设；自然灾害频繁且类型多样、灾害程度深，加剧了粮食生产的不稳定性；工业和城市用地挤占粮食生产的"坝子"，良田好地减少；同时，相关粮食生产、土地保护的政策执行不力，削弱了云南省粮食安全的基础。这要求云南省要更加认真地解决粮食安全面临的问题。

第三篇　云南解决粮食安全问题的主要实践及经验

　　面对依然存在并将继续存在的国内外严峻的粮食安全形势，云南省委、省政府始终坚持"保证粮食基本自给，努力分担国家粮食安全责任"的原则，以中低产田地改造、农业"五小水利"工程建设、农业种子改良、坝子农田保护、发展优势特色经济作物和山区农业综合开发等工作为重点，长期不懈地提高粮食综合生产能力和农民的粮食购买能力，走出了一条解决云南省粮食安全问题的特色之路——"坝子保粮、水利兴粮、坡地增粮、科技促粮、以特换粮、生态优粮、森林加粮和境外补粮"，创造了符合少数民族贫困山区实际情况的解决粮食安全问题的"云南经验"。

第六章 解决粮食安全问题的主要实践

面对依然存在并将继续存在的国内外严峻的粮食安全形势，云南省委、省政府始终坚持"保证粮食基本自给，努力分担国家粮食安全责任"的原则，走出了一条解决云南省粮食安全问题的特色之路，创造了符合少数民族贫困山区实际的解决粮食安全问题的云南经验。

第一节 坝子保粮

云南省土地面积有 39.4 万平方公里，按地形看，山地占 84%，高原、丘陵约占 10%，坝子（盆地、河谷）仅占 6%。全省 129 个县（市、区）除昆明市的五华、盘龙两个城区外，山区比重都在 70% 以上，没有一个纯坝区县，有 18 个县 99% 以上的土地全是山地。占全省土地面积 6% 的坝区，集中了 2/3 的人口和 1/3 的耕地。

云南省的坝子之多难以计数，全省面积大于 1 平方公里（1 500 亩）以上的坝子（坡度在 8°以下）有 1 442 多个，面积 2.4 万平方公里左右；面积在 10 平方公里以上的坝子有 375 个，面积 2.2 万平方公里左右，面积在 100 平方公里以上的坝子有 49 个。它们虽然仅占云南总面积的 6%，却是云南最富饶的土地，全省的高稳产田地主要集中在坝子。可利用的平地资源相当有限，随着经济社会的不断发展，城乡建设用地需求不断增加，坝区耕地资源持续减少，土地开发与保护的矛盾越来越突出。据有关部门统计，全省面积在 10 平方公里以上的坝子，目前已被建设用地占用了近 30%，如果不及时进行保护，坝区优质耕地将进一步减少。因此，确保耕地红线和稳定粮食生产的关键就是以坝子为根本，战略性地建设和保护良田良地，实现"坝子保粮"。针对云南山多坝子少的特征，为解决

坝区耕地保护与建设用地需求的矛盾，云南省将转变城乡建设用地方式，实施
"城镇上山"计划，建设山地城镇。

一、实施"城镇上山"计划

（一）"城镇上山"理论

云南的坝子周边荒山荒坡很多，潜力很大，且多为丘陵，地质条件、生态环境、景观效果都比较优越。云南通过实施差别化的土地政策，引导"城镇上山"和工业项目上山，推动城镇尽量向山坡、丘陵发展，多利用荒山荒坡搞建设，少占用或不占用优质农田，努力实现城镇朝着山坡走、良田留给子孙耕的目标。

图 6.1　云南山林间用作耕地的小盆地

云南山多坝子少的地貌特征，决定了保护耕地与满足城乡建设用地需求这对矛盾将长期存在，并会随着经济社会的发展进一步加剧。针对一些地方在规划城镇发展时，存在过量规划、过度超前、求大求快、盲目扩展的情况，在推进城镇建设时，存在过多占用坝区耕地、"摊大饼"式发展的现象，造成坝区优质耕地资源急剧减少。2011 年 8 月，云南省出台了《云南省人民政府关于加强耕地保护促进城镇化科学发展的意见》（云政发〔2011〕185 号），提出了全省保护坝区农田、建设山地城镇的具体目标。明确了城乡建设用地的发展方向，积极引导城镇建设和产业向山地聚集，进一步提高城乡建设用地占用山地的比例，鼓励挖

掘利用空中和地下潜力，提高城镇土地利用强度。为了全面保护坝区耕地资源，云南省将调整完善土地利用总体规划、林地保护利用规划和城镇近期建设规划，加快编制山地综合开发利用规划和村庄建设规划。通过完善规划，划定永久基本农田和城镇发展边界，积极推进城乡建设用地增减挂钩试点，充分挖掘城镇存量建设用地潜力，盘活闲置和存量土地，推行节地型旧城旧村改造，推进内涵式发展，把有限的坝区土地用活用好；鼓励和引导使用山地坡地、未利用地，努力实现土地综合利用和收益最大化。

（二）"城镇上山"计划的具体实施

实施"城镇上山"计划，进一步调整完善土地利用、林地保护利用、城镇近期建设 3 个规划和加快编制山地综合开发利用规划，通过差别化政策引导城镇向山地发展、工业园区向山地布局，走山地、山水、生态型城镇的发展道路，充分利用自然山势、水系，形成高效的城市道路和供排水系统，依山就势，借助自然环境、景观特色，建设与自然面貌有机结合的城市环境，形成独特的城镇风貌。实现"山水田园一幅画，城镇村落一体化，城镇朝着山坡走，田地留给子孙耕"的目标，走出一条具有云南特色的城镇化发展路子。

城镇建设向山地发展必然增加基础设施配套投入成本，通过调整耕地占补平衡政策、减免山地使用费用等手段，努力提高利用山地的比重，大幅提高占用坝区土地的成本，实施严格的坝子耕地保护措施。

各地政府尽快完成土地利用总体规划（2006—2020 年）、林地保护利用规划（2011—2020 年）、城镇近期建设规划的调整完善和制定工作。

强化坝区耕地保护，原则上将坝区 80% 以上的现有优质耕地和山区连片面积较大的优质耕地划为基本农田，实行永久保护。

对在 1 平方公里以上（含 1 平方公里）、平均海拔在 2 500 米以下坝区内占用耕地（含园地）的，除按照规定补充耕地或缴纳耕地开垦费外，还需按照所在区域新增建设用地土地有偿使用费的 20 倍征收耕地质量补偿费，专项用于基本农田保护、适建山地公共基础设施建设和前期开发等。

对占用未利用地的工业项目，土地出让金最低标准可按照《全国工业用地出让最低价标准》的 10% ～ 50% 执行。

图 6.2　为保坝子良田而实施的"城镇上山"项目

按照规划，云南省土地将被划分为几个类别：坡度在 8° 以下的优质坝区土地重点保护，其中有八成耕地将划做永久农田，而坡度在 8°～15° 的土地将成为重点开发区。通过调整规划，政策激励，引导工业项目上山，城镇建设上山，滇中城市化进程将停止"摊大饼"，以组团模式在山峦河谷间与自然共"生长"。其中，芒市、宾川被选定为第一批实施"城镇上山"计划的试点地区。

（三）典型的山地开发类型

（1）以大理为代表的具备向山地布局条件的中心城市，通过借鉴"保护洱海、保护海西、开发海东、开发凤仪"的成功做法，大力推进山地城市建设。

（2）以昆明长水国际机场、丽江火车站为代表的基础设施建设项目，通过科学论证、精心选址，向适建山地布局。

（3）以宜良、普洱工业园区为代表的工业园区用地，通过"项目向园区集中，园区向山地布局"，实现"保护耕地，工业上山、上坡"。

（4）以腾冲、西双版纳为代表的影视、康体、休闲度假等文化旅游产业，根据其提供精神性、娱乐性文化产品的特征，因地制宜、突出特色，大力推进项目向山地发展。

（5）以磨憨、瑞丽为代表的口岸建设用地，结合地理、地貌特征，向适建山地布局。

（6）以楚雄职教园、弥勒中学为代表的教育事业用地，根据实际情况，经过合理选址、严格论证，大力建设"山地校园""坡地校舍"。

（7）以绿春县为代表的地质灾害防治重点地区，通过科学论证，在采取工程措施治理泥石流、滑坡等地质灾害的前提下，实施削峰填谷、推石造地，实现"减负降压、拓展新区"。

（8）以马龙县现代农业产业园、昆明市五华区西翥生态科技试验区为代表的现代农业产业园区，根据宜农则农、宜耕则耕、宜林则林、宜建则建的要求，充分利用山地大力发展种植业、养殖业、林业等现代大农业观光科研项目建设。

（9）以水电、风能和大型水利设施建设为代表的能源项目用地，结合项目用地特点和移民生产生活的实际需要，选择适建山地进行项目建设移民安置，既要使项目实现良好的经济、社会和生态环境效益，又要确保移民"搬得出、稳得住、能致富"。

（10）以富源、昆钢大红山矿区为代表的矿村共建社会主义新农村、构建生态和谐矿区的成功做法，改善矿区所在地的基础设施条件，增加农村群众收入，完善公共服务体系。

二、提高耕地集约化经营水平

（一）通过完善土地承包经营体制，提高耕地集约化水平

云南坝区土地面积有限，特别是坝区耕地资源更是稀缺，由此决定了集约利用将是坝区耕地可持续利用的基本途径和重要措施。近年来，云南省一方面通过完善土地承包经营体制，加强土地承包经营权流转管理和服务，建立健全土地承包经营权流转市场，在不改变土地集体所有性质、不改变土地用途、不损害农民土地承包权益的基础上，按照依法自愿有偿原则，允许农民以转包、出租、互换、转让、股份合作等形式流转土地承包经营权，发展多种形式的适度规模经营和集约经营。截至 2007 年底，云南省土地流转总面积为 100.49 万亩，占承包耕地总面积的 2.6%，比 2002 年的流转面积增加了 50 万亩，自 2002 年以来每年以近 10 万亩的速度递增。2008 年，云南省土地流转总面积扩大到 252 万亩，占承包耕地总面积的 6.5%。

（二）通过运用先进科学技术，提高耕地集约化水平

科学技术是第一生产力，是推进农业产业化和促进农业结构调整的重要支撑力量。在粮食生产过程中，抓住时机，运用先进科学技术，抢占科技制高点，是促进山区种植业结构调整的唯一法宝，运用科学技术对种植业结构的组成进行重新组装，使结构优化升级，使种植业向高一级的生态系统转化，这种转化必须输入新的能量，进行新的资本投入，使投入产出率更高，投入的有效利用率更大，系统的稳定性更强。采取政府扶持政策，对山区农村劳动力在农业生产技术、技能和电脑等方面进行培训。

全省粮食生产科技含量不断增加，机械化水平大大提高，粮食单位面积产量逐步提高。2008 年，我省科技对农业的贡献率为 48%，比 1978 年的 27.5% 提高了 20.5%。从 1949 年到 2008 年，我省粮食单产有了较大的提高。从 1949 年的 103.8 公斤提高到 1978 年的 156.6 公斤，再提高到 2008 年的 247.17 公斤，总体上呈现出不断攀升的趋势，2008 年全省粮食单位面积产量比 1949 年提高了 143.37 公斤，增长了 138.1%，年均增长 1.5%。

不难看出，农业发展的历史就是科技进步的历史，科技进步推动着社会的进步，是种植业结构调整的主要动力，农业科技使农业生产的结构得到改进，使农业生产条件、手段发生了根本性的改变，使农业劳动生产率不断得到提高。可以说，农业发展与农业结构调整的过程，就是科技进步的过程。

农业科技进步得到迅速发展和推广应用，一是化学肥料的使用；二是从 20 世纪 60 年代开始就利用杂种优势，农业生产上种植杂交水稻、杂交玉米，实施品种改良；三是坡改梯，大修农田水利，增强了抗御自然灾害的能力，发挥了巨大的效益；四是改革耕作制度，提高复种指数；五是推广一批先进技术，推广了肥球育苗技术、高山地膜玉米、马铃薯晚疫病防治技术、农作物高产优质综合技术（如水稻旱育抛秧技术）等；六是栽培技术得到改进。通过这些技术的应用，极大地提高了农业生产力。

同时，由于耕地和水资源约束日益增强，云南省通过加强设施装备建设，依靠科技进步优化种植制度，因地制宜地提高耕地复种指数，提高资源利用率和土地产出率，增强综合生产能力，尤其是滇西南的普洱、西双版纳、德宏、临沧等州（市）的复种指数得到了显著提高，充分发挥这些地区优越的水热条件，有效地促进了坝区耕地的集约化利用水平。

第二节　水利兴粮

　　水是生命之源、生产之要、生态之基。兴水利、除水害，事关人类生存、经济发展和社会进步，历来是治国安邦的大事。促进经济长期平稳较快发展和社会和谐稳定，夺取全面建设小康社会新胜利，必须下决心加快水利发展，切实增强水利支撑保障能力，实现水资源可持续利用。近年来，我国频繁发生的严重水旱灾害，造成重大生命财产损失，暴露出农田水利等基础设施十分薄弱，必须大力加强水利建设。

　　水利是现代农业建设不可或缺的首要条件，是经济社会发展不可替代的基础支撑，是良好的生态环境不可分割的保障系统，具有很强的公益性、基础性和战略性。加快水利改革发展，不仅事关农业农村发展，而且事关经济社会发展全局；不仅关系到防洪安全、供水安全、粮食安全，而且关系到经济安全、生态安全、国家安全。要把水利工作摆在党和国家事业发展更加突出的位置，着力加快农田水利建设，推动水利实现跨越式发展。

　　自新中国成立以来，特别是改革开放以来，党和国家始终高度重视水利工作，领导人民开展了气壮山河的水利建设，取得了举世瞩目的巨大成就，为经济社会发展、人民安居乐业做出了突出贡献。但必须看到，人多水少、水资源时空分布不均是我国的基本国情、水情。洪涝灾害频繁仍然是中华民族的心腹大患，水资源供需矛盾突出仍然是可持续发展的主要瓶颈，农田水利建设滞后仍然是影响农业稳定发展和国家粮食安全的最大硬伤，水利设施薄弱仍然是国家基础设施的明显短板。随着工业化、城镇化深入发展，全球气候变化影响加大，我国水利面临的形势更加严峻，增强防灾减灾能力要求越来越迫切，强化水资源节约保护工作的任务越来越繁重，加快扭转农业主要"靠天吃饭"局面的任务越来越艰巨。2010 年，西南地区发生特大干旱，多数省区市遭受洪涝灾害，部分地方突发严重山洪泥石流，再次警示我们加快水利建设刻不容缓。

　　针对云南水资源分布不均匀、农田工程性缺水问题突出、开发利用水平低等粮食生产的瓶颈问题，近年来，云南通过实施"润滇工程""五小水利"工程等，走出了一条"水利兴粮"的实践之路。

一、实施"润滇工程"

(一) 工程由来

云南是水资源时空分布极度不均匀的省份，拦蓄雨洪、蓄丰补枯是云南水资源开发利用的主要手段。但长期以来受计划经济的影响，云南水利建设一直投资不足，水源工程底子薄、基础差、欠账多，工程性缺水、资源性缺水和水质性缺水并存，尤以工程性缺水最为突出。在全面建设小康社会进程不断加快，城乡生产生活用水需求刚性增长趋势不可逆转的形势下，我省水资源短缺矛盾日益尖锐，已成为制约经济社会发展的主要瓶颈问题。云南省委、省政府高度重视我省工程性缺水问题，积极抢抓国家实施西部大开发和发行国债资金加大水利建设投入的机遇，把水源工程建设定位为我省水利建设和投资安排的重点领域。

2001 年云南将 2 个大型水库、48 个中型水库"打捆"建设，统称"润滇工程"上报国家。"润滇工程"得到国家的大力支持，云南水利建设由此驶入了"快车道"，以大中型水库为建设内容的"润滇工程"成为云南省骨干蓄水工程的统称。

(二) 工程概况

在国家的大力支持和云南省委、省政府的高度重视下，"润滇工程"在 2007 年以前开工了 22 个项目，2007 年开工了 11 个项目，2008 年开工了 10 个项目，2009 年开工了 11 个项目，54 个工程总投资 98.29 亿元，累计安排投资 55.56 亿元，其中：中央投资 16.57 亿元，省级投资 27.71 亿元，地方自筹、其他投资 11.28 亿元。自"润滇工程"实施以来，投入的水利工程建设资金占改革开放以来全省水利工程建设总投资的一半以上。新中国成立后，全省建成大中型水库 100 多个，"润滇工程"就占了 54 个。这些工程的建设，明显地改善了城乡供水紧张状况。随着"润滇工程"的建设，全省蓄水工程的供水量从"九五"末的 58.4 亿立方米提高到 2008 年的 66.1 亿立方米，其中工业和城镇生活供水增长量最快，增加了 3.51 亿立方米，为当地经济社会的快速发展奠定了坚实的基础，明显地改善了农民生产生活条件。"润滇工程" 52 个大中型水库建成后，新增蓄水库容 8.75 亿立方米，新增灌溉面积 200 万亩，新增供水量 11.8 亿立方米，极大地改善了农村生产生活条件，为保证我省粮食安全，巩固提升烟、糖、茶等传统优势产业,加快发展花卉、中药材等新兴特色产业和促进山区群众脱贫致富打牢了基础。

2008 年与 2000 年相比,全省蓄水工程的供水量从 58.4 亿立方米提高到 66.1 亿立方米;有效灌溉面积从 2 105 万亩提高到 2 305 万亩,其中万亩以上灌区从 190 个增加到 196 个。通过工程项目的建设,有效扩大和改善了项目区的农田灌溉条件,促进了粮食播种面积的扩大,提高了粮食复种指数,确保了干旱年份也能获得较高的产量,从而降低了粮食生产的波动。54 个"润滇工程"的大中型水库建成后,将新增蓄水库容 8.75 亿立方米,新增灌溉面积 200 万亩,新增供水量 11.8 亿立方米。届时,将明显地改善城乡供水紧张状况和农村生产生活条件,促进粮食生产,保障云南省粮食的生产与安全。

2009—2010 年,云南遭受百年一遇的特大旱灾后,省政府及时召开全省水利建设专题工作会议,印发了《云南省人民政府关于进一步加快水利建设的决定》(云政发〔2010〕86 号),提出"兴水十策",在实施一期"润滇工程"基础上,继续推进二期"润滇工程",力争"十二五"末新建大中型水库 50 余个、小型水库 200 个以上,并作出了从 2010 年起 3 年内,开工建设 100 个以上骨干水源工程的重大战略部署,将水利建设摆上更加重要的战略位置,以全新的思路和举措倾力破解水利瓶颈制约,具体建设内容包括 3 个大型水库、41 个中型水库、56 个重点小型水库的骨干水源工程。

随着"润滇工程"的实施,预计 2010—2030 年期间云南将建成 230 个大中型水库(各时期规划建成骨干水库工程详见表 6.1),遍布全省六大流域水系和 16 个地州市,蓄水库容为 89.32 亿立方米,兴利库容 66.64 亿立方米,设计总供水量为 51.31 亿立方米,其中城乡生活供水 6.33 亿立方米,工业供水 5.66 亿立方米,农业灌溉供水 39.32 亿立方米。

表 6.1 2010 年、2020 年、2030 年规划建成骨干水库工程

(单位:万立方米)

	2010		2020		2030	
	大型水库	中型水库	大型水库	中型水库	大型水库	中型水库
总库容	9 8555	105 216	200 999	152 985	124 786	190 884
兴利库容	6 9731	81 569	119 442	113 635	106 305	153 832

续 表

		2010		2020		2030	
		大型水库	中型水库	大型水库	中型水库	大型水库	中型水库
设计供水量	合计	4 9621	96 282	54 591	164 763	85 472	188 665
	工业	—	12 208	15 736	28 672	54 347	18 623

资料来源: 云南省水利厅、云南省发展和改革委员会《云南省重点水源工程近期建设规划报告》(2010)。

启动"滇中引水工程"。滇中引水工程已纳入国家"十二五"建设规划,竣工后可以横贯 8 个州市,实现五湖相通、四水相连。2011 年 5 月,水利部也正式批准立项。至此,云南水利建设"一大""一小"的格局已基本形成。

二、推进"五小水利"工程建设

(一)"五小水利"工程

"五小水利"工程,是小水窖、小水池、小泵站、小塘坝、小水渠的总称,主要是面向干旱山丘的小型水利工程。

小水窖:在干旱地区(如黄土高原)修筑的坡面蓄水工程,其水面不受阳光直接照射,蒸发量小。

小水池:功能类似小水窖的、用于储水的池子。

小泵站:由水泵、机电设备及配套建筑物组成的提水设施。

小塘坝:拦截和贮存当地地表径流的蓄水量不足 10 万立方米的蓄水设施。

小水渠:农田灌溉常利用江河之水,通过地面上所开沟渠,引入农田。水渠是人工开凿的水道,有干渠、支渠之分。干渠与支渠一般用石砌或水泥筑成。

(二)"五小水利"工程建设的意义

一是发挥了蓄水的作用。在降雨偏少,蓄水量明显减少的情况下,"五小水利"工程具有投资小、见效快、覆盖广的抗旱保水作用,避免了群众大面积缺水情况的发生。

二是缓解了饮水困难问题。在抗旱救灾期间,已建的"五小水利"工程在河流小溪断流、水源枯竭时,充分利用仅有的蓄水缓解供水区内人畜饮用水紧张的问题。

三是发挥了应急功能。在面临突发性干旱或缺水时，可以发挥临时应急保水作用。

（三）具体实施

针对地形特点、资源条件和经济发展水平，云南省大力开展以收集雨为主的"五小水利"建设突破口，以缓解广大农村粮食生产和农业发展的水资源瓶颈问题。缺水制约着我省山区农业的发展，群众修建小水窖、小水池等（"五小水利"工程），雨季蓄水，旱季取水保苗，收到了显著效果。水利部门及各地政府针对山区群众投入能力不足的实际，实行国家扶持为主、群众投工投劳为辅的民办公助办法，开展"五小水利"工程建设，各地普遍采取明晰产权的做法，从体制机制上保障了群众自己建设、自己管理、自己受益的权益，确保"五小水利"成为农民群众自家的工程，并长期发挥效益。在该项工程发展较早的地区，群众把"库、塘、渠、窖、井"串联起来，形成水源互补，这被群众称为"金线吊葫芦"的"五小水利"网，走出了具有云南山区特色的治水兴水之路。

图 6.3　灌溉用的小水窖

目前，分布在全省各地的 305 万个"五小水利"工程的具体实施项目，有效解决了 1 260 多万亩旱地的浇水保苗问题，走出了一条"散水集用、小水大用、丰水枯用"的山区集雨节灌的路子。

结合骨干水源工程，云南省进一步加大"五小水利"工程建设力度，以有效解决山区农业"靠天吃饭"的问题。根据云南省水利厅编制的《云南省百万件山区"五小水利"工程建设规划》，2010—2012 年期间，全省将建成 110 万个山区"五小水利"工程项目，其中小水窖 80 万个、小水池 21 万个、小塘坝 1 万个、小水渠 7.32 万个、小抽水站（含机电井）0.68 万个。新增蓄水容积 2.6 亿立方米，人均新增蓄水容积达到 5 立方米以上，新增供水能力 7.3 亿立方米，解决和改善了 760 万人的饮水问题，新增灌溉面积 300 万亩，改善灌溉面积 800 万亩，农村人口人均新增和改善灌溉面积 0.3 亩以上。按照规划要求，2010 年全省投资 45 亿元建设了 40 万个"五小水利"工程项目，其中小水窖 30 万个、新建和改扩建小塘坝 0.18 万个、小水池 7 万个、小水渠 2.59 万个、小泵站 0.23 万个。到"十二五"末，山区"五小水利"工程建设将完成 200 万个以上，新增供水效益在 2012 年的基础上翻一番。"五小水利"工程促进了山区农田基础设施建设，有效地改变山区粮食生产靠天吃饭的面貌，加快了粮食新品种和新技术的推广应用，提高了粮食单产水平和供给能力。

图 6.4 生活用的小水窖

三、发展节水农业

（一）节水农业

节水农业是提高用水有效性的农业，是根据农作物生长发育的需水规律以及当地自然条件下的供水能力，为有效利用天空降雨和灌溉水来达到农作物最好的增产效果和经济效益而采取的各种措施，是水、土、作物资源综合开发利用的系统工程。衡量节水农业的标准是作物的产量及其品质和水的利用率及其生产率。节水农业包括节水灌溉农业和旱地农业。

（二）节水农业的优点

1. 节约土地

以往传统的灌溉方法是水通过干渠、支渠、斗渠，毛渠五级渠道输送到田间，在田间还要挖大量的埂、畦、沟渠，这样真正有效的种植面积只有70%～80%，而采用喷、微灌等措施，可代替田埂、沟渠，可增加种植面积15%～20%，节约土地。

2. 经济效益好

节水农业使农民增产、增收。一方面，采用节水灌溉后节约下来的水可以扩大可灌溉的农田面积，以此来增加产量；另一方面采用节水灌溉有利于运用科学的方法进行灌溉，因为采用节水灌溉是可以根据作物生长需求按时按量进行灌溉，有利于作物的生长，因此总的说来采用节水灌溉技术能显著增加农业产量。当然，由于节水灌溉的方法很多，各有不同的优缺点，因此必须因地制宜地作出正确的选择，并采取科学的管理办法，才能达到增产的目的。采用节水灌溉普遍能取得节水、节能、节地，省工、省肥、省钱，增产、增收的效果，因此群众将节水灌溉的优点总结为"三节、三省、二增"。

3. 减轻农田水利建设的工作量

节水技术促进了农业现代化的发展。采用传统的地面沟灌、畦灌、自流漫灌，要平整土地，这就加大了农田水利基本建设的工作量。采用喷灌后，土地基本不需要平整，种地实现了"三无"，即无渠、无沟、无埂，大大减少了水利建设的工作量，有力促进了农业发展的机械化、产业化、现代化。

4. 有利于保护环境

渠道防渗，田间实行节水灌溉，就能有效地防止由大水漫灌造成的土壤次生盐碱化，缓解了由地下水超采和大量引用河水带来的环境问题。

节水最终的目的是高效用水。节水灌溉是节水农业的中心，是水利现代化的重要组成部分，也是农业现代化的重要组成部分，是农村可持续发展的有机组成部分。

（三）节水农业具体实施

云南省坚持以科学发展观为指导，按照建设资源节约型、环境友好型社会以及加快转变农业发展方式的要求，牢固树立"节水增产、节水增效"的理念，针对作物生长的需水规律和农业水资源利用特点，综合运用工程、农艺、生物、管理等措施，加快技术集成，以示范区建设为平台，在更大规模和更高层次上示范推广节水农业技术；建立以政府为主导、社会各界广泛参与的投资机制，大幅增加农田节水资金投入；进一步强化职能和手段建设，建立和完善土壤墒情监测网络体系，建立和完善基层节水农业推广服务体系。逐步形成节水农业政策体系、技术体系和工作体系，加强分类指导，提高水资源优化配置能力和水分生产效率，为保障粮食安全和促进农业发展方式的转变提供强有力的支撑。

我省降水量充沛，但时空分布不均，且地形复杂，工程性缺水比较突出。近几年季节性干旱发生的频率越来越高，干旱缺水对农业生产的威胁越来越大。季节性干旱地区重点是加强坡改梯以及田间集雨、灌排设施建设，增强蓄水调水能力，围绕玉米、马铃薯等作物，主推地膜覆盖、生物覆盖和集雨补灌等技术。在经济园艺作物上发展以现代微喷灌、水肥一体化为核心的高效节水技术。在水田推广水稻浅湿薄晒灌溉、控制灌溉等技术，促进水肥运用的耦合。

2000 年，云南全省节水灌溉率仅为 14.6%，而全国平均节水灌溉率为 36%，上海的节水灌溉率已达到 64%，发达国家更是大于 80%；灌溉水分生产率为 0.74 ～ 0.97 公斤／立方米，平均为 0.89 公斤／立方米，小于国家节水灌溉技术规程规定的 1.2 公斤／立方米，与发达国家的用水效率差距更大，只有以色列平均水平 2.23 公斤／立方米的 40% 左右。全省灌溉水利用系数平均也仅为 0.486 左右（详见表 6.2）。农业用水效率的低下，加剧了水资源的供需矛盾，影响和制约了云南粮食生产和农业发展。

近年来，通过加快节水农业的发展，因地制宜地采取渠道防渗、低压管灌等节水措施，在现有灌区开展续建配套和节水改造工程建设，在有条件的地方大力发展喷灌、滴灌等高效节水模式，减少输水损失，农业水资源利用效率得到了有效的提高。在具体实践中，全省以面积 1 万亩以上大中型灌区和小型灌区粮食主产区和粮食生产基地为重点，加快实施灌区骨干工程续建配套，完善水源工程的输配水渠（沟）系统，发挥灌区改造整体效益，新增和改善有效灌溉面积，提升灌区管理和信息化水平，提高灌溉保证率和水资源利用率。"十一五"期间，实施了 12 个大型灌区和 55 个重点中型灌区续建配套与节水改造工程建设，平均每年建成 1 000 公里干支渠防渗工程，新增有效灌溉面积 30 万亩，有效促进了粮食增产。

表 6.2 2000 年云南省各地节水灌溉面积

（单位：万亩，公斤／立方米）

州、市	工程措施					非工程措施	节水灌溉率	水分生产率	灌溉水利用系数
	合计	渠道防渗	管道输水	喷灌	微灌				
昆明	38.9	29.9	8.9	0.1	0	8.2	0.2	1.0	0.54
曲靖	58.4	51.8	6.4	0.2	—	17.1	0.2	1.0	0.51
玉溪	42.3	41.2	1.0	0	0	—	0.3	0.9	0.49
保山	16.3	12.9	3.2	0.2	—	—	0.1	0.9	0.41
昭通	14.0	10.6	2.7	0.7	—	20.9	0.1	0.7	0.55
丽江	6.1	6.1	0.1			0.9	0.1	0.8	0.45
普洱	19.9	19.7	0.1	0.1	0	0.5	0.1	0.8	0.40
临沧	11.7	11.7	—			8.9	0.1	0.8	0.43
楚雄	31.2	30.4	0.6	0.1	0	0.2	0.2	1.0	0.53
红河	7.4	5.9	1.1	—	0.3	0.2	0	0.8	0.50
文山	38.6	36.2	2.4	0	—	12.4	0.3	0.8	0.48
西双版纳	0.7	0.7					0.0	0.9	0.44
大理	9.2	8.1	0.1	0.1	1.0	3.6	0.0	0.9	0.52
德宏	0.7	0.5	0.1			0.5	0.0	0.9	0.47
怒江	5.1	5.1	—				0.3	0.7	0.43
迪庆	7.2	7.2					0.4	0.7	0.40
全省	307.6	278.1	26.6	1.5	1.4	73.6	0.1	0.9	0.49

资料来源：2008 年水资源配置阶段报告。

表 6.3　全省节水灌溉面积

（单位：万亩，公斤 / 立方米）

年份	工程措施					非工程措施	节水灌溉率	水分生产率	灌溉水利用系数
	合计	渠道防渗	管道输水	喷灌	微灌				
2000	307.6	278.1	26.6	1.5	1.4	73.6	0.1	0.9	0.49
2020	1 293.9	1 123.8	116.0	30.3	23.8	1 472.8	0.5	1.2	0.58
2030	1 743.9	1 481.8	176.0	48.3	37.8	2 053.7	0.6	1.4	0.62

资料来源：2008 年水资源配置阶段报告。

根据远期 2030 年云南各项农业节水措施投入和技术经济的发展水平的预期，全省农田灌溉节水潜力为 41.26 亿立方米，占全社会总节水潜力的 79.8%。随着"润滇工程"和各项节水工程的实施，将大幅提高粮食生产的节水灌溉率、水生产效率和灌溉水利用系数（详见表 6.3）。

第三节　坡地增粮

云南省 129 个县（市、区）都有山区，有 1 235 个乡（镇）属于山区范围，占全部乡镇总数的 91.4%，耕地资源 70% 以上属于坡地，粮食增产的关键也在坡地。近年来，云南通过坡地整治、中低产田改造和实施"沃土工程"等措施，对坡耕地进行大力改造，使之成为粮食增产的增长点。

一、土地整理

按国家制定的《土地开发整理规划编制规程》的要求，土地开发整理包括"改造中低产农田、园地、林地、草地和水面，建成现代化高标准农田，提高土地利用率和产出率的潜力"。如果按这个标准来衡量土地开发整理的范畴，那么，云南省除已建成的 200 万公顷（3 000 万亩）高产稳产田之外，其他 400 余万公顷耕地都可以列入土地整理的范畴，还不包括可以提高利用率的园地、林地、草地和水面，还有开矿、挖沙取土的复垦。这就必须在充分考虑土地开发条件，经济建设发展的水平和层次，粮食和农产品的供求关系，各地区之间的平衡等情况的基础上全面、有机、分阶段地明确我省土地开发整理的范围。

云南省现有的农田中普遍存在着田块分割细碎、田坎过多、道路沟渠不整、农田基础设施不完善、零星未利用地和废弃地多的现象，加之农村居民点布局零散，土地利用率低的情况。因此，通过合理规划，整治道路沟渠，平整归并零散地块，充分利用零星土地，对现有农村居民点逐步实施迁村并点、治理"空心村"、退宅还田等整理措施，可以有效增加耕地面积。"云南省土地利用战略研究"课题显示，云南省土地整理增加耕地潜力32.72万公顷，占全省土地开发整理增加耕地总潜力的48.05%。

二、土地开发

云南省拥有大量荒山荒地，宜农土地后备资源丰富，开发潜力较大。根据"云南省土地利用战略研究"课题的结果，云南省土地开发增加耕地潜力为31.12万公顷，占全省土地开发整理增加耕地总潜力的45.70%。

三、土地复垦

土地复垦是指对在生产建设或自然灾害过程中，因挖损、塌陷、压占等造成破坏的土地，采取整治措施，使其恢复到可供利用的状态。土地复垦是一个动态的过程，因此实际复垦量也存在不确定性。据《云南省土地利用战略研究》课题调查，目前，我省土地复垦增加耕地潜力为4.26万公顷，占全省土地开发整理增加耕地总潜力的6.25%。同时云南省已完成了土地复垦方案的省级论证33个，计划复垦面积4 195公顷，估算投资3.36亿元。并且，云南省积极开展"空心村"、工矿、砖瓦窑废弃地整治工作。全省共清查出"空心村"、工矿、砖瓦窑废弃地13 625公顷，完成了33个项目的方案评审和备案工作，共投入资金4 693万元，预计复垦面积923公顷，新增耕地746公顷，为守住耕地红线奠定了坚实的基础，为粮食增产创造了条件。

综上所述，在未来十年，只要执行到位、措施有力，确保我省不突破 598 万公顷（8 970 万亩）的耕地红线是可行的，按照粮食播种面积占耕地面积不低于 70% 的比例计算，可确保 433 万公顷左右（6 500 万亩）的粮食播种面积。

四、实施"兴地睦边"工程

"兴地睦边"农田整治重大工程项目是国土资源系统在全国实施的农村土地整治十大项目之一，是云南省中低产田地改造工程的重要组成部分。该工程是中央支持西部地区和边疆民族地区发展、支持农民增收、农业增效、农村发展的具体行动，社会和经济效益十分明显，对维护民族团结、确保边疆稳定、促进农民增收具有重大意义。

云南省 8 个州（市）的 25 个边境县（市、区）与越南、缅甸、老挝三个国家的 6 个省（邦）32 个县（市、镇）接壤，有 22 个少数民族世居于边境县（市），少数民族人口占区域总人口的 60%。25 个县（市、区）中，有 17 个县（市、区）为国家或省级贫困县，年人均纯收入不到全国平均水平的一半。共有耕地 1 900 多万亩，其中坡、旱地 1 280 多万亩，占耕地总面积的近 70%，农民人均拥有高稳产田仅 0.49 亩，生存条件严重不足，必须通过大规模的土地整治，进行坡改梯、小改大、旱改水、配套农田水利、修建田间道路和增加农田防护工程等，增加耕地数量和提高耕地质量，使这些地区跑水、跑土、跑肥的"三跑地"，变成保水、保土、保肥的"三保田"，使耕者有其田、种田可安居，从而实现守土固边的目标。

2007 年底，省政府向国务院上报了《云南省人民政府关于请求支持西部生态建设地区云南省"兴地睦边"农田整治重大工程建设的请示》，同时云南省国土资源厅向国土资源部上报了重大工程可行性研究报告和实施方案。2009 年 11 月 4 日，该项目通过了国土资源部、财政部的评审，这是自新中国成立以来云南边境地区一项最大的惠民工程。2011 年 1 月 18 日，云南省"兴地睦边"土地整治项目启动仪式在耿马县勐永镇"望城坡"举行，标志着这个备受党中央、国务院高度重视，边疆人民期盼已久的"民生工程"进入全面实施阶段。该工程包含 420 个项目区，惠及 8 个州（市）25 个边境县（市、区）的 645 万人，估算总投资 86.2 亿元，其中国家投资 51.6 亿元、省级投资 34.4 亿元，建设总规模 323 万亩，计划 5 年内完成。项目实施后，预计新增耕地 23.2 万亩、新增粮食生产能力 106.4 万吨，区域内农民人均高稳产田面积将由 0.49 亩提升到 1 亩，这对当地农民脱贫致富，保护耕地、保障国家粮食安全，稳定边疆、促进民族地区经济社会发展具有十分重大的意义。

为了保证"兴地睦边"工程的顺利实施，各县（市、区）成立"兴地睦边"项目领导小组和工程指挥部，统筹组织"兴地睦边"工程的实施；抓好各级"兴地睦边"项目试点工作，保证项目有序推进。同时，抓好新农村建设试点，做好片区规划和年度项目实施计划，实行项目在线监测，加强项目的中间验收，严格项目管理程序，严格项目资金的财务管理，做好项目的宣传发动和权属调整工作，加强项目管理培训，加强中介机构和施工单位的管理，把项目实施好，为边疆民族群众整治出更多的富饶土地。

图 6.5　云南云县泥石流滩涂

五、整治山区坡耕地

（一）实施意义

山区坡耕地已成为我省水土流失的主要来源地之一，水土流失导致的土地退化，已严重影响到坡地的综合生产能力。开展山区坡耕地水土流失综合整治是改善农民生产生活条件、增加农民收入、推进社会主义新农村建设的民生工程。

山区农田中普遍存在着田块分割细碎、田坎过多、道路沟渠不整齐、农田基础设施不完善、零星未利用地和废弃地多的现象，存在着农村居民点布局零散、用地利用率低等问题。云南省按照"改造中低产农田、园地、林地、草地和水面，建成现代化高标准农田，提高土地利用率和产出率的潜力"的要求，在充分考虑土地开发条件，经济建设发展水平和层次，粮食和农产品供求关系，各地区之间的平衡等情况的基础上全面、有机、分阶段地明确山区坡耕地的整治范围，有效地增加耕地面积和提高耕地产出水平。

图 6.6 云南云县泥石流滩涂改造后

在坡耕地质量的整治与建设上，云南省大力推进以坡耕地"坡改梯"为主体的耕地综合整治，稳步提升耕地质量和产出率。通过合理规划，整治道路沟渠，平整归并零散地块，充分利用零星土地，对现有农村居民点逐步实施迁村并点、治理"空心村"、退宅还田等整理措施，有效增加耕地面积和提高耕地质量。同时，高度重视喀斯特山区石漠化土地的综合整治，大力改造"石旯旮地"、推进喀斯特山区的土地生态环境建设，从而使区域粮食生产的可持续发展得到了有力的保证。

（二）实施措施

1. 坡耕地改造

云南省坡耕地改造工程在坡度为 5°～25° 的坡耕地中进行，尤以 15°～25° 的坡耕地为主，试点面积一般不低于 500 亩。对于大面积、规模连片的坡耕地应以"山、水、田、林、路统一规划"为原则，因地制宜地进行合理的规划布局。

2. 生态林网建设

坡地开发整治应注重生态屏障的建设，采用"山顶戴帽"进行造林绿化，涵养水源，避免把整个山丘"剃光头"；对于坡度在25°以上的坡耕地，应逐步退耕还林，同时，应与田间道路建设等结合，建设生态林网，改善小气候。

3. 坡面水系整治

一是排水。应在梯田上方修筑截水沟、排水沟，拦截上部坡面来水，防止坡面冲刷；结合道路建设，布设排水沟；在梯田内侧开挖竹节沟，并与道路排水结合，形成排水系统。二是灌溉。可以通过引水进行田间灌溉，如引水水源较远，可以通过布设沉沙池、蓄水池等，利用坡地排水系统就地拦蓄田间径流。通过合理布设一系列沟、池、渠，形成蓄、引、灌、排系统，做到"水不乱流，泥不下山"。

4. 田面工程建设

水平梯田应做到田面水平，外侧有地埂，内侧有竹节沟，夯实成型，如坡度较大、田面较小，可以建成反坡梯田，以增强蓄水保土能力。梯坎要因地制宜，可分别筑成土坎、石坎或土石混合坎。田坎利用应种黄花菜和百喜草等植物覆盖保护。田埂被冲毁处应及时修补复原。对于锥栗园和毛竹园，可以修筑山边沟等工程。

5. 田间道路建设

与排水系统结合，合理建设坡地机耕道和田间作业道，并相应地做好植被覆盖，保持水土。

6. 田间耕作措施

对于幼龄茶、果园田面，应适当进行间作套种作物或绿肥等，增加地面覆盖，保持水土。对于所有茶园、果园，都要合理利用和管理好自然生草，梯壁要改除草为劈草，可以利用自然生草增加田面覆盖。

（三）实施效果

第一，水、林、田、路得到合理配置；生态林网、坡面水系、道路基本完善；田面水保工程建设和田间耕作措施按治理标准实施到位。

第二，坡地植被覆盖得到提高，水土流失得到有效控制，土壤侵蚀模数控制在500t/km2.a以下。

第三，坡地土地综合生产力得到明显改善，作物产量和品质明显提高。

六、建设高稳产农田地

图 6.7　云南坡改梯建设工程

2009 年云南省人民政府出台了《关于加快中低产田地改造的意见》（云政发〔2009〕177 号），提出 2009—2020 年完成中低产田地改造 2 000 万亩的任务，其中山区改造 1 500 万亩，累计建成高产稳产田地 5 000 万亩，实现全省农民人均拥有 1 亩以上高稳产农田的目标。中低产田改造的重点应逐步由坝区转向广大山区坡耕地，着力抓好山区耕地质量建设，大幅度提高梯田（梯地）化水平，发展梯田（梯地）农业。中低产田改造通过集中连片规划、统一实施，以建设"管成网、田成方、路相连、渠相通、旱能灌、涝能排、机能耕、车能运、田园化、生态化"的高标准农业基础设施为目标，以山区、半山区改造为重点，以县（市、区）为平台，整合发改委、国土资源、农业综合开发、水利、农业、烟草等部门和单位的项目资金，确保按期完成高稳产农田地的建设任务。两年来，全省共投资 75 亿元，完成中低产田地改造 600 万亩。建设完成小型水利工程 19 120 个，修筑沟渠 10 332 公里，建设机耕路 8 200 公里，铺设管网 12 344 公里；完成坡改梯 26.97 万亩，实施生物农艺措施 110.25 万亩，新增耕地面积 6 万余亩，农民人均至少增加了 0.2 亩高稳产农田。通过工程、生物、农艺措施的综合改造，全省中低产田地改造取得了明显成效：抗灾能力明显增强，耕作条件明显改善，生产成本明显降低，土地质量明显提升，耕地数量明显增加，产业发展明显加快，农民收入明显提高，农村环境明显好转，农民即将告别靠天吃饭的历史。

图 6.8　云南坡改梯建设成果

云南在中低产田地改造工作中，中央及省级财政每年投入 30 亿元左右资金，带动州县投入、银行融资、企业投资、社会筹资和农民投工投劳，力争每年投入中低产田地改造资金 50 亿元。2011 年，云南省委、省政府继续把中低产田地改造作为全省重点督查的 20 项重大建设项目之一，各级财政对中低产田地改造投入稳定增长。

依靠农业科学实用技术，加强山区耕地保护和质量建设，以改造坡耕型、缺水型、渍涝型为重点，以保土保肥保水、能排能灌、旱涝保收为标准，采取治水改土并重，工程措施与科技措施并举的方式，修建管道、水池等灌溉设施，对引水困难、灌溉设施缺乏的旱地，用生物篱固保墒工程技术措施来控制水土流失，提高土壤含水量。实践证明，山区坡耕地实施中低产田地改造后，每亩可多生产粮食 50 ～ 100 公斤。

七、实施"沃土工程"

（一）"沃土工程"的实施背景

"沃土工程"是通过实施耕地培肥措施和配套基础设施建设，对土、水、肥三个资源的优化配置和综合开发利用，实现农用土壤肥力的精培，水、肥调控的精准，提升耕地的土壤基础地力，使农业投入和产出达到最佳效果，从而增强耕地持续高产稳产能力。"沃土工程"包括土壤肥力的培育、水资源的合理利用及肥料的科学使用等相关技术手段。"沃土工程"的实施方法是测土配方施肥、保护性耕作等。

（二）实施"沃土工程"的意义

"沃土工程"作为现代农业发展的基础，在推进现代农业建设中发挥了重要作用。实施"沃土工程"，不仅是增加农民收入、改善农村环境、带动农业结构调整、发展循环经济的需要，而且是推进社会主义新农村建设和发展现代农业的必然要求。

1. 实施"沃土工程"，是保证耕地资源可持续利用的战略选择

多年来，工农业废弃物排放、化肥农药的过量使用、不合理灌溉方式等因素，严重影响了耕地资源的有效、持续利用。目前，全省耕地土壤养分除有效磷含量较丰富外，土壤有机质、全氮和速效钾含量属中等偏下水平，不利于作物的高产、稳产。在土壤物理性状方面，由于耕地营养失衡，土壤次生盐渍化、耕层变浅、耕性变差等现象严重，导致了耕地综合生产能力降低。落实科学发展观、发展现代农业，要求我们要善待土地，不能再把耕地当做人类生产生活的垃圾场，而应对耕地这种人类赖以生存的"大物业"进行活化管理和保护，并使这种善待土地的观念得到社会的广泛认可。

2. 实施"沃土工程"，是保障粮食生产稳步提高的重要措施

云南作为土地资源十分稀缺的省份，随着工业的发展和人口的增长，土地短缺问题日益突出。同时，耕地后备资源不足，开垦难度越来越大。通过实施"沃土工程"，提高土地肥力，增加单位产量，是保障粮食生产稳步提高的重要措施。

3. 实施"沃土工程"，是服务农民的现实需要

近年来，国家出台了良种补贴、农机补贴、测土配方施肥等一系列支农惠农政策，旨在支持和促进农业发展、农民增收，提高农业竞争力。但不容回避的是，我省农业基础承载能力在下降，耕地生产效益在减少。究其原因，一方面是农业投入产出比例不合理，影响了农民种地的积极性；另一方面是云南省作为经济欠发达地区，农民不愿意再在追肥等农艺操作上耗时费力，耕地管理粗放。现实要求我们要给农民提供新的选择，既要按照不同土壤、不同作物的需肥规律来

供给养分，大幅提高肥料利用率，又要改进农艺管理技术、减轻农民操作强度，使服务农民、服务农业的手段跟上形势的需要。因此，开展"沃土工程"建设，建立测土配方施肥专家咨询系统等数字化农业信息服务体系和装备，用现代技术集成解决农事操作中的具体问题，具有十分重大的现实意义。

4. 实施"沃土工程"，是建设节约型社会的重要内容

肥料一直是粮食增产的主要因素，在当前农业生产离不开肥料的客观条件下，如果不提高肥料利用率而只一味增加肥料投入量，犹如在一个有漏洞的锅里只顾注水而不去堵漏，投入越多损失越大，从这种意义上说，节肥的重要性至少不亚于节水。因此，实施"沃土工程"，采取测土配方施肥等综合措施提高肥料利用率，减少肥料损失，才能实现节本增效，促进节约型经济的发展。

5. 实施"沃土工程"，是保证农业生态环境和人民身体健康的迫切要求

实施"沃土工程"，协调农业投入的管理，建立耕地土壤质量建设与安全管理和评价体系，是保证农业安全生产和人民健康的重要手段。

（三）具体实施

围绕提升耕地持续产出能力、土肥新技术创新转化能力、耕地质量动态监测能力等，以增施有机肥、培肥地力为主，以完善耕地质量监测网络为手段，提高耕地内在质量，逐步建立全省耕地质量监测体系，分区域、有步骤地建设耕地质量监测点和耕地质量监测区域站，逐步完成全省 100 个农业县（市、区）的耕地地力调查与质量评价和耕地农田的分等定级工作，全面掌握全省耕地土壤养分状况、地力等级。

引导农民积极施用有机肥，确保每年全省实施粮作秸秆还田面积在 2 000 万亩以上并改善土壤理化性状，提升土壤有机质。加大测土配方施肥推广力度，不断加强土样采集测试、配方设计、施肥指标体系建立和地力评价等基础工作，开展测土配方施肥技术普及示范县创建工作，因地制宜地建立示范推广整村、整乡等整建制推进测土配方施肥的有效模式和工作机制，从而实现整县推进。2010年，全省粮食测土配方施肥面积已达到 3 066 万亩，并通过建立"定地、定时、定作物、定化肥量"的科学施肥示范区，发挥示范带动作用，提高了肥料利用率。大力开展旱作节水农业示范，在粮食作物集中的山区、半山区，采取工程、生物、农艺措施相结合，实施集水蓄水节灌、生物篱固土节水、秸秆还田覆盖等节水技术模式，提高了示范区粮食作物的平均单产。

图 6.9　云南洱源土地整治前

图 6.10　云南洱源土地整治后

第四节　科技促粮

近年来，云南省紧紧抓住科学技术进步和经济快速发展给全省粮食生产带来的后发优势和跨越式发展的历史机遇，依靠科技进步，加快科技成果产业化发展进程，按照良种、良田、良法和良境的要求，实施稳定面积、提高单产和提升品质的战略，充分挖掘云南粮食生产潜力，进一步提升云南粮食综合生产能力，从而实现粮食稳定增产。

一、建设良种基地

图 6.11　烤烟、玉米间作增粮

按照整体规划、夯实基础、突出重点、分步实施的思路，分阶段完成种子工程项目建设，建立和完善了全省种子繁育体系。针对我省气候特点和作物品种分布的具体情况，采取自育和外引相结合的方法，以水稻、玉米、马铃薯、麦类等主要粮食作物为主，建设了 80 多个省级粮食作物良种繁育基地；根据不同生态类型区，分作物建立区域性的原原种（原种）繁殖区、大田制种基地，每年保持良种繁育面积 40 ～ 45 万亩、生产种子 1 亿公斤，保证了大面积推广使用。2010年，全省粮食良种推广面积达 3 441 万亩，水稻良种覆盖率达到 92% 以上，玉米良种覆盖率达到 95% 以上，小麦良种覆盖率达到 82% 以上，马铃薯良种覆盖率达到 50% 以上。

通过粮食作物品种区域试验站建设，在部分州市以及粮食生产重点县（市、区）建成了 50 个布局合理、功能完备的作物品种区域试验站，形成新品种引试和示范网络，为新品种的审定、示范、推广提供科学依据。通过政府引导、企业自主经营，组建和扶持一批种子供应企业，确保全省粮食生产种子供应。加强了种子质量监测体系建设，进一步完善省级种子检测中心的功能，加快了 16 个州、市种子检测分中心及 2 个南繁种子纯度种植鉴定基地建设，逐步构建了粮食作物制种及用种区的种子质量监督检验体系，确保了粮食生产用种的质量安全。

二、开展粮食高产示范区创建工作

按照稳定面积、提高单产的要求，在全省开展了以水稻、玉米、马铃薯、麦类等四大粮食种类作为重点的高产示范区建设。每个示范区由百亩核心区一个、千亩展示片一个和万亩示范区组成，以优质高产示范区为平台，整合农业科研、教学、推广等各方面的资源和力量，建立各区域、各作物、各种植方式集成配套的精确定量栽培、测土配方施肥、节水农业技术、免耕保护性耕作等粮食作物高产优质生产技术体系，依托农业科技推广体系，按照技术人员直接到户、良种良法直接到田、技术要领直接到人的要求，各地结合实际，把良种、良法、规程、模式等集为一体，实行统一供种、统一种植节令、统一机耕、统一田间管理和统一病虫害综合防治"五统一"，开展高产创建，推行标准化生产，并通过举办现场观摩、田间指导、专家咨询等活动，让广大农民"看到、听到、问到、学到"组装集成的先进适用技术，提高了科技的到户率和到田率，将小面积的攻关田、试验田和专家田变成大面积的农业高产田。通过创建示范区良种覆盖率达 100%，共展示水稻、玉米、马铃薯等优质专用和高产品种 70 多个。2010 年，全省完成粮食高产创建万亩示范区 632 个，辐射带动 3 266.3 万亩，实现粮食增产 35.3 万吨。

三、实施利用农业生物多样性种植技术增粮的工程

采取集成组装高矮搭配品种、合理安排共生时间、科学运筹肥水、统筹病虫害防治等综合措施，加大生物多样性高效立体种植模式推广力度，把"天"拉长、"地"拉宽，提高粮食作物复种指数，充分挖掘耕地潜力。通过建立高产展示核心区，扩大推广示范片，发展周边辐射带，有效扩大甘蔗套种玉米、马铃薯面积，增加玉米套种马铃薯、大豆种植面积，大力发展烤烟地套种玉米、马铃薯

面积，并因地制宜地扩大粮菜、粮果、粮桑等间套种高产栽培模式的推广面积，实现了粮食播种面积和产量的提高。2010 年，全省 4 004 万亩农田推广了间套种技术，实现粮食增产 19.3 万吨。

图 6.12　利用农业生物多样性种植技术增粮

四、启动建设现代农业产业技术体系

云南省于 2009 年启动建设水稻、玉米、马铃薯、生猪、奶牛、甘蔗、油菜、蚕桑等 8 个省级现代农业产业技术体系。由首席科学家领衔，构建起由产业技术研发中心、综合试验站、区域推广站 3 个层级构成的推广新模式，建立起科研来自生产、研究引领产业的成果快速转化通道，让农业科技成果真正"落地开花"。

为破解农业科技研究与推广应用严重脱节的难题，实现科研、试验、推广和生产的无缝对接，云南省决定按照优势农产品区域布局规划，围绕产业发展需求，建设从产地到餐桌、从生产到消费、从研发到市场各个环节紧密衔接、环环相扣的省级现代农业产业技术体系。2009 年启动建设水稻、玉米、马铃薯、生猪等 8 个省级现代农业产业技术体系，体系集中了 8 个产业领域的 166 名技术骨干力量，建立了 8 个产业研发中心、61 个功能研究室岗位、39 个综合试验站和 66 个现代农业产业技术体系综合示范区，各个层级各司其职、分工协作，充分利用体系平台和机制优势，实行"开放、流动、协作、竞争"的运行机制，打破行政区划、部门和学科界限，集聚优势资源，进行农业技术的研发、转化及推广应用，实现农业科技研究与推广应用的大联合、大协作，打通科研、试验示范、推广和生产之间的快速通道。力争到 2015 年，在全省初步建立起水稻、玉米、马铃薯、杂粮等体系完善的功能研究室、综合试验站、区域推广站、设立不同作物的高产综合示范区，形成科研推广结合、不同层次、上下联动、以点促面的现代农业产业技术体系和推广新模式，到 2020 年使农业科技覆盖率达到 90% 以上，为全省的粮食安全提供强有力的科技支撑。

五、农业科技入户示范工程

科学技术是第一生产力，科技进步是新时期我国农业发展最具决定性的关键措施。为了提高农民科学文化素质和科技应用水平，加强农业部门科技创新和推广能力，农业部于 2004 年 12 月启动了科技入户工程，云南省农业科技入户示范工程也于 2005 年开始启动。文山州广南县是农业部科技入户工程唯一部级试点县。同时，云南选择保山市隆阳区、昆明市寻甸县、昆明市晋宁县、曲靖市宣威市、红河哈尼族彝族自治州建水县 5 个县（市、区）（以下简称县）作为省级农业科技入户示范工程试点县，共推广 14 个的主导品种和 22 项的主推技术。农业科技入户工程广泛依托基层农业科技推广试验示范机构，构建了"省级专家—县级专家组—技术指导员—示范户辐射户—普通户"的科技成果转化快捷通道，旨在通过专家指导和科技人员进村入户的服务方式，培养一大批觉悟高、技术强、留得住的科技示范户，并辐射带动周边农民应用新品种、新技术，从而促进农业科技成果转化、提高粮食等主要农产品综合生产能力，受到了广大农民和科技人员的普遍欢迎。

科技入户工程实施以来，通过"良种良法直接到田，科技人员直接到户，技术要领直接到人"的"三直接"和面对面、手把手的"零距离"服务，使农业科技得到推广应用，效果明显，并加强了基层农业推广体系建设。

六、建立"四级"农作物疫情防控体系

在国家重大农作物病虫害治理工作中，云南被列为国家重大流行性病害小麦条锈病，冬、春、秋季主要菌源治理地，国际性迁入稻飞虱、稻纵卷叶螟"两迁"害虫的初始虫源阻击区域，以及外来性有害生物重要阻击地带。按照农业部对于植物保护工程二期工程建设的要求，全省逐步建立起了省、州（市）、县、乡四级云南省重大植物疫情阻截体系、农作物病虫害监测和控制体系以及县以下基层重大病虫害应急防治体系。按照病虫害发生区域性特点，在全省组建了 31个县级植物疫情阻击站、124 个农业有害生物预警控制站、25 个农业有害生物综合治理试验站，基本实现了对危险性重大病虫害的有效阻击和对重大病虫害的及时预警及有效防控，使粮食作物遭受到病虫害所产生的损失明显降低。

第五节　以特换粮

随着人们生活水平的提高，特色农产品成为粮食的替代品和补充品，因此可以通过特色农产品增效、农民增收，增强农民购买和获取粮食的能力。通过农业产业结构调整和优化，云南在粮食安全方面走出了一条以特换粮的道路，既避免了云南普通农产品生产在基础设施、土地、运输等方面的竞争劣势，又可以充分挖掘、发挥自然和生物多样性的优势。

云南具有大力发展高原特色农业的优越自然禀赋，属低纬高原，地貌形态呈立体状分布，山地、丘陵、盆地、河谷兼有。气候优势突出，共有 7 个气候类型，光热充足、雨热同期、春早冬晚，适宜多种农作物生长。物种优势明显，素有"植物王国""动物王国"的美誉。产业基础扎实，烟草、茶叶、花卉等在国内外都有较大影响。还有开放的地缘优势，与越南、老挝、缅甸三国相邻，有利于发展外向型开放农业。

云南优越的自然禀赋和发展基础，决定着云南高原特色农业拥有吸引眼球

的"四张名片":丰富多样、生态环保、安全优质、四季飘香。它们是云南高原特色农业的最大潜力和最大卖点,也是云南推动农业现代化进程、加强生态文明建设、实现可持续发展的应有内涵。它们是一个有机整体,要努力打响"四张名片",做到"丰富多样"显特色,"生态环保"出效益,"安全优质"作保障,"四季飘香"强竞争。

云南大力发展高原特色农业,通过充分利用独特条件和自身优势,以保障农产品供给、增加农民收入为主要目标,广泛运用现代科学技术、先进管理经验和现代生产经营组织方式,打造云南在全国乃至世界有优势、有影响、有竞争力的"云系""滇牌"绿色战略品牌,以品牌带动产品生产,以产品带动产业发展,努力走出一条具有云南高原特色的农业现代化道路。

云南省通过发展高原特色农业,探索现代农业新路、补齐农业产业短板、增强农业竞争能力、促进农民持续增收。

云南将建设高原粮仓、特色经作、山地牧业、淡水渔业、高效林业、开放农业作为发展高原特色农业的"六大重点内容"。在此基础上,打造云烟、云糖、云茶、云胶、云菜、云花等"十二大品牌",加快形成关联度高、带动力强、影响深远的云南高原特色农业产业和品牌。

通过发展高原特色农业,到 2016 年,云南要力争实现"三个翻番""四个突破":农牧业综合产值达到 7 000 亿元以上,农民人均纯收入达到 10 000 元以上,农产品出口额达到 65 亿美元以上,在 2011 年的基础上实现翻番目标;粮食总产量突破 400 亿斤,畜牧业综合产值突破 2 000 亿元,林业综合产值突破 1 500 亿元,农产品加工产值突破 2 000 亿元。

一、调整农业产业结构

充分发挥自然资源的特点和优势,在稳定发展粮食生产的基础上,大力发展比较优势突出的经济作物,优化农业产业结构,促进农业增效和农民增收。2010 年全省粮食产量达到 1 650 万吨,实现自 2003 年以来连续 8 年稳定增产，农、林、牧、渔业产值比重分别由 2005 年的 52.3∶9.9∶31.8∶2.1 调整为 51.1∶10.2∶32.5∶2.7；经济作物播种面积占农作物总播种面积的比重为 32%，粮经种植结构由 2005 年的 70∶30 调整为 2010 年的 68∶32，主要经济作物种植面积达到 4 200 多万亩，特色经济林面积达到 4 100 多万亩。

图 6.13　云南花卉交易市场

二、巩固传统优势经济作物

通过技术进步和产业链延伸，不断巩固和提升烟、糖、茶、胶四种传统优势作物的竞争力。在烤烟生产上，积极发展规模、质量、效益协调统一的现代烟草农业，加快现代化烟田基础设施建设，增强优质烟叶保障能力，2010 年全省烤烟种植面积为 621 万亩，生产烤烟 95.4 万吨，种植面积和产量稳居全国第一位。在甘蔗生产上，加强高产高糖甘蔗新品种选育，做好早、中、晚熟品种合理搭配，提高甘蔗单产和含糖率，加速"吨糖田"和高优蔗园建设，2010 年全省甘蔗种植面积为 454 万亩，生产甘蔗 1 751 万吨，种植面积和产量稳居全国第二位。在茶叶生产上，着力抓好优质高效生态茶叶原料基地建设，扩大无性系良种茶园规模及标准化种植基地建设规模，2010 年全省茶叶种植面积为 550 万亩，生产茶叶 20.7 万吨，种植面积位居全国第一位，产量位居全国第二位。在天然橡胶生产上，优化种植布局，改造低产低质胶园，推广胶木兼优的良种种植和新型割胶技术，2010 年全省橡胶种植面积为 500 万亩，生产橡胶 33 万吨，种植面积和产量稳居全国第二位。

三、拓展新兴优势经济作物

大力发展花卉、咖啡、蔬菜、蚕桑、水果、中药材、观赏苗木和木本油料等新兴优势经济作物。2010 年，农产品直接出口创汇达 12 亿美元，出口额连续十多年位居西部省区第一位。蔬菜已成为全国重要的出口基地，销往 20 多个国家和地区。鲜切花出口 35 个国家和地区。食用菌出口 22 个国家和地区。咖啡出口 20 多个国家和地区。全省新兴优势经济作物种植面积达到 3 000 万亩以上。

图 6.14　云南小粒咖啡

截至 2011 年 12 月，全省经济作物种植面积达到 4 200 多万亩，特色经济林面积达到 3 500 多万亩，烟叶、橡胶、茶叶、花卉、核桃、咖啡、小桐子 7 个产业的种植面积位居全国第一位；烟叶、橡胶、鲜切花、核桃、咖啡、小桐子的产量位居全国第一位；甘蔗种植面积及产量均位居全国第二位，马铃薯种植面积位居第四位、产量位居第三位，蚕桑面积位居第三位、蚕茧产量位居第五位。山地畜牧业发展方面，2011 年全省畜牧业产值占农林牧渔总产值的比重已达 33%，部分县（市、区）已占 50% 左右。

2009 年云南省制定并实施了《云南省生物产业发展规划纲要（2009—2015

年）》，进一步加大投入和扶持力度，着力打造优势突出的生物产业，重点建设以生物多样性保护和可持续利用、中药及民族药为特色，努力将云南建设成为产业特色鲜明、创新能力强、集聚程度高的天然药物产业基地；以优势特色农产品深加工、绿色健康食品生产为切入点和突破口，努力将云南建设成为全国重要的木本油料、绿色健康食品生产出口基地；以生物制造、康复医疗服务业作为实现跨越发展的重点，努力将云南建设成为全国重要的生物制造基地、国内外知名的康复医疗基地，全省优势特色生物产业发展进入了一个快速发展时期。

第六节 生态优粮

农业生态环境的好坏，在很大程度上制约着农业生产的发展，必须正确处理好资源保护与开发利用之间的关系，不断改善生态环境，实现粮食的可持续发展。根据《国务院关于编制全国主体功能区规划的意见》（国发〔2007〕21号），云南省属于限制开发区，要求坚持保护优先、适度开发、点状发展，因地制宜发展资源环境可承载的特色产业，加强生态修复和环境保护，逐步建成全国或区域性的重要生态功能区。因此，大力发展生态农业，加大生态环境保护和建设，构筑粮食生产的生态屏障，是云南今后发展的必然选择。

一、发展生态农业

生态农业是以生态经济学原理为指导，建立起来的一种新型的现代农业生产方式。它要求按照生态经济系统本身运动的规律性，使用各种经济、技术措施，一方面能保持和改善自然界的生态平衡，另一方面又能充分利用各种自然资源，取得最大的经济效益。生态农业既能充分合理地利用、保护和增殖自然资源，加速物质循环和能量转化，生态效益显著；又能为社会创造数量多、质量好、品种丰富的农产品，满足人们对农产品不断增长的需求。因此，生态农业的发展，必将促进整个国民经济的全面发展。

建立农业生产循环经济机制，按照高产、优质、高效、生态、安全的要求，不断优化品种品质结构，调整种植制度，把发展粮食生产与发展多种经济作物结合起来，把种植业与林、牧、渔业结合起来，协调粮食生产发展与环境保护、资源利用的关系，利用物种间的互利作用，减少污染环境的化学品使用，降低生产成本，提供安全健康的粮食产品。2010 年，全省 50% 以上的农产品产地通过无公害农产品产地认证，80% 以上菜篮子产品实现标准化生产，无公害农产品、绿色食品、有机农产品和农产品地理标志产品认证数量达到 3 000 个以上。

二、构建粮食生产的生态保护屏障

为加强生物多样性保护，省政府出台了《云南省人民政府关于加强滇西北生物多样性保护的若干意见》，建立了云南省生物多样性保护联席会议制度。发布了《滇西北生物多样性保护丽江宣言》（简称"《丽江宣言》"）和《2010 国际生物多样性年云南行动腾冲纲领》（简称"《腾冲纲领》"）。以《丽江宣言》和《腾冲纲领》为标志，基本形成了政府主导、科技支撑、企业支持、社会参与，积极抢占生物多样性保护制高点的局面。实施《云南省生物多样性评价指标体系试点及物种资源调查》项目，在全国首次以县域为单位对全省生物多样性进行评价，开展了 18 个县（市、区）的生物物种资源重点调查。生物多样性保护的成效获得了良好的社会反响，受到国际、国内的关注与肯定。

不断深化生态建设示范区创建工作，在全省 12 个州（市）70 余个县（市、区）开展了生态创建工作，现已建成 4 个全国生态示范区，16 个国家级生态乡镇、1 个国家级生态村，188 个省级生态乡镇。进一步加强自然生态保护监管，加强自然保护区管理和规范化建设，全省建成各级各类自然保护区 162 个，其中国家级 16 个、省级 44 个、州市级 59 个、县级 43 个。

不断建立健全农业生态环境补偿机制，多渠道筹集生态效益补偿资金，提高补偿标准，逐步形成有利于保护耕地、水域、森林、草原、湿地等自然资源和农业物种资源的激励机制，切实搞好退耕还林、退牧还草、天然林保护、石漠化治理、泥石流治理等生态建设工程，促进生态系统的自我修复功能和生态环境的改善，不断提高粮食综合生产能力。"十一五"期间，全省共完成人工造林 3 100 万亩，年均增长 10% 以上，人工种草 600 多万亩，水土流失治理面积 1.39 万平方公里，森林覆盖率从 49.91% 提高到 52.93%。一系列生态工程的实施和生态环境的不断改善，为实现粮食生产可持续发展，确保粮食安全提供了重要保证。

第七节　森林加粮

　　森林是大自然的宝库，不但拥有大量的木材资源，同时还蕴藏着丰富的野生动植物和食用菌等森林特产资源，许多森林树木的根、皮、果、汁、叶等都可加工成为食品和饮料。近年来，云南充分发挥森林资源优势，积极开发利用森林食品，有效促进食物供给的增加和粮食安全水平的提升。

一、充分挖掘森林食物潜力

图 6.15　云南野生蕨菜

　　保障世界粮食安全，不仅要使食物数量满足人类消费水平提高的要求，也要注重食物品质和营养的提高，更要与生态环境保护和谐统一。然而，世界耕地及其生产潜力的提高有限，传统的"化石"农业发展路径已经遭遇瓶颈。扩大食物来源，充分发掘森林、草地、水域等食物来源的生产潜力是大粮食安全战略的重要思路。占世界陆地总面积30.39%的森林蕴藏着丰富、高品质、绿色的食物资源，依据食物营养成分表计算各大类食物所提供的能量、蛋白质、脂肪等重要营养元素的数量，得出森林食物对人类能量、蛋白质和脂肪的贡献分别为8.5%、2.48%和5.01%。

　　云南森林面积广，自然条件优越，森林食物资源丰富，种类繁多。结合资源和市场需求特点，近年来云南不断加大森林食物的开发，以增加食物来源。一是积极发展红枣、柿子、板栗、银杏、木薯等被称为"铁杆庄稼"的木本粮食；二是充分利用沙棘、白茨、越桔、野蔷薇、酸枣、金樱子等森林水果果实鲜美、果味纯正、没有污染、富含维生素、氨基酸和微量元素以及具有高营养价值和药用价值的特点，开发相应的果汁、果酱、果酒、果冻以及饮料；三是大力发展核桃、油茶、油橄榄、澳洲坚果等木本油料，提高木本油料综合利用率；四是加快野生食用菌、香椿、刺五加、金雀花等森林蔬菜开发。近年来，政府有关部门加大了对森林食品开发的扶持力度，在财政、信贷、税收、用地等方面给予优惠，培育、扶持了一批辐射面广、带动力强的森林食品龙头企业，打造了一批市场竞争力强的森林食品知名品牌。

图 6.16　云南香椿

图 6.17　云南野生竹笋

图 6.18　云南野生鸡枞菌

图 6.19　云南野生牛肝菌

二、加快森林食品基地建设

云南通过政府引导、业主开发、农民自愿的方式，建立了一批以龙头企业为主体、科技推广为依托的森林食品原料基地，并逐步建立和完善了森林食品从原料到产品上市一系列的质量标准安全监督检测体系，采取基地、企业自检与监督抽检相结合的办法，严格控制防腐剂的使用量。在适生区建立森林食品名、特、优商品生产基地，采取天然野生资源利用与人工栽培基地建设并举，将原料来源由野生为主逐步过渡到人工规模栽培为主，扩大种植面积，提高集约化经营水平。目前，香椿、刺五加、臭菜、树头菜、金雀花等森林蔬菜的人工栽培有效地提高了经济效益，增加了蔬菜供给。已逐步将云南的土地资源、森林资源优势转化为森林食品原料优势，初步实现原料基地化，提高了规模效益，使森林食品产业向规模化、产业化、标准化、集约化发展。

第八节　境外补粮

云南与越南、缅甸、老挝等东南亚国家有着广泛的联系，特别在农业国际合作与交流方面，与东盟国家有较强的互动性。云南依据特殊区位优势，充分利用"两种市场、两种资源"，有效地拓宽了粮食来源渠道。

一、积极开展境外粮食种植合作

云南省地处边疆，全省有 8 个州市 25 个县（市、区）249 个乡镇 2 097 个村毗邻越南、缅甸、老挝三国。缅甸、老挝两国均为欠发达国家，经济基础薄弱，经济发展水平较低，产业技术水平落后，但两国均有优越的自然条件、丰富的土地资源和廉价的劳动力。中缅、中老具有较强的经济互补性，通过开展罂粟替代种植项目，充分利用周边国家优越的自然资源条件，发挥我国良种和技术优势，提高境外补粮水平，同时借助粮食返销有效增加云南粮食供给。自 1990 年起，云南省在境外缅甸、老挝北部地区开展了罂粟替代种植、发展替代产业的战略举措，它改变了罂粟种植区农民的生产生活观念和生存方式，提高了他们的生活水平，促进了当地经济的良性发展，有效地遏制了"金三角"地区的罂粟种植，这是国际禁毒合作的一个创举，也是云南省对外经济合作的一个创举。截至2010年底，云南省在缅甸、老挝北部开展境外罂粟替代种植面积已达310余万亩，其作物主要包括粮食、经济作物，有189家云南企业赴境外开展罂粟替代种植项目。

图6.20　老挝肥沃的稻田

图6.21　境外粮食种植合作

近年来，在巩固替代种植成果的基础上，云南省充分利用自身的粮食生产技术优势，尤其是种子资源，积极扩大境外粮食种植合作。不仅帮助境外某些国家部分地解决了粮食安全问题，而且通过粮食种植技术推广，主导了这些地区的粮食生产和供应，比如云南省农科院粮作所自主选育的"云光"系列优质两系杂交稻在越南、老挝等4个国家喜获丰收。"云光"系列在越南、缅甸、老挝和巴基斯坦4个国家累计推广100万亩，新增产值8 850万元，"云光14号"和"云光17号"获得越南和巴基斯坦的新品种认定，"云光14号"成为云南省首个在境外认定和注册商标的杂交稻品种，"云光"系列成为我省农业科技"走出去"的典范。

二、建立健全境外粮食企业风险应对机制

粮食替代种植不仅面临自然和市场风险，而且还存在境外罂粟替代产业管理机制缺陷等风险。为有效抵御风险和保障经营主体利益，中国政府与缅甸、老挝政府签署了罂粟替代产业发展的双边政府合作框架协议，建立替代产业发展的经常性协调机构，加强与周边国家的磋商，协调"金三角"地区合作的法律、法规和政策，解决好市场准入、出入境管理、货币结算和兑换、投资利益保护、企业人身财产安全保障、环境保护等一系列问题，为粮食企业境外发展罂粟替代产业项目创造良好的投资环境。云南省也不断加强保险和担保制度建设，完善境外替代项目的保险支持政策，帮助投资主体有效规避境外生产风险，给予境外种粮一定的保费费率优惠，信用保险机构提供风险保障服务、提供出口信用保险及担保服务，加强银行、保险和粮食替代种植企业之间的协作，降低企业在境外投资的风险。

三、推进粮食企业对外开放

为了促进国内粮食企业实施"走出去"战略，云南省不断健全境外替代种植的组织保障和制度机制。成立了以省人民政府副省长为组长、省级16个部门共同组成的云南境外罂粟替代发展工作领导小组，建立了相关部门分工合作的工作

协调机制，制定出台了《云南省境外罂粟替代企业（项目）管理暂行办法》《云南省境外罂粟替代种植返销国内农产品进口审批管理操作办法》《云南省禁毒境外替代种植发展专项资金管理实施暂行办法》《云南省省级境外罂粟替代种植发展专项资金管理暂行办法》和《云南省境外罂粟替代发展核查工作管理办法（暂行）》等规章制度和管理办法。云南毗邻缅、老两国边境的 6 个州（市）和省会昆明市也相继成立了替代发展领导小组及办公室，加强了对替代发展工作的领导和管理。

为了加强行业管理、增强行业自律、提高企业素质，2008 年成立了云南省境外罂粟替代发展行业协会，目前已有 120 家单位成为会员。通过构建云南省境外粮食替代种植发展的信息服务平台，积极为替代种植企业提供及时有效的技术支持和咨询服务，解决企业在开展替代种植过程中所遇到的技术问题和信息不对称问题，并在人才培训、经营管理等方面提供服务与支持，提高企业的生产、管理和营销能力，增强其竞争力。

第九节　小　结

云南省在发展粮食生产的实践中，充分发挥云南优越的气候条件、良好的生态环境、丰富而具有特色的生物资源以及毗邻东南亚国家的地理区位优势，走出了一条以城镇化发展模式创新，建设"山地城镇"，加强坝区耕地保护和提高耕地集约化利用效率的"坝子保粮"之路；以骨干水源工程为重点，大力实施"五小水利"建设工程，充分提高水资源利用效率的"水利兴粮"之路；以工程项目为重点，以"坡改梯"为突破口，建设山区高稳产农田地的"坡地增粮"之路；实施利用农业生物多样性种植技术增粮工程，强化良种与良法配套工程，突出粮食生产高产创建示范带动作用的"科技促粮"之路；优化农业生产结构，利用"名、优、新、特"产品促进农民增收的"以特换粮"之路；构筑粮食生产生态安全屏障，突出安全、生态要求的"生态优粮"之路；实施"森林云南"计划，充分挖掘森林食物潜力的"森林加粮"之路；利用区位、技术优势，实施"走出去"战略，大力发展境外粮食合作生产的"境外补粮"之路。

第七章　基本经验

第一节　坚持粮食基本自给，努力分担国家粮食安全责任

云南省坚决执行"米袋子"首长负责制，努力实现坚持粮食基本自给的粮食安全目标，努力分担国家粮食安全责任。通过严格实行"米袋子"首长负责制，将粮食安全置于首位，层层落实粮食安全目标和任务，稳定粮食生产。

一、实行"米袋子"首长负责制

"米袋子"首长负责制旨在落实和强化地方政府一把手在保证粮食稳定供应和保持物价稳定上的责任。"米袋子"首长负责制把维护国家粮食安全作为"第一责任"，以高度的政治责任感抓好粮食生产，保证粮食种植面积和总产量稳定增加，确保粮食生产的基础地位不动摇。

作为全国粮食产销平衡区的云南，为充分发挥我省生态较好、物种丰富、光热条件好的自然条件优势，加强保护耕地和基础设施建设，强化扶持粮食生产的政策措施，充分调动农民种粮、地方抓粮的积极性，提高农民种粮的积极性，尤其是关注贫困地区、少数民族地区的粮食生产和种粮意愿，云南省委、省政府始终坚持实行"米袋子"首长负责制，制订和认真落实"百亿斤粮食增产计划"，巩固和提高粮食生产能力，确保粮食自给率的稳定和提高，完善粮食储备，提高保供稳价能力，努力分担国家粮食安全责任。

云南省委、省政府高度重视粮食行政首长负责制的考核工作，成立了由省

委常委、常务副省长任组长，省政府分管副秘书长任副组长，省级有关部门负责人为成员的粮食行政首长负责制考核工作领导小组。领导小组下设办公室，由省粮食局局长兼任办公室主任，负责粮食行政首长负责制考核日常具体工作。2011年4月省政府与16个州市政府签订《稳定物价保障市场供应责任书》，要求各地全面落实"米袋子""菜篮子"行政首长负责制，对本地区耕地保有量、粮油播种面积、粮食生产、市场供应、商业库存、价格稳定等负总责。各级政府和相关部门主要负责人在工作安排、资金投入上动真格，把粮食生产的目标任务落实到作物种植、落实到地区。

"米袋子"首长负责制推动了省际产销合作机制的建立，以保障粮食储备安全。按照"政府推动、部门协调、市场调节、企业运作"的原则，以市场为导向，以经济利益为纽带，支持省内外产销双方充分发挥各自的比较优势，形成多元化的合作格局，发展长期稳定的产销合作关系。通过省级储备粮动态储备工作的开展，云南与省外粮食主产区建立了长期稳定的合作关系，带动了省外主产区大量粮食和粮食企业进入云南，丰富了云南粮油市场供应。"米袋子"首长负责制凝聚了云南粮食工作的整体合力。推行粮食行政首长负责制后，省、州（市）、县（市、区）政府和有关部门之间的配合协作能力大大提高，粮食总量平衡、粮食产量、粮食储备规模、粮食质量、粮食风险金配套、粮食流通秩序、粮食企业竞争力等一系列硬指标逐步得到落实。

二、层层落实粮食安全目标和任务

一是科学制定云南粮食安全标准。按照国家粮食安全的标准，结合云南省的实际情况，通过科学合理的推测，制定了云南省粮食安全标准指标：①粮食自给率不低于90%；②各地区储备数量按"产区保持3个月销量、销区保6个月销量"的要求进行储备，粮食储备率［年末粮食储备和商业库存占年度总消费量（简称库存消费比）］的14%～18%之间；③人均粮食年占有量不低于350～400公斤；④确保2015年全省耕地保有量保持在9 015万亩以上，基本农田面积保持在7 431万亩以上，到2020年，全省耕地保有量保持在8 970万亩以上，基本农田面积始终保持在7 431万亩以上。

二是细化粮食自给率目标。根据优势农产品区域布局规划，综合各地的自然和经济条件，在充分反映比较优势的基础上，结合工业化和城镇化提速及经济作物争地的客观现实，科学确定云南粮食自给率目标并将粮食自给率目标细化至各州（市）、县（市、区）。总体而言，西双版纳、德宏等地的水稻自给率目标高于全省平均水平，滇东北的昭通、曲靖等州市的玉米、马铃薯自给率目标高于全省平均水平，而怒江、迪庆等州市的整体的自给率目标则定得相对低些。

三是分解和强化粮食安全责任。就粮食安全问题而言，粮食主产区将起着非常重要的作用，但是其他地区的作用也同样不能忽视。因此，在全面摸清云南粮食安全的基本现状、制约因素及影响粮食安全责任落实条件的基础上，将粮食安全责任按照农产品主产区分解至各州（市），州（市）再分解至县（市、区），明确各地区各自粮食自给的比例和需要达到的数值。强化粮食安全责任，建立地方粮食安全分级责任制。在粮食安全全局性的意识下，全面落实粮食安全地方首长负责制。省级政府负责全省的耕地和水资源保护、粮食总量供需平衡，统一管理粮食进出口，健全粮食储备，调控粮食市场和价格，支持各地发展粮食生产，不断完善各项强农惠农政策措施，促进和保护农业和粮食产业发展。各级人民政府负责本地区耕地特别是基本农田保护、水土资源保护、粮食生产、流通、储备和市场调控工作。各级各部门通过层层签订责任书，建立省、州（市）、县（市、区）、乡（镇）、村、户的层层负责制，将落实粮食种植面积和粮食增产的任务分解到乡镇，责任落实到人；制订粮食生产指导性计划，并纳入有关部门实行目标管理；切实做到领导到位、措施到位、指导到位、服务到位，形成上下重视粮食生产、齐心搞好粮食生产的良好氛围。

第二节　围绕重大工程的实施，提高粮食综合生产能力

通过实施山区综合开发计划、中低产田地改造工程、坡改梯工程、高稳产农田地建设工程、"润滇工程""兴地睦边"工程和利用农业生物多样种植性技术

增粮工程、"优质粮油生产基地建设工程"和"百亿斤粮食增产计划"实施工程等重大工程，云南省建设了一批高产稳产粮食基地，并围绕基地配套良种良法，着力改善粮食生产条件，提高全省粮食综合生产能力。

一、围绕重大工程建设粮食生产基地

云南省紧紧抓住实施一系列农业重大工程的机遇，加强中低产田地改造，完善田、水、路、电配套，增加高稳产农田数量，按照"突出基本口粮、支持重点区域、强化基层设施、集中连片建设"的总体思路，以优质稻、玉米、马铃薯、麦类四大主要粮食作物和豆类、薯类、荞麦等其他小杂粮为主，布局了一批粮食生产和加工等产业发展的重点区域，全面实施粮食生产能力建设项目。项目建设以完善田网、渠网、路网等基础设施为主攻方向，大力开展土壤改良和地力培肥，配套建设良种繁育基地，积极推广高产高效集成技术，促进粮油加工、仓储物流等粮食流通能力的提升，有效改善了粮食生产和产业发展的基础条件，推进全省粮食生产能力上了一个新台阶。

2011 年云南省实施了"3699"工程：即优质水稻、优质玉米、优质麦类等 3 大粮食基地建设；生猪、肉牛、肉羊、奶源、家禽、水产养殖等 6 大养殖基地；蔬菜、马铃薯、蔗糖、茶叶、蚕桑、水果、橡胶、咖啡、油菜等 9 大特色作物基地建设；良种繁育、农业科技、市场信息、现代物流、农产品加工、农机服务、农产品质量安全、动植物疫病防控、防灾减灾救灾等 9 大服务体系建设。其中，在 3 大粮食基地建设工程方面，加大水稻品种和品质结构调整力度，重点建设 1 300 万亩优质水稻生产基地；调整和优化玉米品种结构，重点建设 1 800 万亩优质玉米生产基地；优化麦类品种和品质结构，重点建设 800 万亩优质小麦和啤饲大麦基地；着力抓好科技增粮措施的落实，重点实施好高产创建示范区、配方施肥、农机耕播收作业和病虫害综合防治，启动建设"吨粮田"，重点建设 150 个商品粮基地，不断增强粮食综合生产能力。

二、围绕基地配套良种良法

加大农业科研投入，加快省、州（市）农科院（校）粮食科研基础设施条件和人才队伍建设，构筑全省粮食科技创新体系。按照生态区划，结合现有基础条件，充分发挥粮食作物育种协作网的作用，以现代农业产业技术体系为依托，加快粮食作物遗传育种、土肥资源高效利用、作物高效用水等重点实验室、功能研究室、工程实验室建设，改善科研试验条件，配置、更新仪器设备，提升科研手段和水平。加强基础性研究，大力推进农业科技原始创新、集成创新和引进消化吸收再创新，突破分子技术应用、亲本创制等育种技术瓶颈，加快培育高产、优质、广适、抗逆、抗病的优良品种，研究开发适合不同地区的先进栽培、新型肥料、节水等技术和设备，建立粮食科技储备和科技支撑能力。充分发挥省、州（市）科研院所和推广部门的作用，整合资源，优化布局，搭建开放式研发平台，建立健全科研协作关系，开展联合攻关，提高科研整体水平。

良种是农业科技的重要载体，对农业的发展起着基础性和先导性的作用。云南已成为我国种子工程的重要基地。在粮食作物方面，基于云南特色农业生物资源种质材料选育的优良水稻、玉米、小麦、马铃薯、油菜等品种占云南审定主要农作物新品种的30%，杂交水稻"云光17"及玉米新组合"云瑞8"成为2011年国家农业主导品种。根据粮食作物高产创建的总体要求，以"十五"以来云南省级科技计划项目选育、拥有自主知识产权的品种为主，选择参加高产创建示范区的主导品种，使万亩示范区良种覆盖率达到100%。根据主要粮食作物的种植分布、优势生产区域、不同生态类型区，结合粮食直补、良种补贴和油菜种植补贴、农机补贴、测土配方施肥和新型农民培训等项目综合考虑高产创建示范点的布局，全省建设100个高产创建点，其中水稻30个、玉米45个、小麦4个、马铃薯15个、油菜4个、大豆2个，每个点各建设2个万亩粮食作物高产创建示范区，全省共建设示范区200万亩，辐射带动创建示范县粮食作物总产量较前三年平均增长 10%。

针对云南高海拔冷凉山区气温低、地温低、玉米产量不高的特点，大力推广地膜玉米种植。通过示范推广适宜密植的优质、高产、抗病专用品种并实施种子包衣，加快新型膜、功能膜、降解膜等的运用，大力推广新型育苗、抢墒覆膜、膜侧栽培、垄沟种植、追肥枪、健壮素等技术，不断完善玉米地膜栽培技术体系，充分发挥地膜覆盖的增产潜力。

充分借助国家农机购置补贴政策，结合全省粮食生产基地建设，全力推进粮食生产机械化的发展。一是加大成熟的农机技术推广应用，着力提高机械耕耙作业水平。二是加快农机新技术、新装备的示范推广，重点突出"种、收"机械化作业环节，并在粮食烘干、储藏等技术推广方面取得突破。建立稻麦、玉米、马铃薯等主要粮食作物机插（播）、机收推广示范区，以点带面、梯度推进。三是加强机械化植保的统一防治工作。积极推广先进环保的植保机械，提高农药效率、降低粮食农药残留量，保护生态环境。四是提高山区粮食生产机械化的发展水平。重点引进适应山区粮食生产的小型机械进行推广应用，积极探索山区粮食生产的机械化发展模式，促进山区农机化的发展。五是进一步培育农机作业市场，借助国家扶持政策，多渠道、多途径培育农机合作社、作业队、作业公司、农机专业户和农机大户。积极发展农机跨区作业、订单作业，扩大市场空间，提高农机组织化、专业化作业水平。

充分利用云南气候多样性的特点，把晚秋当做一个生产季节，稳步发展优质杂交晚稻、再生稻，大力发展秋马铃薯和秋玉米，围绕市场和加工企业，在适应区域发展红薯、杂豆等鲜销作物。通过推进熟制改革、加快新品种推广、推行规范化栽培，实现平均亩产量的显著提高。

第三节　利用农业生物多样性种植技术，提升粮食生产水平

农业生物多样性种植技术是以农业生物多样性理论为指导，通过选择能互相

促进的作物，进行有效的时间、空间和品种搭配，采取适当的播种时间和种植规格，充分利用光、热、水资源，建立生物多样性的高效立体的种植模式。通过制定完整的技术方案，使前后作物的共生期适宜，土壤养分的供应合理，有效控制作物病虫害的发生，并强化田间管理，调整劳动力的供求矛盾，达到粮食作物高产优质高效的目的。

利用作物共生期规律开展间作和套作，在我国传统农业耕作中已有长达几百年甚至几千年的历史。然而，通过技术创新，合理利用作物生长周期内对光、温、水的要求，科学合理地调控作物播种期和种植模式，提高土地的复种指数和利用率，这是一个技术难题。云南农业大学等单位用了 20 多年的时间进行攻关，根据云南省雨量充沛、光照充足和热量充分等资源优势，研发出了一系列耕作改革方法，大幅度增加粮食产量的原创性技术，积极推进生物多样性高效立体种植模式，让有限的耕地"一变二或一变三"，通过间套种技术增加粮食种植面积和提高粮食产量，探索出保障粮食安全的新模式。该研究的成果不仅获得了国家发明专利，而且获得了联合国粮农组织科学研究一等奖、国家技术发明二等奖和多项省部级科研成果奖。

一、"天"拉长——提高土地复种指数

通过提前或推后间套种，错开作物的种植期，将不同作物的生长周期长短搭配，利用一种作物生产周期较短这一特点，套种另外一种作物，而生产周期较短的作物收获后另外的作物才开始进入旺长期，实现两种或者多种作物的产出增加。通过生物多样性的间套种技术，可以巧用耕地，提高复种指数，有效扩大粮粮、粮菜等间作套种和水稻等生物多样性种植面积，变"一熟"为"二熟"，把"天"拉长，充分利用光、热、水资源增加生物产量，实现农作物增产。云南地处喜马拉雅山东麓，低纬度、高海拔，为全球独特纵向岭谷区，平均降雨量 1 107 毫米，平均太阳辐射量 5 362.1 焦耳 / 平方米，年平均温度 16.4℃。总体上看，降水、光照、热量充足，一年四季都能满足作物生长要求，可以合理进行作物多样优化种植，延长庄稼绿色叶片覆盖农田时间，大幅度增加作物产量。科研人员的研究表明，采用农业生物多样性种植技术，可以提高复种指数 17%～62%。如烟后种植玉米，烟草利用了 5 月～ 8 月农田的光、热、水资源，

玉米利用了 8 月～ 10 月农田的光、热、水资源，每亩可增加粮食 300 多公斤，同一生产季节土地利用率可提高至 1.84，实现了一亩地当做两亩地使用的产出功能；又如云南传统种植玉米的方式是每年 5 月份下透雨后再播种，而利用作物多样性原理间套作模式，将种植节令提前到 4 月份，在增加作物生长时间的同时，巧妙地利用了作物"蹲苗"的耐旱本能，通过"根系这张植物的嘴巴，伸入土地深处找水喝、找食吃"，从而促进根系发达，为作物后期生长获取更多的营养；又如蔗前种植玉米，玉米早播利用了蔗田光热资源，每亩可增加 200 多公斤产量，将土地利用率提高至 1.64。再如，在瑞丽市规范种植了几千亩的蔗前套种马铃薯示范结果表明，利用甘蔗封行前近 120 天的时期套种马铃薯，既不影响甘蔗的产量和质量，还可增产 250 公斤粮食。

云南省山区面积多、气候复杂，耕地资源不足，靠开垦荒地增加粮食产量的难度很大。而且，多年来依靠科技进步尤其是新品种选育，全省农业科技贡献率已达到 50%，良种覆盖率也达到 90%，要以此提高粮食单产的空间已经很有限，而采用作物多样性优化种植，却意味着同等面积的土地还有 50% 到 60% 的增产空间。

今后将在全省推广大幅度增加粮食产量的三项科技措施，即蔗前种植玉米，烟后种植玉米，玉米、水稻、薯类等作物的生物多样性种植技术，三项措施均为根据云南气候生态条件研发的实用技术，具有技术成熟、规程完善、投资少、效益高的特点。全省甘蔗面积种植约 450 万亩，大多分布在温、光、水资源条件较好的热区；全省近 400 万亩烟草种植区域，农田建设良好，水利设施齐全。两种模式如果在全省 50% 的蔗田和 50% 的烟田推广应用，就相当于每年扩大粮食种植面积各 200 余万亩，可增加粮食 12 亿公斤，能促进农民增收 17 亿多元。同时，利用云南农业大学多年研发和试验示范的成熟技术规程，推广水稻品种多样性、麦类品种多样性、玉米与大豆等生物多样性种植技术，通过不同作物的科学时空配置，可以提高 15% ～ 20% 的土地利用率。若每年推广 2 000 万亩，可增产粮食 10 多亿公斤。

二、"地"拉宽——拓展作物生长空间

"地"拉宽就是将高矮作物进行合理搭配，把作物的群落由单一种植光合平面结构转变为曲面结构，通过作物高矮群落使同一田块的光合面积变宽，增加

单位面积的光合产物，可以充分获得光温资源，增加土地水分养分的利用率，从而增加粮食产量和提高土地产出率。农业生物多样性种植技术既充分利用云南光照条件好的优势，还可在一种或少数几种作物由于自然或市场原因受到经济损失时，从其他作物中获得补偿，进而稳定提高土地的综合生产力及经济效益，有效地增加粮食产量和土地产出效益。

通过把"地"拉宽，实现作物多样性优化种植，在田间形成了立体的生态作物群落，在多样性种植复合群体中，不同作物的高矮、需光特性、生育期等各不相同，通过间套作搭配，增加复合群体的总密度，形成立体生态群落，充分利用空间，增加截光量，减少漏光与反射，改善群体内上部与下部的受光状况，增加光合作用效益。如马铃薯套种玉米、辣椒套种玉米，将高秆作物与矮秆作物合理搭配，使光合作用面积由单作的平面变为套作后的曲面，增加光合作用面积 40%以上，每亩两种作物产量之和比单种增加 30% 以上，土地利用率提高至 1.34。如玉米间作大豆，形成的光合作用曲面积比单种增加 30% 以上，总产量增加 20%以上，土地利用率提高至 1.25；又如玉米套种大豆实现光的异质互补，光合面积增加 30% 以上，总产增加 20% 以上，土地利用率提高至 1.25。通过不同生育期作物的搭配，如蔗前套种马铃薯，甘蔗前期空间大，光热充足，套种马铃薯能够提高光热资源利用率，每公顷增收 1.5 万元以上。

作物的间套种还能有效争取农时季节。多样性间套复种相对增加了作物的生长期和积温，充分利用光热资源，调剂农活。根据作物生育期的差别采取错期播种法，使不同作物吸肥吸水的高峰期错开，合理利用资源。如冬玉米套种冬马铃薯，冬玉米生育期 160 天，冬马铃薯生育期 110 天，5 月份收获玉米后复种魔芋季节较为紧张。而 3 月份收获马铃薯后套种魔芋，可把魔芋播种期提前 30 ~ 50天，既减少了栽秧时农活紧张的矛盾，又延长了魔芋的生育期，解决了前后作物争季的矛盾，并实现了复种。

三、"相生相克"——通过生物多样性技术防治病虫害

"相生相克"是利用作物异质结构，减少病虫害的发生与流行。作物多样化优化种植增加了农田生物多样性指数，形成病虫蔓延的物理阻隔，不同作物互为病虫害传播障碍，犹如一道道防火墙，有效地降低病虫害的流行。同时，它形成

立体群落通风透光，降低了田间温度，减少叶表面水滴，有利于作物生长，防止病虫害的发生。此外，它稀释了病虫害侵害程度，降低了病虫害的危害后果。

农业生物多样性种植技术充分利用不同农作物间病虫害相生相克的原理，采用轮作、条作、块作、间作及复种等的耕作措施，进行组合搭配，形成天然屏障，抑制杂草生长和病菌及害虫的出现，有效抵制了病害突变，减轻病虫害的发生和蔓延，实现了农业生态平衡，促进了生物和谐共处。通过推广作物间套种技术还可以减少化肥施用、减少农药量60%，降低生产成本，减轻化肥、农药对农业生态环境的负面影响，提高了经济效益。

作物的间套种还能充分利用土壤空间，种养地结合。不同作物根系生长特点不同，在土层中分布不同。如玉米根系多分布在40～50厘米的土层内，大豆、甘薯根系深度为15～30厘米，玉米套种大豆、甘薯，就可以利用不同层次的土壤养分，玉米需氮多，需磷、钾较少，大豆类作物需氮少而吸收磷、钾较多，且豆科作物具有根瘤固氮能力，可以培肥土壤，达到种地、养地相结合的目的。

由云南农业大学、中国农科院、中国农业大学、复旦大学、华南农业大学、福建农林大学等单位的30余位专家共同完成的国家973重大科研项目"物种多样性控制病虫害技术体系构建及应用"已通过成果鉴定。项目组从物种多样性生态功能角度，深入研究了西南地区降雨与病虫害发生规律和物种多样性群体控制病虫害促进增产的基本原理，并在此研究基础上集成了物种多样性时空优化、错峰种植和条带轮作等技术要素，研发出一系列操作简单、易于推广的实用技术，并大面积进行物种多样性控制病虫害技术的示范推广，为运用生物多样性技术促进粮食安全提供了成功范例。项目在历时4年的示范推广后，结出累累硕果：在云南、四川、贵州、重庆等地累计推广示范8 591.6万亩，平均降低主要病虫害34.7%，减少农药用量53.99%，产量增加30%以上，产值增加25%，累计新增粮食43.01亿公斤，促进农民增收节支116.31亿元，社会和经济效益显著。

通过示范样板和农户推广应用，基本控制了西南地区粮食作物主要病害的流行，大幅度增加了粮食产量。由项目组构建的玉米与马铃薯、玉米与魔芋、玉米与大豆、小麦与蚕豆、大麦与蚕豆等作物多样性控制病虫害方法的技术规范，有效地解决了小麦锈病、蚕豆斑潜蝇、马铃薯晚疫病和玉米大小斑病等的危害问题，控病效果平均达到34.7%，减少农药用量达53.99%。据不完全统计，西南地区适宜推广应用面积达 1 亿多亩，云南省适宜推广应用面积 5 000 多万亩。

第四节 发展经济作物，增强粮食购买能力

云南有着得天独厚的光、热、水、土等自然条件，具有良好的生态资源，在长期的农业发展过程中，云南省突出发挥特色与优势，做到"特色不占良田，经济作物上山"，通过建设"名、特、优、新"基地，促进优质、特色农产品的发展，实现"以特换粮"，增强农民获取粮食的信心和能力，达到农民增产增收的最终目标。

一、发挥比较优势，促进"以特换粮"

云南省抓住建设中国面向西南开放的重要桥头堡的战略机遇，突出云南特有的资源、生态、绿色和区位条件等优势，调整和优化农业产业结构，不断提升优势特色农产品的市场竞争力。全省利用优势特色农产品比较效益高的特点，充分调动各相关利益主体生产投资的积极性，加快农业基础设施的建设，有效实现"以特换粮"。经过多年努力，云南特色农业发展取得较好的成效，特色产业初具规模，培育了烟草、茶叶、蔬菜、花卉、畜牧业等一批在国内外市场有一定影响力的代表性产业，烟叶、茶叶、花卉、咖啡、核桃、膏桐等 6 个产业的面积位居全国第一位；烟叶、鲜切花、咖啡、核桃、橡胶、食用菌、桉叶油、紫胶 8 个产品的产量位居全国第一位；蔗糖、脂松香产量位居全国第二位；现代医药、花卉园艺、生物能源、木本油料、香料等新兴特色产业逐步兴起。

特色产业基地建设呈现出规模化、规范化、标准化、集约化的发展态势，特色农产品区域布局基本形成。全省初步形成了以滇中、滇东北为主的烟草、畜牧、外销精细蔬菜、夏秋补淡蔬菜、花卉、马铃薯产业区，以滇南、滇西南为主的甘蔗、茶叶、橡胶、咖啡、反季蔬菜产业区，以滇西、滇西北为主的畜牧、夏秋补淡蔬菜、药材、天然香料油料植物产业区，以滇南、滇东南为主的草果、三七等药材产业区。在林产业方面，初步建成以木本油料、林浆纸、林化工、竹

藤产业、野生动物驯养繁殖、森林生态旅游、木材加工及人造板、非木材产业和观赏苗木等九大产业为重点的林业产业体系。

2010年，全省无公害农产品产地认定面积达到3 748万亩，"斗南""蝶泉""云南红""宣威火腿"4个商标获得中国驰名商标，"大益"普洱茶、"松鹤"下关沱茶、"宏斌"小米辣、"宣泰"火腿被农业部认定为中国名牌农产品，蒙自石榴、石林圭山山羊、马龙深沟鸡等11个产品获得农业部农产品地理标志登记。优势特色农产品的市场竞争力日益凸显，农民年人均纯收入多年保持两位数增长，有效地增强了农民的粮食购买力。

二、发展特色优势产业，增强粮食购买能力

按照区域化布局、标准化生产、规模化种养、产业化经营的要求，着力促进农业产业化、市场化、规模化、集约化、品牌化发展，不断提高农业产业集中度。以云烟、云糖、云茶、云胶、云菜、云花、云薯、云果、云药、云畜、云渔、云林等"十二大品牌"为重点，统筹规划，进一步分产业优化区域布局，加快推进山区林果化、坝区设施化、城郊园艺化、高寒生态化和土地经营规模化、养殖生产小区化、加工发展聚集化。加快农业资源优化配置，引导、鼓励生产要素投向优势产业，促进优势产业向优势产区集中，着力规划建设一批比较优势明显的高原特色农业产业带，打造一批发展规模大、综合效益高、示范带动力强的产业强县、强乡。

目前，云南省按照规模化、设施化、标准化、生态化的要求，逐步形成跨区域的6个优势产业带：一是以马铃薯、烟叶、果蔬、中药材等特色产品产业为主的昆水产业带；二是以温热带特色水果、蔬菜、花卉、中药材等特色产品产业为主的昆河产业带；三是以核桃等特色经济林、蔗糖、茶叶、橡胶、热带花卉等特色产品产业为主的昆曼产业带；四是以优质粮食、蔗糖、茶叶、橡胶、特色林果等特色产品产业为主的昆瑞产业带；五是以热区反季蔬菜、温带特色水果等特色产品产业为主的昆攀产业带；六是以水果、中药材、特色经济林等特色产品产业为主的昆罗产业带。这些产业带的逐步形成，实现了用特色产业换取粮食，使农业资源得到有效配置，提高了农业资源的效率，促进了农民增收。

第五节　推进山区与沿边开发，提升粮食保障水平

云南山区占全省国土面积的 94%，83% 的耕地资源分布在山区，坡度 25°以上陡坡土地占全省土地总面积的近 40%。全省 129 个县（市、区）都有山区，有 1 047 个乡（镇、街道、农场）属于山区范围，占全部乡镇总数的 76%。边界线长 4 060 公里，涉及 25 个县（市、区），249 个乡镇，2 097 个村。

一、将山区作为粮食生产的增长点

云南省委、省政府始终把稳定发展粮食生产作为农业工作的重中之重，始终把农业综合开发作为提高粮食综合生产能力的重要抓手，集中资金，大规模改造中低产田地，建设高标准农田，打造粮食高产示范产区，夯实粮食生产基础。在山区开发的过程中，紧密围绕粮食生产主线，各级各部门充分意识到云南土地资源的稀缺，并提高山区开发对解决云南粮食安全重要性的认识，将山区作为粮食生产的重要增长点。初步建成了昆明宜良、石林，曲靖宣威、陆良，保山昌宁、隆阳，德宏盈江、芒市，昭通昭阳，临沧耿马，文山广南，丽江永胜，大理鹤庆、洱源，红河个旧，西双版纳勐海等一大批旱能灌、涝能排、高产稳产的高标准农田和一批优质高产科技样板田、示范区，极大地调动了周边农民的种粮积极性，为全省实施高标准农田示范工程探索出了一条有益途径。

创新开发机制，按照"资金性质不变、管理渠道不变、统一规划、各司其职、各记其功"的原则，把农田基础设施、农业产业化、新农村建设资金有机整合，充分发挥农业综合开发在整合资金中的引领作用和在现代农业发展中的示范带动作用。严格资金项目管理，科学化、精细化管理水平显著提高，不断建立健全规章制度，完善内部规程和控制办法。除严格执行国家农业综合开发制度，实现资金县级报账制、项目专家评审制、工程招投标制、工程监理制、验收考评制外，有的地方还结合实际，分别设置财政资金专户和报账专户，做到资金专户存储、专人管理、专账核算，并注重发挥乡镇财政监管优势，由项目所在乡镇的财政所签字把关、县级财政报账，严格按工序和单元验收、按进度拨款，确保了项

目的顺利完成和资金的安全运行。这些管理办法和措施，对于农业综合开发资金安全、项目安全和干部安全起到了重要保障作用，对于全国农业综合开发工作也具有普遍借鉴意义。

通过实施山区综合开发、土地整治、坡改梯等工程，改善山区土地质量，提升土地等级，增强山区土地的承载能力和粮食生产能力，以粮食产业培育为着力点，全面提升山区综合开发特别是耕地开发水平。在生产方式上，推进传统种植模式向专业化生产转变。在种植技术上，紧紧依靠科技进步，大力开发和推广生态环保型种植技术。在生产布局上，促进优质粮食生产向最适宜区集中，建设以秋粮为主的滇东北专用玉米主产带；滇西北和海拔 2 000 ～ 2 500 米的高寒山区优质食用、饲用玉米带；滇东北、滇西北加工型马铃薯和种薯生产带；滇东北、滇西北强、中筋粉麦区；滇南、滇西南弱、中筋粉麦区；滇西北芸豆和青稞生产区；滇南红薯、红豆等杂粮生产区；滇中和滇东北蚕豆和荞麦生产区。一系列的技术措施和科学的粮食生产布局为推动全省粮食产量迈上新台阶打下了坚实基础，也为全国粮食连年增产作出了应有贡献。

二、通过保障粮食供给稳定边疆

云南省 25 个边境县（市、区）中有 16 个是国家重点扶持贫困县，有 1 个是省级扶贫开发县，这些县（市、区）基础设施薄弱、产业发展不足、社会事业滞后、生态环境脆弱等问题十分突出。"十一五"以来，云南省认真贯彻落实中央关于"巩固边防、睦邻友好、兴边富民、维护稳定"的战略方针，以兴边富民为目标，以改革开放、科技创新为动力，以统筹区域发展、增强自我发展能力为主线，解放思想，开拓创新，不断转变发展方式，在沿边 8 个州市的 25 个边境县实施了两轮"兴边富民"工程，对促进边境地区经济社会又好又快地发展发挥了重要作用，为巩固前两轮"兴边富民"工程所取得的成果，推进边境地区经济社会发展，"十二五"仍将深入实施"兴边富民"工程。

充分发挥边境区位和地缘优势，积极推进了基础设施、扶贫开发、产业培育、素质提高、民生保障、城镇建设、民族文化、开放窗口、边境和谐、生态保护等十大工程建设，努力建立健全农村义务教育经费补助、农村义务教育阶段家庭经济困难寄宿学生生活费补助、中等职业学校农村家庭经济困难学生和涉农专业学生免学费补助、农村最低生活保障补助、新型农村合作医疗补助、农村低保人口大病救助补助、农村五保人口大病救助补助、新型农村养老保险补助、居民就业培训补助、"边民定补"补助等十项保障体系。始终把稳步提高边境地区群众生活水平、切实保障和改善民生作为"兴边富民"的出发点和落脚点，针对生产力发展状况，通过推进沿边开发，提高土地利用等级，增加土地面积，改善粮食生产能力和条件，在提高粮食自给率的同时，大力发展特色种养、农产品加工、服务等产业，有效促进了农民增收和生活水平的提高，为扩大对内、对外开放、统筹区域协调发展，促进民族团结、边疆稳定、边防巩固和经济社会全面发展作出了重要贡献。

第六节 利用周边国家粮食生产优势，补充我省部分粮食来源

云南省充分利用毗邻的越南、缅甸、老挝三国优越的粮食生产条件，发挥自身良种和技术优势，借助粮食返销提高境外补粮水平，有效增加云南粮食供给。

一、通过"走出去"战略，补充粮食来源

云南地处中国西南边陲，背靠祖国大陆，处在中国与东南亚、南亚的结合部，与东南亚地区的缅甸、老挝、越南三个国家接壤，边境线长达 4 060 公里，其中中缅边界云南段长 1 997 公里，中老边界长 710 公里，中越边界云南段长 1 353 公里；与泰国、柬埔寨、马来西亚、新加坡是近邻，有陆路相通，是我国内地由陆路进入中南半岛、印度次大陆最近和最为方便的省份之一。云南经由缅甸进入孟加拉湾直线距离仅约 1 000 公里，经由缅甸进入印度次大陆直线距离仅约 600 公里。随着公路、铁路、航空和水运网络的日趋完善，云南已经初步形成了通往东南亚、南亚国家的三条国际大通道。同时，拥有国家一类口岸 13 个、二类口岸 7 个，省级口岸 10 个，89 条通道，使云南具有直接沟通印度洋，紧密连接我国内地、东南亚和南亚独特的区位优势。

云南与东南亚、南亚国家因为自然地域、经济的内在联系，商品流向、民族

文化传统以及社会经济发展需要和各地区的共同利益而形成了经济联合体。东南亚地处热带，终年高温多雨，水分和阳光充足，土质肥沃、生物资源、种植业资源、海洋渔业资源、森林、草场资源等都很丰富，素有"稻米之乡"的美称，为世界稻米主产区之一，除广泛种植稻谷以外，还种植玉米、白薯、木薯、大豆、花生、杂粮作物。南亚大部分地区属热带季风气候，农作物资源丰富，是芒果、茄子、香蕉、蓖麻、甘蔗以及莲藕等栽培植物的原产地，而且开发时间较晚、污染时间短、破坏程度轻，较少染上"化学农业"的弊端，有相当大一部分地区仍然山清水秀、土净田洁，森林覆盖率高，自然净化力强，为绿色食品、有机农业的发展创造了良好的自然条件，有利于有机农业的发展。东南亚、南亚丰富的资源禀赋为云南特色农业统筹国内、国外两个大局提供了充足的资源保障。云南与东南亚、南亚国家在农业产业上有梯度关系，在资源上有互补性，合作潜力巨大。云南与东南亚、南亚国家虽然在农业产业发展、农产品外贸、吸引外资上存在竞争，但双方经济发展水平、农业产业结构和技术结构形成多层次阶梯状态，双方在比较优势方面呈现出多样性和综合性，决定了双方农业产业关系的互补性和广泛的合作前景。

近年来，中国与东盟国家签订了一系列相关协议，为双方和多方农业合作创造了良好的国际环境。特别是《中国与东盟全面经济合作框架协议》的签订，实施了"早期收获"计划，将部分农副产品列入提前实现贸易自由化的产品种类。在中国与东盟国家共同构建的"10+1"等合作机制中，把农业、信息通信、人力资源开发、相互投资和湄公河流域开发作为新世纪初的重点合作领域，中国—东盟自由贸易区、大湄公河次区域合作、"孟中印缅合作论坛""云南—老北""云南—泰北""云南—缅北"和"昆明—河内、昆明—曼谷、昆明—仰光等三个经济走廊"等区域、多边涉农合作机制已经建立或正在逐步完善。

云南省以"始终坚持政府引导，确保替代种植规范有序发展；始终坚持以企业为主体，充分发挥企业的主体作用；始终坚持市场化运作，为企业开展替代种植提高动力；始终坚持互利共赢，为合作发展拓展空间"为指导原则，利用周边国家优越的自然条件、丰富的土地资源和廉价的劳动力，积极实施"走出去"粮食替代生产战略。政府相关部门与周边国家做好政策备忘录，从粮食替代开发主体、范围、时间、利益分配、粮食流向、商品返销比例、投资受益等方面制定相应政策，从人员、技术、种子、水利设施、必要道路建设等方面给予扶持，鼓励省内有资质的企业到缅、老两国进行粮食生产合作,通过制定粮食返销比例制度,实现粮食的有效补充。

二、主导粮食生产核心技术,稳定境外粮源

越南、柬埔寨、老挝、缅甸等东南亚、南亚大部分国家处于传统农业或自然经济发展阶段,农业科技水平较低,基础设施薄弱,农业生产方式落后,农业技术推广体系不健全。中国改革开放30多年来,云南省基本形成了省、州(市)、县、乡四级上下相通、左右相连的农业技术推广机构,农业科技人员达5万人左右,农业科技的基本建设不断增加,科技创新能力稳步提高,农业科技贡献率达50%。良种覆盖率逐年提高,对云南特色农产品科技支撑力越来越强。近年来,云南农业技术人员已经去到东南亚、南亚国家进行技术指导,水稻、陆稻、大豆、蔬菜、马铃薯、经济林木等良种和技术已经推广到东南亚、南亚地区。总体上,对东南亚、南亚来说,云南具有农业生产技术的明显优势。特别是在农业资源的广度开发、深度开发、品种选育及高产速生栽培技术、农副产品加工及农业综合规划等方面有较大优势。东盟国家则可以通过引进中国先进农业技术和管理经验,加快农业科学技术进步与发展。

云南与东南亚、南亚的农业科研、教育机构在涉农科技、农技培训、生态保护等领域内的交流日益密切。目前,云南省与柬埔寨国家农业科学院、老挝国家农林科学院、缅甸农林牧渔科学院、泰国农业合作部农业司、越南国家农业科学院签署或续签了合作协议,与马来西亚、印度尼西亚、菲律宾等其他东盟国家的交流与合作稳步推进。与越南合作开展了优质专用大麦和小麦品种及栽培技术、脱毒马铃薯种薯、菠萝示范种植等项目的研究、推广工作,与柬埔寨和老挝共同开展杂交水稻、杂交玉米、蔬菜、花卉等新品种的科技示范。云南选育的蔬菜、茶叶、甘蔗、马铃薯、水稻、陆稻、大豆、特色经济林果等品种已被越南、泰国、柬埔寨、老挝、缅甸等周边国家引进并示范推广,与印度在蚕业科技等方面也正在进行合作。在农业教育和技术人才培训方面,云南农业大学、云南农业职业技术学院、云南省林业科学院等我省农业教育、科研机构与东南亚、南亚有关国家开展了广泛的合作,在滇的东南亚、南亚留学生人数居全国前列,云南正成为全国面向东盟最大的农业人才培养和培训基地。

　　结合境外的自然条件，云南省积极鼓励科研机构到境外培育、优选种质资源，开展粮食种植技术培训和指导，帮助当地群众学习农业种植技术，加快主导品种、主推技术的推广应用，提高粮食种植水平，提高粮食产量，在国际粮价波动时期，有效提升粮食境外生产的话语权和主导权，从而达到稳定境外粮源的目的。充分发挥我国的资金、技术、经验优势，结合周边国家的农业资源和市场优势，营造有利的合作环境和坚实的合作基础，在更大范围内配置和利用资源，使各自的优势得到充分发挥，从而实现优势互补，使国家、企业和农户三方共赢，推动中国与周边各国共同发展繁荣。

第七节　小　结

　　我国山地、丘陵和高原的面积占全国土地总面积的近 70%，这些区域粮食生产的自然资源条件与云南相似，粮食安全问题与"云南属于粮食安全基本平衡的地区，粮食自给率低于国家的平均水平"这一基本特征是一致的。结合云南实际情况分析云南在解决粮食安全方面所取得的经验，在沿边开发和利用周边国家粮食生产优势解决区域粮食安全问题方面对我国边境地区解决粮食安全问题应该有所帮助，特别是致力于"米袋子"省长负责制和地方行政首长负责制，坚持粮食基本自给，通过实施重大工程、利用农业生物多样性种植技术、发展特色经济作物、推进山区与沿边开发等云南经验，对于我国西部地区、贫困山区提高粮食综合生产能力、提升粮食保障水平、维护粮食安全有着非常重要的借鉴意义。

第四篇　保障粮食安全的政策建议和理论思考

　　保障粮食安全是一种国内基本人权和国际责任，也是我国作为一个人口大国的基本发展战略。保障粮食安全是我国政府和人民长期面对的重要任务，更是各级政府的首要责任，所以，必须始终高悬粮食安全这一"达摩克利斯之剑"。明确和保障农民的主体地位是解决粮食安全问题的前提，"恒产恒心"的土地制度是解决粮食安全问题的基础，协调的利益关系是解决粮食安全问题的核心，健全的制度性规范是持续解决粮食安全问题的保障。在边疆少数民族贫困山区，粮食安全不可避免地与多重安全问题交织在一起，构成了这些地区社会发展与和谐的重要基础。

第八章　政策建议

　　根据我们对云南省解决粮食安全问题的种种实践的分析以及经验总结，从全国粮食安全的视角，针对山区、半山区在山地农业生产条件下如何解决粮食安全问题，提出如下政策建议。

第一节　提升自然资源质量，保障粮食安全

一、深入开展以山区为重点的高稳产田地建设

（一）加快中低产田地改造步伐

　　中低产田改造应以坡地为主，坚决制止避重就轻、避难就易，在坝区搞重复建设，要突出山区、半山区，以改造坡耕型、缺水型、渍涝型耕地为重点，以保土保肥保水、能排能灌、旱涝保收为标准，治水改土并重，工程措施与科技措施并举，积极开展土地平整、水利配套、土壤改良、地力培肥等中低产田地改造工作，按照"统一标准、统一资金、统一选项、统一验收"的要求，重点建设完善田间斗、农、毛渠，做到渠、路、桥、涵、闸配套，改串灌、漫灌为沟灌，做到合理用水、节约用水，达到能排、能灌、能机耕，形成"沟成网、田成方、路相连、渠相通、树成行"的高产稳产农田。要强化建后管护措施，完善管护机制，依托村民小组、理事会及产业协会等组织，及时制定相应的建后管护制度，提高农民的管护意识，落实管护主体和管护经费，明确管护责任，确保中低产田地改

造项目永久持续利用，充分发挥长效作用。

（二）整合项目资金，连片推进

按照"统一规划、集中使用，渠道不乱、用途不变，各负其责、各记其功、优势互补、形成合力"的原则，强化上下级间、部门间的沟通和协调，积极将发改委、农业、财政、水利、烟草、国土等部门的项目及资金进行有效整合，形成"党政统筹、部门合力、各司其职、合力攻坚、共建精品"的工作格局。以规划为龙头，以项目为载体，加强资金安排的统筹协调，形成山区中低产田地改造、农田水利建设、农村饮水安全、乡村公路建设、土地整理、扶贫开发等协调联动，统筹安排各类项目，明确责任、联合投入、集中突破，做到政策向山区倾斜、项目向山区倾斜、资金向山区倾斜，促进改造后的中低产田地相对集中连片，为标准化、集约化、规模化生产和无害化管理创造良好条件。要积极探索实践"政府引导、农民主体、样板示范、群众参与"的中低产田地改造模式，特别要探索"民改公助"的新机制，打造出一批山区、半山区中低产田地改造的示范样板，典型引路，推进山区、半山区中低产田地改造工作，确保中低产田地改造的质量。

（三）加快山区水利基础设施建设

加快小型以上骨干水源工程建设步伐，着力解决长期以来工程性缺水、资源性缺水问题，推进山区骨干水源工程、病险水库除险加固工程、农村安全饮水工程、山区河流治理工程、山区水利富民工程、山区水利发展与改革示范区建设等工程。要加大山区大中型水库建设力度，在大中型水源覆盖不到的广大山区，坚持走"散水集用、小水大用、丰水枯用"的山区集雨节灌路子，进一步加快开展小水池、小水窖、小水塘等山区"五小水利"工程建设步伐。通过骨干水源工程和小型水源工程建设，增加农业灌溉供水量。

二、引入市场机制加强农田水利建设

在投资方式上要创新机制，充分发挥政策引导和市场机制的作用。构建多主体、多渠道、多元化的农田水利基础设施建设机制，做到谁投资、谁所有，谁建设、谁受益。

（一）建立投入稳定增长机制

农田的水利设施服务于农业，具有很强的社会公益性，各级政府要按照统筹城乡发展的要求，把农田水利建设纳入地方预算和基本建设范畴，逐年增加资金投入。各省区要认真落实"从土地出让收益中提取10%用于农田水利建设"的政策，按照财政部会同水利部印发的《关于从土地出让收益中计提农田水利建设资金有关事项的通知》的要求，制定出台相关文件，明确计提口径、支出范围和管理要求。相关部门要抓紧研究制定开征占用农业灌溉水源和灌排工程设施补偿费的具体实施办法，各相关部门要加强对水费、水资源费、开发建设项目水土保持设施补偿费等规费和水利建设基金的征收管理工作，努力拓展农田水利建设筹资渠道。积极引导农民群众和社会力量投入水利建设，继续加大"一事一议"财政奖补力度，大力推行"民办公助"机制，调动农民群众参与农村小型水利工程建设的积极性，促进形成政府与农民共同投入的良性机制。通过贷款贴息、税收优惠等多种方式，努力增加水利信贷投入，引导社会力量投入水利建设，保持农田水利建设投入的稳步增长。

（二）构建多元化的供给主体新模式

根据农田水利的不同性质，建立起由国家、地方、集体、农民四位一体的农田水利基础设施供给体制。采取以中央、省两级政府为主导，县乡财政适当配套的方式，着重解决好与当前农业经济发展、农民生活紧密相关的农田水利基础设施供给问题。比如，大型水利工程建设资金应由中央政府提供，在目前县乡财政比较困难的情况下，基本农田水利设施建设资金应通过省级政府对县级政府的转移支付来解决，即主要由省级政府出钱、县级政府办事的方式来解决；一些农村社区内的小型基础设施项目，比如小型农田水利建设，因为可以使农民直接受益，并且投资不大，可以采取以农民投入为主、政府适当补贴的方式来投资建设。在扩大投资的基础上，要切实理顺投资关系。加强对水利设施的统筹管理工作，个人投资的产权归个人所有，集体投资的也可以拍卖给个人，或将经营权、使用权和租赁权转让给个人，以提高水利设施的产权效率和产权清晰度。

（三）构建多渠道的筹资新范式

在农田水利基础设施建设与管理中，充足的资金资源是重要保证。过去投资渠道比较单一，大多依靠政府的财政投入，而事实表明，仅仅靠政府财政的支持远远不能为广大农村提供足够的农田水利基础设施服务。因此，需要构建多渠道筹资新范式，以此解决目前广泛存在的融资难题。如财政渠道主要包括财政预算内渠道、财政预算外筹资渠道。市场渠道主要是成立旨在推动农田水利建设的专项发展基金，与教育基金一样，由国家拿出一部分资金建立水利基金，省级部门要充分发挥这些资金的作用，来解决农田水利设施的历史欠账问题；向金融机构融资，利用减免税收和给予信贷优惠等政策，调动经济组织积极投资农田水利基础设施。还可以通过其他如非政府组织筹资渠道、个人筹资渠道和企业家捐助等渠道筹措建设资金。

三、建立健全基本农田保护的干部考核机制

严格保护耕地，是保障粮食安全和维护社会稳定的前提和基础，必须正确处理好建设用地与耕地保护的关系，健全基本农田保护机制，完善耕地保护的目标责任制及考核办法，切实加强基本农田保护。

（一）明确基本农田保护的目标与任务

由于经济社会的发展，工业化、城镇化步伐的加快使得耕地资源不断减少，自然灾害的频繁发生也使耕地的数量和质量下降。基本农田保护是耕地保护工作的重中之重，对保障粮食安全、维护农民权益、促进经济社会全面协调可持续发展具有不可替代的特殊作用。要实现粮食安全，就要全面提升基本农田保护水平，确保耕地面积，坚持基本农田保护与建设并重、数量与质量并重、生产功能与生态功能并重，确保基本农田数量不减少、质量有提高。为保证实现本行政区域内土地利用总体规划确定的基本农田保护目标和任务，要由县级以上地方各级政府采取目标管理办法，明确目标任务、制定考核办法、采取措施并进行责任考核和兑现奖惩。

（二）明确基本农田保护的责任

严格落实耕地保护目标责任制，各级政府是基本农田保护的责任主体，政府主要领导是第一责任人，必须进一步加强组织领导，落实保护责任，各级国土资源部门要将土地利用总体规划确定的基本农田保护指标和任务层层分解落实，作为对下一级政府耕地保护责任目标考核的重要内容。一是要建立和完善政府领导任期目标责任制，把基本农田保护工作纳入各级地方政府编制的国民经济和社会发展计划，作为政府领导人任期目标责任制的一项内容，作为考核政府主要领导

政绩的一项指标,将耕地和基本农田保护列为对各级政府主要领导任期经济责任审计的一项重要内容,完善考核和审计措施。二是上、下级政府间要签订基本农田保护责任书,基本农田保护责任完成情况要作为上级政府考核下级政府领导的一项重要内容,要督促下一级政府主要领导人分层签订责任书,确保基本农田保护目标的实现。三是乡(镇)政府要与农村集体组织或者村民委员会签订基本农田保护责任书,明确保护目标和保护责任。四是农村集体经济组织或者村民委员会要与承包经营基本农田的农户签订基本农田保护责任书,把基本农田保护责任具体落实到地块。通过层层签订基本农田保护责任书,把国家下达的基本农田保护任务落实到各级政府,落实到农村集体经济组织或者村民委员会以及具体的农户,为实现基本农田保护目标提供有力的保障。

(三)完善基本农田保护的考核办法

一是由省国土资源厅会同省农业厅、省统计局等有关部门,根据省级土地利用总体规划确定的耕地保有量、基本农田保护面积、土地开发整理新增耕地量和建设占用耕地、生态退耕、自然灾害等实际情况,对各州市耕地保有量和基本农田保护面积提出考核指标建议,报经省政府批准后下发,作为州、市政府耕地保护责任目标。二是科学制定省、州(市)、县(市、区)级政府耕地保护责任目标考核办法,定期由省国土资源厅会同省农业厅、省监察厅、省审计厅、省统计局等部门,对各州、市耕地保护责任目标履行情况进行考核,并将结果上报省政府。三是对各州、市的耕地保护责任目标考核结果进行通报,对认真履行责任目标且成效突出的给予表扬,并在安排省政府支配的新增建设用地土地有偿使用费时予以倾斜;对经考核认定为不合格的责令整改,限期补充数量、质量相当的耕地和补划数量、质量相当的基本农田,整改期间暂停该州市农用地转用和征地审批权限。四是将耕地保护责任目标考核结果,列为州、市政府第一责任人工作业绩考核的重要内容,对考核确定为不合格的州、市,由省监察厅、省国土资源厅对其审批用地情况和建设占用耕地情况进行全面检查,按程序依纪依法处理直接责任人,并追究有关人员的领导责任。五是由各州、市政府结合本行政区域实际情况,制定对下级政府耕地保护责任目标考核的办法,严格开展耕地保护责任目标考核工作。

第二节　激发生产者积极性，保障粮食安全

一、明确粮食安全保障体系中农民的主体地位

保护耕地、确保粮食安全，是一项长期的战略任务，也是庞大的系统工程，既需要全社会的合力联动，更需要广大农民群众充分发挥主体作用。必须充分尊重农民的意愿，尊重农民的主体地位和维护农民合法权益，在经济上切实尊重和维护农民物质利益，在政治上切实尊重和保障农民民主权利，发挥粮农在发展粮食生产、提高粮食产量中的生产主体和利益主体的权能作用。

（一）完善保障措施，保护粮农利益

加强对种子、化肥、农药等农资流通环节的监督管理，认真落实政府农资价格政策，稳定农资价格，严厉打击不法商贩制售假冒伪劣农资的行为。在加强农资生产企业成本核算的基础上，对化肥、粮种、农药、地膜等重要农资产品实行最高出厂价限价管理，并对农资批发和零售环节的差价加以严格限制，以确保粮食生产的利润空间。针对山区粮食生产常年受灾、自然灾害影响大，以及受灾后需要改补种的实际情况，各级农业、财政部门按照事权与财权统一原则和分级负责、分级管理原则，每年安排救灾备荒种子储备补贴资金，开展救灾备荒种子储备工作，建立健全省、州（市）、县（市、区）三级救灾备荒种子储备制度。实施农业灾害援助计划，对因遭受自然灾害而造成损失的农户进行补贴，帮助受灾农户减少损失、恢复生产。逐步开展农业灾害保险，充分发挥政府产业政策和财政政策的支持作用，建立粮食生产保险制度，积极探索政府引导、农民投保、企业参与、合作保险、市场运作的新机制。

（二）促进粮食生产适度规模经营，提高农民收益水平

农民作为粮食生产的主体，其决策理念与经营方式本身属于市场行为，只有种粮生产的效益增加了，农民才有种粮的积极性。提高种粮的比较利益除了靠政府扶持外，更重要的是要进行土地流转，改变经营规模狭小状态。耕地的流转集

中，一方面可避免农民工流向城市后土地产出率降低的问题，另一方面，又可以形成农场或者种粮大户，可以实现他们的规模收益，提高种粮的积极性，提高农业生产效率。我国农村土地制度规定了土地的使用权、收益权、处置权是农民的基本权益，必须在不改变土地集体所有性质、不改变土地用途、不损害农民土地承包权益、尊重农民话语权的基础上，按照依法、自愿、有偿原则，促进农民以转包、出租、互换、转让、股份合作等形式流转土地承包经营权，加强土地承包经营权流转管理和服务，建立健全土地承包经营权流转市场，在有条件的地方可以发展专业大户、家庭农场、农民专业合作社等规模经营主体，开展多种形式的适度规模经营和集约经营，以提高粮食生产的规模效益。

（三）推进粮食产业化经营，提高粮农组织化程度

大力发展粮油食品加工业，引导粮油食品加工业向规模化和集约化方向发展。按照"安全、优质、营养、方便"的要求，推进传统主食食品工业化生产，提高优、新、特产品的比重。推进粮油食品加工副产品的综合利用，提高资源利用率和增值效益。强化粮油食品加工企业的质量意识和品牌建设，促进粮油食品加工业的健康、稳定发展。以农民为主体，积极发展粮农专业合作社，培育粮食产业化经营龙头企业，加快以粮食购销、粮食加工企业为龙头的粮食产业化经营体系建设，支持和引导粮食购销、粮食加工等龙头企业发展粮食订单生产，推进"公司＋基地＋农户"的经营模式，提高粮食生产组织化和产业化程度，减轻粮农的市场风险，切实保护农民利益。引导各类中介组织开展对农民的市场营销、信息服务和技术培训，增强农民的市场意识，并充分发挥粮食协会等中介组织的行业自律和维护市场秩序作用。推进粮食产业化发展，提高粮农进入市场的组织化程度。

（四）探索建立涉农工程项目建设中以农民为主体的新模式

通过试点、试验，探索建立由政府出资，农民（或农业协会）为项目主体，村民代表、律师参与，职能部门为服务主体，人大、政协组织验收的涉农工程项目建设新模式，改变目前由职能部门规划、计划、立项、招投标、执行、验收和评比等封闭的项目管理运行机制，打破项目建设中的行业垄断，充分发挥农民的主体作用和话语权，切实提高涉农工程项目的质量和效益。

二、制定提高粮食生产者文化科技素质的长期规划

农民是粮食生产的主体，是提高粮食生产能力的根本。要提高粮食生产能力，必须科学制定提高粮食生产者文化科技素质的长期规划，造就一批有理想、有知识、有技术、懂政策、会管理、善经营的新型农民，把粮食生产现代科学技术有效应用于实践，实现粮食生产的科学化、集约化，有效增加粮食生产和供给。

（一）加强农村教育，提高农民的文化科技素质

农民是农业生产和农村经济建设的主体，农民的科技文化素质与国民经济发展和社会进步息息相关，新型农民培养是农业发展的关键。要大力夯实农村基础教育，对现有文盲和半文盲进行脱盲教育，提高农民的文化素质，同时要开办更多的农民培训班，有计划、有步骤地进行培训，以提高他们的思想境界、法制意识、道德观念、生产技能和经营理念。一是实施绿色证书工程，按照农业生产岗位规范要求，加大绿色证书培训力度，培养更多的农民技术骨干。二是实施青年农民科技培训工程，重点对农村优秀青年进行以科技为主的综合性培训，培养农村致富带头人。三是实施新型农民创业培植工程，选拔能开展规模化生产和具有创业能力的优秀学员，通过政策引导、信息服务、创业资金扶持和技术支持，培植规模化生产大户。四是积极实施农业远程培训工程，运用现代教育手段，发挥远程教育优势，通过广播、电视、网络、卫星和光盘等媒介将农业先进实用技术和农民致富信息及时送给广大农民。

（二）加强农业科技推广服务体系建设

研究设计提高农民素质的培训内容、机构、实施方案等，增强农民现代市场、投资、经营的意识和能力，形成具有中国特色且符合地方实际的专业化农民素质培训机制。按照构建多元化、多渠道新型农业技术推广体系要求，深化县乡基层农技推广机构改革，完善县级和乡镇农业技术推广体系，改善工作条件，增加工作经费，稳定基层农技推广队伍。加大公益性农业科技推广体系建设投入力度，以改善基础设施条件和增加装备、提高手段建设为重点，加强省、州（市）、县（市、区）、乡（镇）四级农技推广机构的基础设施建设，不断提高

物质装备水平和服务能力。加快农技推广人员的知识更新步伐，按照"因地制宜，分类指导"的原则，结合实际，重点培训县、乡农技人员。同时，大力发展农业科研、涉农企业、产业化经营组织、农民合作经济组织、中介组织等各类社会化农业技术服务组织，培育多元化农技推广主体，不断满足农民多样化的技术需求。

（三）广泛开展实用技术推广与培训

要实现粮食增产、农业增效、农民增收，必须依靠科技进步，必须加大先进实用技术培训及推广力度。实用技术选择上，首先，要推广优质高产良种。良种是农业生产最基本的生产资料，推广应用良种是最直接、最可靠的增产技术措施。近年来，随着"两杂"品种供种渠道增多，种子市场杂交水稻、杂交玉米品种繁多、良莠不齐，品种"多、杂、乱"现象较为突出，各地要结合当地实际，根据品种特性和当地自然气候条件，搞好品种区域布局，引导农民选用适宜的品种。其次，要大力示范推广农田保护性耕作新技术。农田保护性耕作集"沃土工程"、节水农业、生态农业和环境保护于一体，具有免耕栽培节省投入、秸秆还田培肥地力、覆盖栽培节省用水、保持水土抵御灾害、种植的农产品无公害等显著特点，是一项简化了生产流程的全新农业技术综合体。再次，要加大水稻旱育秧、抛秧、无盘旱育抛秧、再生稻、脱毒马铃薯、玉米地膜覆盖、平衡施肥、病虫草鼠综合防治等先进实用技术的推广。具体实用技术的培训上，可动员组织县、乡农业技术人员深入生产第一线，结合主要农作物"主推品种、主推技术、主推肥料、主推农药"的推广普及，到田间地头对农民开展"菜单式"培训，确保每位培训的农民掌握1～2项粮食高产技术，提高运用先进实用技术发展粮食生产、增收致富的本领。加快职业农民培养步伐，县级农民科技教育培训机构要对本地区粮食生产种植大户、专业户、合作社负责人进行重点培训，提高其种植水平和经营能力，为粮食持续增产提供技术支撑。制定鼓励农民工回乡进行粮食生产的政策，让更多的农民工携带知识、资金、科技和信息回乡进行粮食生产，实现生产要素从城市向农村的有效回流。

三、健全完善粮食补贴制度

农业补贴政策是世界各国政府最常用的一种农业保护政策。综观世界各国的农业补贴政策，核心都是粮食补贴。粮食生产补贴，是国家支农惠农的一项大政策，是一项社会重任，是国家粮食宏观调控的载体。实践证明，通过粮食补贴方式保护了种粮农民的利益，提高了农民种粮的积极性，对稳定粮食生产发挥了积极的作用。因此，应进一步健全和完善粮食补贴政策，充分发挥其对增加粮食生产、促进粮食安全的作用。

（一）完善粮食直补办法

在粮食流通体制改革中，将原来通过收购价格间接给农民的种粮补贴改为直接补贴农民，目的是为了增加农民种粮收益，更好地从事粮食生产。但在实际操作中，要真正核实农民每年的粮食种植面积和产量不仅操作成本高，难度也很大，因而大多采用以计税面积进行补贴的方法。这样一来，不论种什么都能得到补贴，直补由"特惠制"变成"普惠制"，削弱了对粮食生产的支持作用。特别是近年来，随着农村劳动力向城市转移和土地流转，又出现了一些种粮农民拿不到补贴，拿到补贴的农民不种粮的情况，而且直接补贴及其他补贴的一部分又由于农用物资的涨价而受到抵消。因此，直接补贴的改进应是将补贴与粮食生产行为直接挂钩，同时加大补贴力度，提高补贴标准，规范补贴实施方式，降低操作成本，并注意向主产区、种粮大户和长期持续种粮的农民倾斜。同时对于柴油、化肥等农业生产资料价格上涨所引起的种粮成本增加，省级财政应根据增加幅度及时调整生产资料综合补贴标准，以保障农民种粮收益。

（二）合理制定不同作物的补贴标准

由于不同作物对粮食直接补贴政策的敏感度不一样，不同的作物粮食直接补贴对播种面积与生产的影响程度和贡献率存在着一定的差异。为了使有限的粮食直接补贴资金充分发挥作用，应准确分析粮食补贴对不同作物生产的影响，并据此合理地制定补贴的标准，通过优化不同粮食作物的粮食直接补贴数额来提高补贴政策的效率，即降低或取消对直接补贴作用不敏感的粮食作物的粮食补贴，并将节省出来的这部分资金用于补贴对直接补贴作用较为敏感的粮食作物，这样，可以获得更高的粮食产出，或者用相对较少的补贴获得设定的目标产出，从而降低财政压力。

（三）科学确定粮食最低收购价格水平

粮食流通市场化后，设立最低收购价的目的是为了在谷贱伤农时保护农民利益，而不是增加农民收入。因此，制定最低收购价格是在考虑市场需求因素的基础上由成本加上适当收益；成本主要考虑农资成本、人工成本、土地流转成本等，适当收益水平则应该充分考虑比较优势，即要考虑农产品替代种植收益（如经济作物替代农产品的种植收益）、外出务工工资性收益等。粮食最低收购价格水平与成本和适当收益之间应该确定一个长期联动机制，通过成本和收益变化来及时调整收购价格。就国家储备而言，如果价格定得过高，就会取代市场价格成为原来的国家统购价，重走计划经济的老路。而如果价格定得过低，又会打击种粮农民的积极性。

（四）加大对粮食流通基础设施和龙头企业的扶持力度

现代粮食流通产业发展的主体是企业，但离不开各级政府和财政的支持。一是各级政府要继续安排部分财政预算资金，重点支持粮食市场信息监测数据库以及粮油食品安全检测实验室的建设；支持粮食仓储设施和骨干粮食加工企业的建设；支持骨干粮食批发市场和重点集贸市场粮食经营网点的升级改造。二是安排必要的投资，扶持重要的粮食物流设施项目。中央对粮食物流设施项目的投资是国家主要粮食宏观调控的重要物流通道、物流节点的散粮中转库和信息检测等项目的建设服务；地方政府安排配套资金，并纳入地方财政预算，同时建立粮食等农产品绿色通道。三是各级政府和有关部门要建立稳定的财政扶持的粮食产业化龙头企业的投入机制，对重点龙头企业、生产基地和专业合作社进行扶持，给予专项拨款和贷款贴息等。

第三节　强化政府行为保障粮食安全

一、增强各级政府保障粮食安全的执行力

粮食安全关乎国家政治、经济和社会稳定，粮食安全不能只停留在文件和口号上，政府要科学制定保障安全的政策措施，正确处理好经济发展与粮食生产的关系，建立健全促进粮食生产的长效机制，将粮食生产落到实处。

（一）切实加大对粮食生产的投入

各级财政要健全财政支农资金稳定增长机制，积极调整支出结构，根据财力增长情况逐年增加对粮食生产的投入，加大项目和资金整合力度，确保粮食生产的稳步发展。省级各有关部门要积极配合、及早谋划、主动对接，争取国家对粮食生产的更大支持，合理安排支农资金，加大对粮食科技推广、粮食生产基地建设的扶持力度。要加大项目和资金整合力度，把农田水利建设、中低产田地改造、种子工程、植保工程、沃土工程、科技创新及服务体系建设列为农业基本建设的重点内容，增加投入，加快建设。科技部门要调整项目安排结构，加大对粮食新品种选育、技术研究、成果转化等方面的扶持力度。各金融机构要进一步健全农村金融服务体系，创新担保方式，扩大抵押品范围，完善农业政策性贷款制度，加大对粮食生产者的信贷支持力度，保证粮食再生产的资金需要。积极开展粮食生产保险试点，对纳入农业保险的粮食作物，财政给予保费补贴。

（二）建立健全粮食主产区的补偿机制

建立粮食主产区利益补偿机制，可以保证粮食主产区不因经济亏空而减少粮食生产，以充分调动农民种粮积极性。同时，还可以加快粮食主产区的水利工程建设、中低产田地改造、农田防护林建设以及大型农机具投资力度，保证粮食主产区的粮食生产。中央财政增加对粮食主产区一般性转移支付的力度，完善支农资金分配和财政转移支付机制，要重点扶持一批核心主产县，给予粮食核心主产县区优惠政策扶持，统筹支农资金，形成政策、资金、技术等方面的合力，全方位支持粮食主产区的粮食生产。省政府应尽快出台对各粮食主产县（区）的针对性扶持政策和财政转移补偿机制，有效地调动粮食主产区的种粮积极性。

（三）建立健全粮食安全预警系统

粮食安全预警系统的建立与完善，可以及时、准确地从整体上把握粮食供求基本态势，并根据相关动态因子的变化对粮食供求未来趋势做出超前判断，从而为粮食与农业领域主管部门实施正确的宏观指导与管理提供可靠依据，以便适时、适度地采取措施进行调控，确保更经济、更安全和可持续的粮食安全目标的实现。各级政府部门要成立粮食监测信息机构，对省内粮食生产情况、自然灾害、粮食产量、调入调出粮食总量、粮食消费量、粮食储备库存、粮食加工、粮食市场价格和市场交易量进行全面准确地监测，及时发现情况，以便采取各项安全措施。在建立完善监测系统的基础上，要建立完善粮食应急系统，在粮食供应紧张、价格上涨、人心不稳时采取相应措施。粮食安全预警系统涉及粮食、财政、农发行、物价、工商、公安、交通、农业等许多部门，安全预警系统必须由政府牵头，由有关部门共同组成，按照分工合作的办法，制定出处理各种突发事件的粮食工作预案，使政府能够掌握粮食安全的主动权，把粮食首长负责制落到实处。

（四）完善粮食储备制度

建立国家粮食储备制度，是国际上通用的保障粮食安全的制度，是政府进行宏观调控最重要的手段之一。要根据粮食购销市场化和城市化发展等新情况，科学地确定各级粮食储备的合理规模。要建立科学、透明的粮食储备运作体系，储备粮的吞吐调节过程要进行透明操作，粮食储备和库存数量以及粮食储备运行的情况要完全公开，这样才能给市场传递正确的价格信号，稳定市场的粮食价格，从而消除社会的紧张感。要改革粮食储备组织体系的运营机制，建立从中央到地方垂直管理的粮食储备管理机制，在决策与执行程序上，规模决策、财政预算和吞吐决策由中央储备管理机关负责，地方储备机关则负责执行中央储备机关的计划和指令，并监督储备经营企业对储备粮的管理、吞吐计划的执行情况，提高粮食储备体系的营运效率。

二、立法保护"坝子"良田

坝子耕地的成果，凝结了山区省份农田基本建设最宝贵的经验，是粮食生产稳定与安全的重要保证，针对坝区工业发展、城市建设、交通建设等占用耕地的突出问题，除严格落实国家出台的关于耕地和基本农田保护的重大决定和政策外，要尽快制定和完善保护坝子耕地的地方性法规，进一步规范坝子中的各种用地行为，加大对坝子良田良地的保护。

（一）加强坝区土地用途管制

加强耕地保护的法制建设，实行最严格的节约用地制度，从严控制城乡建设用地减少，建设占用耕地的情况。在继续从严控制非农业建设占用耕地的同时，加强对非建设性占用耕地的控制和管理。无论是建设占用耕地还是非建设性占用耕地的行为，都必须符合土地利用总体规划。要严肃查处各类建设违法违规占用耕地，也要严肃查处在耕地上违法违规挖塘养鱼、建设"绿色通道"、营造城市森林等行为，积极探索建立预防为主、事前防范和事后查处相结合的土地执法监察新路子。

加速扩大城市、工业建设，特别是开展中小城镇建设，是经济社会发展的必然趋势，是缩小城乡差别的必由之路。但在建设时，一定要按照"守住红线，统筹城乡，城镇上山，农民进城"的原则，积极探索具有山区特色的城镇化发展路子，引导城乡建设向山地发展、工业园区向山地布局，把坝子保护起来，走山地、山水、生态型的新型城镇化建设道路，让后人有良田好地来保障吃饭穿衣。

（二）严格执行质量对等的占补平衡制度

进一步明确责任，实行差别化的耕地占补平衡政策，落实耕地占补平衡的法定义务，强化基本农田信息化建设，对于占用的基本农田，实行占一补一，严格按照农田的数量和质量等级进行补充。一要建立一批高素质的专业技术队伍，科学地做好土地开发整理项目资源开发的规划、设计和施工，对待开发的后备土地资源进行"田、林、路、渠"综合规划；设计好田块内的土壤构造，包括土层厚度、土体构型、土壤质地、土壤有机质含量等，使其达到理想土壤的水平。二要建立土地开发整理规划设计单位、监理单位、施工单位的资质认证和考评制度，对从业人员也需进行执业资格认定，只有具备相关资质的机构和个人才能承接土地开发整理项目，以此保障土地开发整理项目的施工质量。三要在开垦耕地时尽量选质地好的后备土地资源，因为通过开发后备土地资源补充耕地的质量主要取决于后备土地资源的先天条件，如果要开垦的后备土地资源的先天条件不足或自然质量不高，即使投入再多的人力、物力，也难以获得高质量的耕地。四要加强对补充耕地的质量审核，在确保建设占用耕地数量平衡的前提下，对补充耕地的质量实行按等级折算，杜绝占优补劣、占坝补山等降低耕地质量的不良现象，实现耕地数量与质量的动态平衡。

（三）进一步完善基本农田的保护制度

严格控制基本农田的建设占用和规划调整。凡涉及基本农田的规划修改或调整均按规划批准权限报国务院或省级政府批准；非农建设占用基本农田必须依法报国务院批准；经法定程序通过调整规划占用基本农田的，建设占用时必须按照基本农田的有关费用标准计算征地补偿费和耕地开垦费。建立基本农田保护与农业补贴、粮食生产补贴挂钩的政策，对基本农田保护给予经济鼓励。建立稳定的基本农田保护和建设资金投入制度，落实基本农田保护工作经费，用好各类农业和水利建设资金，与农业综合开发、中低产田地改造、土地开发整理、耕地质量建设相结合，集中投向基本农田保护区，切实保护和提高基本农田生产能力。

三、建立多部门联动的基本农田保护约束机制

保护耕地（特别是基本农田保护）不仅是国土资源部门的责任，也是所有政府部门的责任，必须调动各有关部门来共同保护耕地，加强多部门的协作，实现各部门密切配合齐抓共管的多部门协调联动机制。

（一）落实耕地保护的政府主导责任

完善耕地保护责任目标考核制度，尤其是基本农田保护责任目标考核制度，将耕地保护目标考核纳入科学发展评价体系和各级党政领导干部考核评价体系，从严考核并兑现奖惩。建立以土地利用总体规划为控制的耕地保护责任体系，严格执行土地利用总体规划和年度计划，切实提高土地节约集约利用水平；落实辖区内各类非农建设占用耕地、基本农田和标准农田的占补平衡；组织开展农村土地综合整治，完成上级政府下达的耕地垦造任务；依法查处耕地违法违规行为，严格控制违法占用耕地面积占年度新增建设用地及耕地总面积的比例；加大资金投入，提升耕地质量，确保本行政区域内的耕地、基本农田和标准农田总量不减少、质量有提高。各乡镇政府要严格执行各项耕地保护制度，依法保护和合理利用耕地，对辖区内耕地、基本农田和标准农田的保有量和保护工作负责；及时落实集体经济组织、农户对其所有（承包）耕地的直接保护责任；积极推进土地开发整理复垦，有效增加耕地面积；进一步完善土地违法违规综合防控机制，及时发现、制止违法占用耕地行为并做好复耕工作；认真完成上级政府交办的其他耕地保护任务。

（二）构建耕地保护的部门联动机制

进一步明确发改委、财政、国土、农办、审计、建设等相关部门在耕地保护工作中的共同责任，共同把好"土地闸门"。国土资源部门要认真执行耕地保护的各项法律、法规和方针政策，全面履行组织协调、监督管理等职责。农办要强化土地承包流转管理，引导休闲农业依法使用耕地。农业部门要加强耕地质量

监测和监管，防止耕地闲置、撂荒和过度利用，强化新增耕地的耕种指导及耕种项目管理，引导农业产业结构合理调整，配合做好耕地破坏鉴定、违法用地整改复耕验收工作。林水部门要合理统筹林水资源保护与耕地保护，加强农田水利设施建设，配合做好低丘缓坡的土地开发利用工作。财政部门要做好耕地保护有关资金的征收、拨付和使用管理工作，建立和完善对耕地保护工作的投入机制和奖励政策。审计部门要将政府领导干部耕地保护责任履行情况纳入领导干部经济责任审计内容。监察部门要依法履行监察职责，加强对耕地保护工作的监察，严肃查处违法违规案件。发改委、建设、规划、环保、交通、能源等部门要在规划编制、项目审批和建设过程中，正确处理耕地保护与发展建设之间的关系，切实节约集约利用土地。工商、供电、市政公用事业等部门和单位要主动介入、严格把关，对占用（使用）耕地的新建项目，业主需取得合法用地手续证明后方可办理相关的审批或许可手续。

（三）强化权利人的耕地保护职责

明确权利人对耕地的合法权益和保护义务，建立促进权利人保护耕地的激励机制。依法享有耕地所有权的农村集体经济组织和依法取得耕地承包经营权的农户是耕地保护的直接责任主体，负有耕地保护的直接责任。农村集体经济组织应监督承包农户保护和合理利用耕地，制止撂荒、闲置、转变用途及其他破坏耕地的行为。探索建立收取耕地撂荒费、收回耕地承包经营权等多种形式的耕地保护约束机制。同时，启用部门联动机制，采取集中排查，对各县（市、区）基本农田逐一进行调查登记，建立台账，划区定界，设立标志，落实保护责任，完善保护措施，确保耕地保护工作落到实处。

（四）建立耕地保护社会参与机制

广泛开展耕地保护宣传教育，提高全社会保护耕地的责任意识。建立耕地保护社会监督员制度，加强舆论监督，积极发挥人大代表、政协委员、民主党派、群众团体的民主监督作用，建立耕地保护社会监督体系。鼓励各地建立村级农民耕地保护协会，积极探索农村集体经济组织和农民自发保护耕地的长效机制。充分运用政府网站、公报等平台和听证、公告等形式，发挥新闻媒体的作用，宣传土地国情、国策和耕地保护政策，公开耕地保护信息，宣扬耕地保护典型，通报土地违法违纪案件，保障不同责任主体对耕地保护的知情权、参与权和监督权，激发其履行耕地保护责任的积极性和主动性，营造人人关心耕地保护、人人参与耕地保护的良好氛围。

四、强化粮食安全规划的"铁闸"作用

粮食是关系国计民生的重要商品，是关系经济发展、边疆社会稳定繁荣的基础，确保粮食安全始终是全局性的重大战略问题。必须从战略高度制定粮食发展规划，并把它作为保障粮食生产的纲领性文件，有效促进粮食生产各项政策措施的顺利实施和粮食安全具体目标的顺利实现。

（一）科学编制发展规划

随着发展粮食生产的资源约束日益加剧，人口不断增长，工业化、城镇化快速推进，国内外粮食供求关系发生了深刻变化，粮食安全的压力将长期存在。围绕加强农业基础、强化科技支撑、注重能力建设等重点内容，依据《国家粮食安全中长期规划纲要（2008—2020 年）》《全国新增 1000 亿斤粮食生产能力规划（2009—2020 年）》，科学编制提高各级政府粮食生产能力建设的中长期规划，制定相应的支持措施，确保粮食播种面积的稳定并实现粮食增产。

（二）落实粮食生产的目标责任制

进一步强化各地各部门保障粮食安全的责任和意识，完善粮食生产考核办法，认真执行粮食行政首长负责制考核指标和奖惩办法，建立目标责任制，将增产任务落实到县，明确县级政府的主体责任和相关政策措施，粮食生产重点县要编制实施方案，将具体增产目标和任务落实到乡镇、落实到村。从粮食总产量、粮食播种面积、粮食单产增长和科技措施完成情况等 4 项考核指标严格考核、兑现奖惩，并将考核情况作为安排建设项目、下达补助资金的重要依据，充分调动各地、各有关部门重农抓粮的积极性。结合高产示范工程创建活动，组织开展农民粮食增产竞赛，建立省、州（市）两级农户科技增粮奖励机制以加大对商品粮生产大户和农户科技增粮的奖励，提高农户的生产积极性。

（三）加强组织领导

各级各部门应进一步统一思想，提高认识，高度重视粮食安全工作，加强指导协调，抓好组织实施，强化监督检查，确保新增粮食生产能力目标的实现。各州（市）、县（市、区）应认真落实粮食行政首长负责制，把粮食增产计划的

实施纳入重要议事日程，在全面总结本地粮食生产经验和认真分析存在问题及增产潜力的基础上，制定切实可行的粮食增产规划，制定扶持政策，整合各方力量，创新体制机制，抓好措施落实，确保计划顺利实施。各有关部门要按照职责分工，密切合作，加强指导和协调，加大支持力度。发展改革部门要牵头建立部门会商机制，做好部门间项目安排的衔接工作，认真落实规划内基本建设投资和年度资金安排，会同有关部门和地方组织规划实施；财政部门负责落实支持粮食生产的各项资金；农业部门负责指导粮食生产、技术服务以及相关项目建设，保持稳定的粮食播种面积；水利部门负责指导水利工程建设，合理调配水资源，保障粮食生产用水需要；国土资源部门负责耕地保护和管理，完成土地整理复垦任务；科技部门负责粮食生产的科技投入，加快科技进步和创新；金融管理机构负责粮食生产金融支持政策的制定和落实；环保部门负责协调农业生态环境监测和保护工作。各州（市）要切实加强组织领导，把责任落实到相关部门，可成立由政府主管领导负责，发改委、财政、水利、农业、国土资源、科技等有关部门领导参加的领导小组，协调规划组织实施的具体工作。

第四节　小　结

　　结合云南解决粮食安全的实践与经验，针对山区、边疆地区、贫困地区和少数民族地区自然和经济社会特点，从维护和提升粮食生产自然资源质量的角度，提出山区高稳产田地建设、创新农田水利建设机制和建立健全基本农田保护干部考核机制的政策建议；从调动和激发生产者积极性的角度，提出保障农民土地权益、改善生产组织方式、创新农田基础设施工程建设机制和模式，以及加强农村教育、完善农业科技服务体系建设、强化农民文化科技素质培训，完善粮食直补办法、合理制定补贴标准、科学确定粮食最低收购价格、加大对粮食流通基础设施和龙头企业扶持的政策建议；从强化政府行为的角度，提出加大粮食生产投入、健全粮食主产区补偿机制、健全粮食安全预警系统、完善粮食储备制度、以立法形式强化坝区土地用途管制和"坝子"良田保护，以及通过建立多部门联运的基本农田保护约束机制，强化土地利用总体规划、粮食安全规划"铁闸"作用的政策建议。

第九章 理论思考

第一节 "恒产恒心"的土地制度与粮食供给

确保粮食安全是一个国家农业的基本使命。而要确保粮食安全,一靠资源和技术保障,二靠农民的种粮积极性。一硬一软两个方面是保障粮食安全的两个基石,资源和技术属于硬件,政府易于直接掌控;种粮积极性属于软件,种粮决策权掌握在农民手里,只有通过适当的激励机制才能将农民的积极性引导到粮食生产上来。什么时候挫伤了农民的种粮积极性,什么时候就会埋下粮食安全的隐患。土地制度是激励农民种粮积极性的主要制度保障,是通过激发农民持久种粮积极性来保障粮食安全的制度性基础,正所谓"有恒产者有恒心"。

一、"恒产恒心"的土地制度是保障粮食安全的基石

"恒产恒心"的土地制度有利于激发农民保护土地、种植粮食、建设农业基础设施的积极性,"恒产恒心"的土地制度是保障粮食安全的基石。

产权制度的一个重要功能就是提供预期,从而规范人们的经济行为,避免机会主义行为。稳定的土地产权制度有助于规范各利益相关者的行为,从而为粮食安全提供稳定的制度保障。"有恒产者有恒心"的含义具体表现在:第一,稳定的产权制度有利于人们对土地的可持续利用;第二,稳定的产权制度有利于提高农民的农业生产积极性;第三,稳定的产权制度有利于明晰国家、集体与农民的权益关系并规范与之联系的各类行为,明确各方的粮食安全责任。

（一）"恒产恒心"的土地制度有利于保护土地、提高土地的利用率和生产率

首先，只有强化农民保护土地的主体地位，才能有效防止侵犯农业用地的各种不良行为。在工业化进程中，为工业化服务是农业的基本目标。农业是国家资本积累的主要源泉，一方面，在特定的发展阶段，政府不断从农业中吸取剩余价值来积累资本，推动工业化发展；另一方面，随着城市化的发展，土地非农用途的经济价值不断凸显，土地农转非的压力不断加大。政府垄断了土地非农用途的权利，并获得巨大的级差地租，补偿给农民的却是土地承包权的损失，农民集体不再能够作为土地所有者分享土地非农用途收益的权利。在这种利益驱动下，按照目前的相关政策法规，依靠地方政府保护耕地会很难，各地难以杜绝的土地乱征乱占事件的频发就说明了这一点。保护耕地，保障粮食安全，要以保护农民土地权益为前提，要让农民成为保护土地的主体。

其次，只有确立农民对土地的长期使用权，确保农民权益，才能激励农民珍惜、保护和投资耕地，有效防止耕地减少、地力下降。人多地少是我国的基本国情，精耕细作是我国利用土地的主要传统方式。在市场机制的激励下，由于土地制度未能提供稳定的预期，短期行为很严重，大量使用化肥农药，耗竭式地利用土地，污染环境的现象较为突出。农民是土地的具体使用者，也是土地利用实际状况的知情者，只有政府帮助农民充分实现作为土地所有权人和使用权人的利益，才能激励农民珍惜土地和保护地力。只有让农民从土地增值中获益，农民才有依法造田和改良土地的积极性。奖励农民、农民集体、企业依法造田和改良土地，使用税收政策惩罚随意撂荒和非法休耕行为的政策才能奏效。

（二）"恒产恒心"的土地制度有利于提高农民种粮积极性

农民种粮积极性是保障粮食安全的基石，也是土地制度处理国家与农民的利益关系需要妥善解决的问题。粮食生产能力告别绝对短缺的时代，但是相对短缺对社会稳定和发展的影响依然巨大。农民从事农业生产的主要目标也将由温饱走向小康。在此背景下，"恒产恒心"意味着只有让农民从粮食种植中获得稳定的比较利益，种粮积极性才能得到保持，粮食安全才有保障。

在劳动力不断外流的背景下，如果种植粮食得不到合理的比较收益，即使保住耕地红线，也无法保住稳定的粮食种植面积。因此，获得农业生产中的经济作物种植或外出就业的平均收益就成为保证种粮积极性的一个基本约束。突破约束有两条可供选择的路径：其一，提高粮食种植的效率，使其收益水平与非农就业

收益水平相当，历史经验和理论研究指向规模经营之路。其二，通过农业政策的利益调整，使种粮农民获得平均的收益水平。"以工补农"是不少国家农业政策发展到一定阶段的基本方向，否则，必然会出现弃耕和撂荒的情况，从而动摇粮食安全的基础。效益农业呼唤规模经营，农业现代化提高了国际竞争力，这为资本进入农业领域提供了动力。资本下乡改造小规模农业，"公司＋农户"成为效益农业经营的主要形式之一。然而，农民家庭经营与公司大规模经营相比，虽然劳动生产率和效益无法比拟，但是在土地产出率上具有优势。此外，如果土地大规模向公司集中，将会动摇家庭经营作为粮食安全的基础地位，并进一步瓦解现行粮食安全的流通和价格体系的基础。

为了保障粮食安全和亿万农户的可持续生存，中国必须坚持农民的经营主体地位，逐步加大对农民合作的扶持力度，才能避免资本大规模兼并土地的情况，有效地保障粮食安全，这些都必须以"恒产恒心"的土地制度为基础。

二、协调的利益关系是确保粮食安全的核心

保障粮食安全，资源、技术保障和以产权为核心的激励机制两个支柱必不可少。土地是保障粮食安全最为重要的物质条件，但是缺乏有效的激励，即使国家划有耕地红线，也只能在制度上保障耕地数量安全，要保障粮食安全还需要解决种粮农民积极性的问题。"民以食为天"，粮食安全是天大的事。当人民连生存都成为问题时，政权的合法性将受到挑战，粮食安全将威胁到政治稳定。粮食安全必然导致国家与农民利益关系的调整，这种利益关系的根本体现就是土地制度。

（一）粮食安全是土地制度安排的优先目标

粮食安全虽然是必须由国家提供的公共产品，但是如何提供这种公共产品，不同的国家有不同的农业制度（特别是土地制度）和有不同的实现方式。自新中国成立以来，土地制度的变化表明，粮食安全是土地制度考虑的一个关键变量。自新中国成立以后，我国确立了优先发展重工业的国家战略，为了尽可能有效地从农业中抽取剩余为国家工业化的资本积累服务，国家直接介入土地产权。周其仁认为，自新中国成立后形成的土地产权关系与新中国成立前农民获得的部分土地是通过"土改"革命运动分得的，因此农民在分地之中享有国家的权益。我国

土地产权介于国有化和私有化之间，此中共同蕴涵着国家、集体和农民的共同权益。诺斯的制度变迁理论认为，初始条件对后期制度变迁的路径有影响，也就是存在"路径依赖"。基于这种产权来源的继承关系，当国家出于保障粮食安全的需要时，就有了或多或少的理由介入土地产权，而集体和农民也就多承担了一份保障粮食安全的责任。如土地虽然在法律上属于集体所有，但国家通过基本农田保护制度等其他相关法律对土地的其他用途实施了限制，这在一定程度上削弱了农民对土地拥有的产权。

土地制度承载了国家粮食安全与农民提高收入的双重目标，公共目标与私人目标的冲突在所难免，表现为政府的粮食总产量目标与农民的种粮收入目标之间的冲突。粮食安全由此成为国家与其他利益相关者博弈的一条底线。随着中国进入工业化中后期，国家从农业中抽取剩余的必要性逐渐淡化，干预农业的目的也日趋集中于粮食安全这一基本目标上。粮食安全一旦受到威胁，中央政府将加大控制力度，以确保粮食安全。但是，如果这种控制以损害农民利益为代价，作为一方利益相关者的农民通过叫喊、退出和怠工等策略影响粮食安全，从而迫使国家让步，这正是人民公社时期所经历的。现在，在市场经济体制下，除了种粮，农民或从事非粮食作物的生产，或外出务工从事非农产业。农民有了更多的选择自由，这使以往通过牺牲农民利益保障粮食安全的政策操作空间越来越狭小。对于另一方利益相关者基层政府来说，粮食生产更多的是一种政治任务，缺乏经济动力。产粮大县往往是工业弱县、财政穷县，粮食生产不仅需要投入大量资金，而且制约工业发展空间，难以带动 GDP 和税收的增加，远远没有工业项目和招商引资来得快，形成越抓粮食越穷的怪圈。在目前绩效考核体系下，基层政府种粮抓粮的积极性受到了严重影响。上述博弈格局意味着只有"中央政府—地方政府—农村集体—农户"之间的粮食生产意图达成一致时，粮食生产安全才有制度保障。

由于历史原因形成的这种土地产权关系，农民并不拥有土地的完全产权。作为土地承包者，农民承包土地便有一定的粮食安全责任。但是需要注意的是，粮食安全是公共产品，是为全民提供粮食安全保障服务的，所有社会成员都对粮食安全负有责任。因此，将粮食安全责任与土地挂钩是不太妥当的，应由社会共同承担责任，由政府购买而提供。"以工补农"就是指非农产业应对粮食安全负责，免除农业税、实行粮食直补等政策举措标志着粮食安全政策的转向。

（二）粮食安全是土地资源分配的主要准则

从我国的基本国情来看，人地关系高度紧张是我国土地制度安排的一个基本约束条件。回顾土地制度演变的历史，可以发现粮食威胁始终是推动土地制度改革的一大动力，也是观察土地制度变革的一条重要线索。温铁军（2000）认为，由于人地关系高度紧张，土地作为中国农民基本的生存资料，公平原则优先于效率原则成为土地制度中的首要原则，土地趋于按人口进行相对平均的分配。因此，难以形成完整意义上的、完全排他的"私有"产权。这是中国农业社会稳定的内在原因，同时也意味着中国没有纯粹的农业经济问题，而是农民问题、农村问题和农业问题混合的"三农问题"。解决"吃饭问题"是粮食生产的头等大事，从新中国成立初期的土地改革、互助组、初级社、高级社到人民公社制度，再到家庭联产承包经营，吃饭问题才有了保障。在9亿农民解决13亿人的吃饭问题时，公平原则激发了9亿农民的生产积极性，9亿农民的吃饭问题解决了，其他4亿人的吃饭问题也就迎刃而解了。在这种情况下，为自己生产和为社会生产是统一的，因而具有保障粮食安全的内在激励机制。但是当形势发生变化，由4亿农民解决13亿人的吃饭问题时，激励4亿农民为其他9亿人提供粮食就成了主要问题，效益原则就成为首要原则。然而，由于高度紧张的人地关系，农村土地不仅承载着农业的生产功能，也承载着农村社会保障的福利功能。在福利功能从土地中剥离出来之前，效益原则难以主导土地资源的分配。在这种情况下，农业的市场化将加剧糊口目标与效益目标之间的冲突而危及粮食安全。

农产品贸易国际化，特别是加入WTO使上述冲突变成严酷的现实。我国农业置身于国际农产品的竞争之下，效益成为农业生存发展的第一原则，糊口农业必须向效益农业转变。世界各国粮食生产的经验表明，种粮比较收益主要取决于土地的规模经济。然而，目前的土地制度还有很多不利的因素阻碍土地流转，适度规模经营还难以实现。同时，在其他产业相对较高的比较效益吸引下，即使不改变土地的农用性质，也无法保证农民将耕地用于粮食种植。不难看出，在日益市场化的今天，中国农业正在被纳入到世界经济体系中去，而家庭农业独力难支，很难在世界市场中获得比较利益。在全球资本扩张的浪潮下，资本下乡投资农业，大农业公司挤压无组织、分散的原子式家庭农业经营的生存空间。在市场化农业下构筑保障粮食安全的内在机制成为土地制度未来需要解决的命题。

第二节　边疆民族地区粮食安全的多重属性

一、粮食与粮食安全的双重属性

（一）粮食以及粮食安全

关于粮食属性的讨论，存在着两种截然不同的观点。一种观点认为粮食的本质属性是商品属性。刘维（2003）认为粮食不具备公共产品的两个特征，即非竞争性和非排他性，所以粮食与其他商品没有什么不同，都是价值上同质并具有不同使用价值的商品。正因为粮食的本质属性是商品，因此，政府的作用是消除市场失灵的相关因素，抵御外力因素对市场的冲击保障粮食安全。另一种观点认为粮食具有公共产品的属性。邓大才（2003）认为粮食是一种特殊商品，本质属性是公共产品属性，它承担了不少非经济职能如保证人的生存的社会性质、确保稳定供给的政治性质、确保国家经济安全的战略性质，而且粮食本身存在弱质性，所以粮食是一种公共产品，而公共产品的生产、使用是市场作用失灵的领域，这需要政府力量来矫治和弥补。事实上，对粮食本质属性的争论，其最终的落脚点是为了回答粮食安全政策的性质，因此区分粮食与粮食安全的本质属性才是应当争论的焦点，厘清两者的性质与关系具有重要的政策含义。

引起上述争论的关键是混淆了粮食与粮食安全这两个不同的概念。必须明确讨论粮食安全的重点不只是"粮食"，更重要的是粮食限定的"安全"。"安全"才是粮食安全的性质所在。一经区分，就清楚多了，从粮食的属性来看，粮食既不具备非竞争性，也不具备非排他性，无疑属于私人物品，将其归为公共物品过于牵强。人们之所以认为粮食是公共物品，其依据是粮食具有不同于一般私人物品的重要性质，即维持人的生存和发展的不可替代性，这一属性构成了人们认为粮食是公共物品的自然基础。然而，粮食真正成为公共物品还取决于一定的社会条件。这一社会条件就是，当粮食供求危及公共安全时，粮食问题就转化为公共安全问题，而公共安全属于公共物品的范畴。众所周知，公共安全是必须由政府提供的公共服务范畴，粮食安全亦然。因此，焦点不在于粮食是否属于公共物品，而是在于在什么条件下作为私人物品的粮食会引发公共安全问题，从而将粮食供求问题转变为粮食安全问题。粮食安全是针对社会出现粮食不安全的状态而提出的。在粮食供应处于安全状态时，粮食作为一般商品在市场上等价交换；当危机出现时，也就是粮食供应处于不安全状态时，政府出于公共安全目的介入后，粮食供求问题就转化为粮食安全问题。

上述讨论引申出三层政策含义：其一，不同于粮食，粮食安全具有公共属性，其意义在于粮食安全政策的目标应是维持粮食供求处于安全状态以及应对出现的粮食危机，而不干预作为私人物品的粮食生产。常态下，粮食供求处于安全状态；非常态下的粮食不安全属于小概率事件。因而，着眼于提高国家粮食综合生产能力是维持一个国家长久粮食安全，应对小概率不安全状态的基础，是政府保障粮食安全的职责所在。粮食安全政策不应过分陷入属于私人领域的粮食生产、流通和消费等环节的具体干预上。粮食生产、流通和消费行为应由经济主体自行决定，政府主要通过利益机制将其引导到政策设定的粮食安全目标上来。其二，不同于粮食，粮食安全作为一种公共服务，政府是服务的提供者，而那些处于粮食不安全状态的公众是享有服务的被庇护者。市场上流通的粮食属于私人物品，但是，当政府动用粮食储备体系来保障粮食安全时，体系内的粮食属于公共物品。政府充实国家粮食储备时必须按市场价格向私人购买，而抛售粮食平抑粮价时属于公共行为，按政策规定价格出售。上述分析说明，粮食不属于公共物品，只有纳入粮食安全体系的粮食才称得上是公共物品。其三，不同于粮食，粮食安全是满足公众的一种基本安全需求，因此粮食安全体系的目标是有限度而单纯的，主要是消除粮食供应的不安全状态。这一政策含义提醒我们，不应该将改善农民生活的收入目标等其他目标强加在粮食安全政策上。这只会让粮食安全政策承载过多的任务，因此导致粮食安全政策目标不清晰，从而降低粮食安全政策的有效性。比如，不是基于粮食安全的普遍补贴不仅不能确保粮食安全，还会使政府背上沉重的财政负担，特别是我国农民依然占绝大多数的阶段实施此类政策并不能有效保证粮食安全。

（二）粮食安全以及WTO"绿箱政策"

讨论粮食及粮食安全的属性差异，旨在指出粮食政策与粮食安全政策具有不同的政策含义。目前，WTO规则已经成为国际贸易的基本规则，而基于公共目的的粮食安全政策符合 WTO 国际规则，发达国家粮食政策的演变显示了粮食政策向公共物品本质属性回归的趋势。例如，德国的粮食生产补贴经历了从产量补贴过渡到农民收入补贴的演变，在 20 世纪 50 年代初农民收入与产量挂钩，以促进农产品供给；20 世纪 90 年代，面积补贴与农作物种植品种补贴并存；到 2000 年，补贴完全与产量脱钩，而对面积补贴。韩国对大米的补贴从双重价格制度过渡到收入补偿制度和公共储备制度，20 世纪 70 年代，实行大米双重价格制，以促进粮食增产增收；20 世纪 80 年代，由政府集中供应向市场销售转变，政府收购减少；20 世纪 90 年代减少农业补贴，允许大米价格由市场决定，废除收购制，实行约定收购制，按约定价格提前向签订合同的农户支付收购款；2005 年引入公共储备制度，采取增加市场最低准入量和关税配额的方式稳定价格。日本针对山区、半山区农民的直接补贴政策，要求符合：①受补贴地区是符合客观标准的条件不利地区；②补贴额度控制在一定的范围内，不超过地区由于条件不利所受到的损失。这种措施旨在将这些地区生产力水平提高到邻近非补贴地区的水平，属于 WTO 农业协议规定的"绿箱政策"中的地区援助措施。

从发达国家粮食政策的演变可以看出，粮食安全的政策目标最终是以公共目的为依归的。随着中国加入 WTO，中国制定粮食政策必须遵循 WTO 规则。价格补贴、营销贷款、面积补贴、牲畜数量补贴，种子、肥料、灌溉等投入补贴政策对生产和贸易会产生扭曲作用，属于被要求削减的"黄箱政策"。一般农业服务、检验服务、农产品市场促销服务、农业基础设施建设、粮食安全储备补贴、粮食援助补贴、自然灾害补贴、收入保险计划、农业生产者退休或转业补贴、农业资源储备补贴、农业环境保护补贴、地区援助补贴等政策没有或只有微小贸易扭曲作用，因而属于免于削减的"绿箱政策"，是 WTO 成员国实施支持与保护农业的重要措施。可以看出，"绿箱政策"之所以得到支持，其一是科研、技术推广、培训等方面的政策以提高生产力为目的；其二是粮食安全储备、粮食援助、自然灾害、环境保护等政策是出于公共目的来考虑的。

区别粮食与粮食安全的属性，明确粮食安全的公共属性有助于强化符合国际规则的粮食安全政策，才不会因国际规则掣肘而削弱粮食安全政策的执行力度。

二、边疆民族地区粮食安全与多重安全关联

（一）粮食安全与贫困问题高度关联

边疆民族地区粮食安全特殊性的表现之一是与贫困问题的高度关联。粮食不安全既可能由粮食总量不足造成，也可能由收入过低造成。作为一个欠发达的边疆少数民族省份，经济发展相对落后，粮食安全问题与贫困问题高度关联。从粮食生产能力看，农村贫困人口分布的地区自然环境恶劣，生产条件落后，灾害频繁，不适于粮食生产，且粮食生产能力低。云南的贫困人口多分布在包括金沙江、澜沧江、怒江两岸和边境一线的"三江一线"地区、石漠化地区和丧失基本生存条件地区。从粮食获取能力（如收入水平）看，贫困是导致边疆民族地区家庭粮食不安全的主要原因。2008 年云南农村贫困人口有 555 万人，占全国贫困人口的 13.8%，仍属贫困人口最多的省份之一。重点扶持县的贫困人口占全省贫困人口的 84.4%，国家重点扶持县的贫困人口占全国贫困人口 10.8%，少数民族地区的贫困人口占全省贫困总人口的 56.4%，47 个革命老区县的农村贫困人口占全省农村贫困人口的比重达 45%。这些区域既是云南省贫困人口较为集中、贫困程度较深、扶贫难度较大的地区，又是政治、民族、宗教、生态等方面非常敏感的地区。可以看出，粮食生产条件恶劣而贫困问题突出的边疆民族地区，粮食安全问题实质上是一个发展问题，保障粮食安全的着力点是通过发展来减缓贫困，进而解决粮食安全问题。

既然边疆民族贫困地区的粮食安全问题属于发展问题，那么解决粮食安全问题就应与解决贫困问题结合起来。从发展角度看，一方面，保障粮食安全不仅仅是提高粮食生产能力，还要提高粮食获取能力，即调整农业产业结构，发展经济，提高农民收入，增强粮食购买能力；另一方面，特别值得强调的是，将粮食安全与社会保障制度结合起来，建立最低生活保障和针对低收入人群"基本口粮"的微观粮食安全的双重保障制度。总之，边疆民族地区粮食安全问题必须在发展中与贫困问题一并解决。

（二）粮食安全与边疆安全、国家安全高度关联

边疆民族地区粮食安全的特殊性还表现在粮食安全与边疆政治稳定和国家安

全高度关联。

　　边疆民族地区的粮食安全事关边疆地区的社会稳定。云南省边境地区 25 个县（市）国土总面积达 9.02 万平方公里，西与缅甸接壤，南毗邻老挝、越南两个国家，国境线长达 4 060 公里，占全国陆地边境线总长的 18%。25 个县（市）少数民族众多，有 22 个县是少数民族聚居地区。边境居民达 645.5 万，少数民族人口多达 387 万，占边境县总人口的 60%。其中包括云南特有的 14 个少数民族（哈尼族、傣族、傈僳族、佤族、拉祜族、景颇族、布依族、布朗族、普米族、阿昌族、怒族、德昂族、独龙族、基诺族），跨境而居的 16 个民族中有 11 个民族是从原始社会末期直接过渡到社会主义社会的"直过民族"。25 个边境县（市）经济发展水平低，2007 年的人均 GDP 仅为全省、全国平均水平的 65%、36%；人均财政收入仅为全省、全国平均水平的 32%、9.3%；农民人均纯收入仅为全省、全国平均水平的 74%、45.8%。在地理、民族和社会发展等方面与内地表现出诸多不同，却与周边国家有很多相似之处。跨境民族就是其中一个突出的问题，跨境民族所居住的地区是政治和外交方面极为敏感的地方，也是国防第一线。云南要继续对外开放，必须有一个安定的政治和社会环境，这离不开对跨境民族问题的妥善处理。边境地区与周边国家一衣带水，如果我国边疆民族地区经济社会发展严重滞后于内地，滞后于周边国家，将引发经济、社会和政治问题，影响内地与边疆的社会稳定和国家安全。粮食安全是经济社会发展的重要内容，也是维护社会稳定不可或缺的手段，这赋予了边疆民族地区的粮食安全以政治意义。

　　边疆民族地区的粮食安全事关我国与周边国家的安全。由于历史原因，在缅甸、老挝北部结合部形成了一个种植罂粟与制作、贩卖毒品的特殊区域——"金三角"地区，"金三角"地区每年贩卖的海洛因约占世界总量的 60%～70%。云南有 6 个州（市）与"金三角"毗邻，毒品问题影响着云南边疆地区的稳定与发展，也是国际社会面临的共同问题，对中国和世界的安全构成严重威胁。"金三角"地区的毒品问题事实上是社会毒瘤的一个缩影，与其他经济、社会和政治问题相互渗透，影响周边国家的长治久安和睦邻友好。为从根本上解决毒品入境问题，中国政府与缅甸、老挝政府合作，在缅甸北部、老挝北部开展以粮食、橡胶、甘蔗、茶叶、水果等多种农经作物替代罂粟种植的项目，旨在从根本上铲除毒源。1990 年，"绿色禁毒计划"在"金三角"地区展开。这项行动计划用稻谷、甘蔗和橡胶等农作物替代罂粟种植，从毒源地遏止毒品的生产和销售。2006

年，中国与老挝两国政府签署的《中老联合声明》提出，要发挥中国云南—老挝北部合作机制的协调作用，开展禁毒合作，大力发展边境地区替代种植产业。2007年，中国和缅甸两国政府签署了罂粟替代种植的行动方案。"替代种植"在我国禁毒事业及边疆稳定与发展中有着重大的意义。目前，"替代种植"已经进一步向"替代经济""替代发展"转变，这意味着中国与周边国家在毒品问题上的合作已经得到进一步扩展，并向经济、社会、政治合作深化。粮食安全的国际合作由此成为经济政治问题。

粮食安全与社会稳定及周边国家的政治安全相交织，意味着解决边疆民族地区的粮食安全问题需要有国际视野，考虑国际关系，进行国际合作，并谨慎处理。

(三) 粮食安全与生态安全高度关联

解决边疆民族地区的粮食安全问题还面临着生态安全的挑战。云南土地面积的94%是山区，6%是平坝，全省土地面积按8°以下、8°～15°、15°～25°、25°～35°和35°以上5个量级坡度划分，分别占8.87%、13.71%、37.41%、28.74%、10.53%。15°以下的土地占全省总面积的22%，其中坡度不到8°的相对平坦地面只占8.87%，这是云南高产农耕田地分布的地区；大于35°的陡峭地面约占10%，这些土地很难利用；其余66%的土地坡度在15°～35°，起伏较大。云南省现有耕地中不适宜耕作的面积达103.62万公顷，占总耕地的16.34%；而宜耕地中，中低产田地占宜耕地面积的比例达88.79%，其中坡度限制型中低产田地约占宜耕地限制型总面积的60%。在这样的土地资源条件下，解决粮食基本自给，面临着极大的生态风险。

此外，中央实施的一系列生态建设项目进一步压缩了粮食生产空间。1998年，特大洪灾促使中央下决心实施长江上游的森林保护工程，在全国12个省（区、市）开展了天然林资源保护工程试点。2000年17个省（区、市）全面启动天然林保护工程，自2000年起长江上游、黄河中上游地区和东北、内蒙古等重点国有林区全面实施天然林资源保护工程。为维护国家生态安全，有效应对全球气候变化，促进林区经济社会可持续发展，中央决定，2011年至2020年实施天然林资源保护二期工程。退耕还林是中国西部大开发的重要生态建设项目，自2000年开展退耕还林试点以来，10年间云南省共完成了国家下达的退耕还林工程建设任务1 637.1万亩，专项规划项目建设后续产业种植经济林及原料林352

万亩。在云南省完成的退耕还林任务中，25°以上和 15°～25°坡耕地的面积分别占退耕还林任务的 62.4% 和 24.9%。还有，截至 2006 年年底，全省共建立了各类自然保护区 186 个（其中，国家级 16 个，省级 46 个），保护区面积达 329.7 万公顷，占全省国土总面积的 8.6%。

　　随着中央将生态建设提升到生态安全这一国家安全层面，特殊的地理位置和自然条件使云南承担着更为重大的生态安全责任。"桥头堡"战略提出把云南建成"中国西南重要流域的生态安全屏障"。云南地处伊洛瓦底江、怒江、澜沧江、金沙江、红河和珠江等六大国际国内水系的源头或上游，是中国南方地区乃至南亚、东南亚地区的重要生态屏障，是中国四大重点林区之一。对于边疆民族地区，生态建设是一把双刃剑，因为粮食安全和生态安全都面临公共物品"搭便车"的难题，而生态安全尤为突出。由于粮食安全与生态安全相交织，如果处理不当，生态补偿不到位，粮食安全也难以得到保障，那么带入生态建设问题后将放大粮食安全问题，最终导致粮食安全问题与生态安全问题交织后双重恶化。因此，解决边疆民族地区的粮食安全问题既然无法避开生态安全问题，就要与生态建设结合起来，建立起两者间的良性关系，最终使生态安全和粮食安全都得到保障。

　　可以说，粮食安全与国家多重安全相交织，集中体现了边疆民族地区经济社会问题的特殊性和复杂性，需要国家统筹多方面的力量给予系统解决。

第三节　贫困山区粮食生产能力多点储备与应急机制

一、粮食生产能力储备与粮食安全策略思考

　　储备粮食生产能力的出发点是，既能按市场经济规律发展农业，提高农民收入，又能够保障粮食安全，实现农民增收和粮食安全双重目标。粮食安全取决于粮食供给能力和粮食需求能力。粮食供给能力的核心是粮食生产能力及其储备能力。作为决定粮食安全的重要因素，粮食生产能力是一种硬实力，反映实实在在能够生产粮食的能力。那么，为什么要谈粮食生产能力的储备问题呢？这是因

为，如今的农业已经市场化，生产什么、生产多少由市场决定，粮食生产也不例外。当粮食供应比较充裕的时候，基于经济利益的考虑，储备的粮食生产能力不会完全投入到粮食生产当中，而投入到其他农业项目，这样既能获得更好的经济效益，也有利于资源的有效利用。当粮食供应紧张的时候，在市场价格和国家政策的合理引导下，可以有效地动员储备的粮食生产能力转化为现实的粮食供应，从而稳定粮食市场，保证粮食安全。

中国农业发展面临的现实就是资源约束下粮食安全与农业效益的两难冲突。中国农业是典型的资源制约型农业。从自然与技术属性的角度看，在人口增长与耕地资源不断缩减的趋势下如何保证中国的粮食安全。从社会经济属性的角度看，与世界上大规模农场经营农业的国家不同，在粮食生产比较效益下降的趋势下如何保证中国的粮食安全。对于资源制约型国家农业发展面临的困境与道路的普遍共识是，工业化过程中粮食生产比较利益低的问题不仅具有普遍性，而且在市场机制下必然会对这些国家或地区的粮食生产形势产生普遍影响。随着农业结构的调整，必然会出现提高农业经济效益与粮食自给率下降之间的矛盾。在农业结构调整时期，加强粮食生产能力储备与保护，以便在农业遇到自然灾害或国际社会动荡时，能够通过经济和行政手段使储备的粮食生产能力转化为粮食产量，确保粮食安全。此外，地下水过度开采，土壤污染，草地、耕地及林地退化，湖泊污染等环境危机，以及气候变化等都会引起农业发展的不确定性。为了农业的可持续发展，需要从根本上加强粮食综合生产能力。

面对这一不可避免的矛盾，需要重新审视传统的粮食安全策略。如果将粮食安全问题再作进一步分析，可将其分为战略粮食安全问题与常规粮食安全问题两个不同的层次（侯东民，2002）。战略粮食安全以保护耕地为根本，保有在各种情况下基本实现粮食自给的土地粮食生产潜力。常规粮食安全战略以存粮于民，以及政府建立适度常规储备，提供半年至一年内过渡性的粮食以应对突发的粮食危机。这种区分将粮食安全问题研究的重点深入到粮食生产能力安全的基础研究。粮食生产能力安全以资源、技术保障如土地、水资源、技术等硬约束为基础，以经济社会保障如粮食生产比较效益与补贴和政策等软约束为条件。以此为指导，建设足够的具有潜在生产能力的耕地，以粮食自给为目标的单一、独立的粮食安全战略有利于放松粮食生产对耕地资源的压力，让更多的耕地投入到效益农业中。目前各国粮食生产周期为半年左右，一年可以生产两季。因此，各国一般在半年到一年之内有能力对国际市场粮食供应方面出现的问题做出反应。一年之内的粮食危机通过政府和民间日常粮食储备可以保证粮食安全；一年以上的粮食危机通过迅速扩大粮食作物播种面积给予应对，其前提是有足够的耕地对农业生产结构进行逆向调整以实现粮食安全。由于上述两种粮食危机发生的概率不同，将应对出现概率极低的罕见事件（如经济制裁）的战略粮食安全策略和应对常规粮食问题的常规粮食安全策略组合是可行而又经济的。

二、贫困山区储备粮食生产能力建设需要处理好三大关系

粮食生产能力不只是一个数量概念，还是一个质量概念：①粮食生产能力的数量是指在各种生产要素最优配置条件下所能生产的最高产量，也就是从技术上所能达到的生产可能性边界。②粮食生产能力的质量是指粮食品质、环境影响和生产效率。粮食的品质主要指粮食的优质化、专用化和多样化；环境影响主要指生态破坏和环境污染；效率包括对农业资源的利用率、投入产出效率和经济效益。③粮食生产能力支撑体系的质量是劳动力、土地和水利设施等要素。

贫困山区粮食生产能力储备需要处理好以下关系：

一是贫困山区粮食生产能力储备必须与农业可持续发展相结合。新形势下粮食安全政策必须建立在农业可持续发展的基础之上，而实现农业可持续发展的关键是如何保护和合理地利用自然资源。只有保护和利用好自然资源，粮食生产能力才能够得以保持和不断提高。首要的是要保护耕地，处理好耕地与粮食安全战略的关系。"藏粮于地"，也就是所谓的"留得青山在，不怕没柴烧"，只要有生产能力，粮食安全就有长期保障，这也就是划定耕地红线的出发点。其次是水资源的利用和配合。过去，粮食安全政策比较重视耕地保护，以为有地就有粮，于是耕地保护就有了红线。但是，这种观念受到了水资源日益短缺的严峻挑战。水资源危机是威胁当今世界粮食安全的最大因素。不同于耕地资源，水资源不仅受气候条件和水循环等更大系统的约束，而且水的流动性产生的外部性也给水资源利用和管理带来了难度。因此，仅仅保护耕地是不够的，还需要花更大的精力提升水资源管理水平，特别是促进水土资源的合理匹配，为粮食安全做好水资源保障，"以水促粮"。我省水资源利用难度大，用水紧张，土地资源稀缺，自然灾害频繁，农业环境污染日益严重，影响了粮食生产的稳定发展和质量的提高，

威胁到了粮食安全目标的实现。因此，农业和粮食生产不能再走破坏生态环境、掠夺自然资源、追求短期数量增长的老路，必须合理地利用和保护资源、优化生态环境、提高农业综合生产能力。

二是贫困山区粮食生产能力储备必须与农业现代化相结合。粮食安全必须建立在改造传统农业、转变农业增产方式、提高集约化经营水平、构建农业高新技术集成体系的现代农业基础之上。粮食生产能力储备必须建立在农产品供给充足的基础上，提高农业的综合生产能力是粮食生产能力储备的前提，因此必须考虑气候、生物、肥料、技术等因素，以水土资源为核心，以种植业为主体，考虑林、牧业，围绕旱作技术与灌溉技术、土壤肥力与肥料施用、光能利用与耕作制度、生物资源与废弃物资源化、品种优化与关键技术、饲料转化与农牧结合、土地利用与农业结构调整等环节，建立农业资源高效利用的高新技术集成体系。通过高新技术体系的集成，以较少的资源投入和能耗投入获得相同的农业产出，保存由于技术进步替换下来的农业资源形态，并加以合理轮换以达到储备粮食生产能力的目的。

三是贫困山区粮食生产能力储备必须与加强商品粮基地建设、提高粮食商品率相结合。粮食安全必须落实到商品粮基地建设上。商品粮基地切实将耕地、水资源、各种投入要素和技术结合起来，是粮食安全的具体保障，也是粮食生产能力的具体体现。

三、贫困山区粮食生产能力储备与应急机制

储备粮食生产能力可以抵御突发风险，保证粮食生产的可持续增长潜力。粮食生产能力储备着眼于应对影响粮食安全的长期威胁，因为一旦受到严重损害，就很难在短期内恢复。

（一）贫困山区粮食生产能力储备的着力点

1. 坝子保粮、坡地增粮，处理好平坝与山区的关系

以坝区为粮食生产基地，保障粮食自给率，同时在山区、半山区和高寒山区发展山区粮食作物、杂粮作为补充。坝区是耕地中的精华，是粮食的主产区和高产区，是粮食安全的核心，要保护好坝子，守住基础不动摇。中低产田是耕地的主要部分，改造中低产田地，挖掘粮食增产潜力，增加高产稳产田；山区是保持

水土、涵养水源的主体，可以之恢复生态功能，稳定粮食生产。

2. 森林加粮，粮食生产能力向食物生产能力外延扩展

将"粮食"安全扩展到"食物"安全，从食物安全的高度看待粮食安全。改变观念，顺应消费结构转型，既要向耕地要"粮食"，也要向林地、草地、水面要食物；既要着眼于领土的食物利用，也要着眼于开发领海甚至公海的食物；既要考虑满足当前食物需求，也要考虑食物生产的可持续发展。云南有着丰富的生物多样性和气候多样性资源，有条件拓宽食品来源的多样性、种植模式的多样性，从而提高食物供给总量的保障水平。要利用云南立体气候和区域分布特点，优化品种结构和区域布局，稳定粮食供应的年度与季节波动，共同实现生态安全与粮食安全。

3. "以特换粮"，食物生产能力向农业生产能力扩展

在粮食作物中，与粮食单产数量相比，粮食质量具有潜在比较优势；与粮食作物相比，经济作物具有比较优势。云南创造了特色农业的若干个第一：2010年，云南茶叶面积全国第一，烟草产量全国第一，咖啡产量全国第一，花卉种植面积、产量全国第一，鲜切花产量全国第一，核桃产量全国第一。产糖量居全国第二位，马铃薯产量居全国第三位。通过发挥比较优势，提高农业生产能力，增加农民收入，提高粮食购买力，利用省内、省外产粮和境外产粮确保粮食安全。

（二）贫困山区粮食安全应急机制建设

粮食生产能力不是一个静态概念，而是一个动态概念。储备粮食生产能力是建立在"藏粮于地""藏粮于科技""藏粮于民""藏粮于调控"等粮食生产能力的支撑体系之上。因此，粮食生产能力不是一个现实的概念，而是一个潜在的能力概念。即使储备的粮食生产能力能够满足日益增长的需求，也并不意味着就完全消除了粮食危机，阶段性的粮食危机依然会出现。潜在的粮食生产能力转换为现实的粮食供应取决于调控政策的有效性，其核心是对农民粮食生产积极性的激励。农民粮食生产积极性是藏粮于民的另一层含义。即使在生产能力和潜力都充足的情况下，长期牺牲粮农的利益，最终会危及粮食安全，并出现阶段性粮食危机。因此，只有处理好储备粮食生产能力与激励粮农生产积极性，长期与短期的粮食安全才有保障。这就需要建立起相应的应急机制。

1. 建立粮食安全领导小组，为贫困山区粮食安全应急提供组织保障

成立粮食安全领导小组，指导各相关部门收集、整理、预测和全面掌握粮

食安全预警信息，并将预警信息提供给上级部门用于做出粮食安全保障决策。粮食生产涉及农业部门、水利部门、粮食流通部门、国土部门、气象部门等多个部门。因此，成立一个更高级别的组织协调部门既有利于综合粮食安全各方面的信息，又有利于将粮食安全目标贯彻到各部门的实际工作之中。

2. 尽快建立和完善粮食安全短期与中长期信息预警系统

①粮食供求信息系统。开展粮食产、供、销、存等环节的跟踪调查，加强对粮食播种面积的调查与核实；对农户存粮的情况进行动态监控，逐步建立权威的粮食生产、消费、库存信息发布制度，为今后的研究和政府制定相关政策提供有力的支撑和坚实的基础。②建立保障粮食安全的自然资源监测与预警系统。监测耕地资源变动对粮食安全的保障水平，实行耕地总量动态平衡，在确保适度的耕地数量基础上提高耕地的质量；监测水资源供应对粮食安全短期、中期和长期的保障水平。

3. 建立适应山区特点的粮食储备体系

粮食储备是政府调控粮食市场的重要手段，是确保粮食安全的物质基础。①明确国家粮食储备制度最重要的目标是确保粮食安全，提出国家粮食储备承担的价格支持和稳定生产者收入的功能。从这一原则出发，要合理确定国家储备粮的规模。②打破国有粮食企业垄断经营储备粮的局面，鼓励各类企业经过资格审定后从事储备粮经营业务，与国有粮食企业进行平等竞争。农民粮食储备对国家粮食安全起着重要作用，要采取相应的政策主动引导农户的粮食储备行为。

4. 构筑国际合作的粮食安全保障网

充分利用邻近东盟的区位优势，以及中国与东盟自由贸易区的合作框架，展开政治、经济和社会多层次的交流与合作，共同建立国际合作的粮食安全保障网络，相互利用国际资源和国际市场，通过分工与合作共同提高本国的粮食安全保障水平，促进区域内人口与资源环境的协调发展。

第四节　始终悬起粮食安全这一"达摩克利斯之剑"

历史经验表明，粮食安全处于国家发展的基础性、公益性和战略性地位，是经济持续发展、社会长治久安、政权持久稳定的基础。粮食安全是一个超越国家、种族和文化的基本命题，是人类发展必须遵循的基本法则。违背这一法则，势必付出经济、社会或政治的代价。正因为如此，不能因一时的经济或政治目的而危及粮食安全，应将粮食安全建立在持久而稳固的制度之上。

一、粮食危机意识不可一日或缺

在国家战略安全中，粮食问题与国家的经济安全、军事安全、信息安全一样重要。粮食安全不仅是一个重要的经济问题，更重要的还是一个政治问题，关乎国家安全、社会稳定。粮食既是人民群众最基本的生活资料，也是关系国计民生和国家经济安全的重要战略物资。"民以食为天"，不仅表示粮食安全人命关天，也表明粮食安全关乎政权稳定，也指人民的生存是国家政权合法性的边界（周其仁，2004）。

世界上所有国家，不论是发达国家、发展中国家，还是贫穷国家，只要粮食安全问题解决得好，社会稳定就有了基本的保障。因此，粮食安全是一个国家经济、社会、政治发展的基础条件。反之，粮食安全出问题，任何一个国家的经济社会必然会出问题。

无论贫穷与富裕，粮食是人类维持生存的基本物资。因此，粮食安全问题的社会容忍度极低。粮食安全问题极易激化社会矛盾，引发社会冲突，危及政治稳定。人是构成国家社会稳定的最重要因素，人不思稳与人们获得生存最基本的物质——粮食密切相关，粮食安全出现问题，人不稳定，社会就会动荡，从而导致政治不稳定。中国历代政权的更替均与吃饭问题高度相关。

因此，推动经济社会发展决不能以牺牲粮食安全为代价，否则累积的问题终将爆发。

粮食安全处于国家发展的基础性地位，是衣食之源。保障粮食安全最重要的物质基础之一是耕地的数量和质量，因此它是基础性的。目前，粮食安全的基础已经出现了问题（优质耕地数量减少，质量全面退化），基础设施被破坏，如果不能及时制止，问题就会很严重（社会环境、经济环境、政治环境灾难就会出现）。还有水资源也面临同样的问题，不只是水利设施建设问题，而且还有水资源安全管理的问题。因为水资源是需要通过大气循环的，管理难度更大。只有水与土相匹配，才能生产粮食。水资源和耕地资源的破坏与整个社会发展大环境有关，需要引起高度重视。

粮食安全具有国家发展的公益性地位，这体现在农业对其他行业的显像（粮食的供给在数量和质量上的保障）、隐像（农业生态环境对区域环境的影响）的支持；同时，粮食供给对每个人都必须一律公平，在这一问题上不得有任何的特殊，这是公益性保障。我们倡导，人人享有粮食安全是最基本的人权。在1996年召开的世界粮食首脑会议上，发展中国家对"生存权是最基本的人权"这一概念已经达成广泛共识。以人权来看待粮食安全就意味着政府应一视同仁地对待贫困者和弱势人群并担负起粮食安全责任。此外，粮食产业具有先天的弱质性。粮农不仅面临天气、环境等因素影响带来的自然风险，还面临低消费弹性带来的市场风险等多重风险的冲击。因此，政府不仅有责任建立健全鼓励粮食生产、提高农业综合生产能力的支持体系，还需要对粮农进行补贴，稳定农民收入，从而稳固粮食安全的基础。这是从公益性角度出发政府应担负的责任。

粮食安全具有国家发展的战略性地位，这体现在粮食安全对任何一个国家来讲不是短期、中期甚至长期这样一个时段问题，而是一个永恒的问题。在国际关系中，粮食安全也是影响国家关系的战略手段之一。在国际关系和谐时，粮食可能成为和平的使者；而在国际关系恶化时，粮食可能成为政治武器。粮食武器偶露狰狞，其影响却很深远。因此，政治家应充分认识到粮食安全的战略性地位，不能根据粮食供给时段的好坏动摇粮食安全的战略地位。

总之，不能以粮食安全一时的好坏而随意调整粮食安全政策，一定要从粮食安全的基础性、战略性的高度以及公益性的性质来把握粮食安全工作，才不至于在粮食安全问题上出现大的失误。

二、制度性规范是粮食安全可持续发展的根本

鉴于粮食安全的经济社会稳定作用以及在国家发展中的基础性、公益性和战略性地位，保障粮食安全的制度性规范就显得尤为重要。有关粮食安全的相关政策、法令、措施出台了不少，但是缺乏对各级政府包括中央政府具有约束性的保障粮食安全的权威性法律。就目前的状况来看，一些地方政府经常用政策来替代法律，而政策又经常随外围环境因素的变化而变化，各地也经常根据自身的情况进行改变和调整，这是很不利于粮食安全的保障和可持续发展的。因此，应通过

立法来保障粮食安全。

此外，粮食安全的法律执行与社会监督一定要落到实处。有法不依、执法不力，甚至变相地不执行是常见现象，例如《中华人民共和国土地管理法》中规定不得占用基本农田，而现实中任何一个地方的基本建设都在占用基本农田，采用的手段就是进行土地利用规划调整，将基本农田改为一般农田，将一般农田改为基本农田，这样来回避法律的追究，从而使践踏法律的行为随处可见。显然，这对粮食安全的可持续发展、安全保障和有效供给损害最大。

因此，政府不仅需要建立健全粮食安全的法律制度和法律体系，更要建立健全执行和监督制度与体系。应该认识到，导致粮食安全的社会环境、经济环境、政治环境风险是在累积中形成的。

目前，对粮食安全的立法工作应着眼于：①突出权威性。不同部门在不同时期颁布的法律法规存在相互冲突、相互矛盾之处，影响了粮食安全法规的严肃性和权威性。对粮食的管理应从国务院的行政法规上升到全国人大法律的高度。②整合相关法规。粮食安全法规零散，统一整合势在必行。与粮食相关的法规并不少，如国务院已颁布的《粮食流通管理条例》《中华人民共和国农业法》《中华人民共和国土地管理法》《中华人民共和国农村土地承包法》《中华人民共和国农产品质量安全法》《基本农田保护条例》《中央储备粮管理条例》《粮食流通管理条例》等法律法规都关注了粮食安全保障问题，但是也存在一些空白，如缺少农民权益保护、农业投入与支持保护、农业保险、农村水利建设、农业环境与资源保护、储备粮管理、食品安全等体系性法规。2003 年修订的《中华人民共和国农业法》以专章形式规范了粮食安全问题，标志着我国在粮食安全法治化的道路上迈出了坚实的步伐，但是尚未形成以粮食安全为核心的法律体系。③明确政府责任，兼顾各方权益。不仅要强调农民和企业的责任，还要突出政府在监督、管理粮食生产、流通等各个环节中的责任与义务，特别是要明确应急措施落实方面的相关责任和义务。中央政府的责任主要是负责全国的耕地和水资源保护、粮食总量平衡，粮食进出口管理，健全中央粮食储备，调控全国粮食市场和价格，支持各地发展粮食生产，不断完善各项强农惠农政策措施，促进和保护国内农业和粮食产业发展。省级政府的主要责任是粮食省长负责制，负责本地水土资源保护、粮食生产、流通、储备和市场调控工作。要努力做到稳定地方政府对粮食生产的财政投入，建立鼓励农民种粮积极性行为的制度与机制；通过立法加强对政府以及相关责任主体的约束，加大对耕地的保护；规范粮食定价、收购、库存等粮食市场主体行为，明确各级政府的职责，从而使国家对粮食宏观调控更加有法可依、有据可循。

第五节　小　结

粮食安全是一个超越国家和政党、种族和文化的基本命题，是人类发展必须遵循的基本法则。违背这一法则，势必付出经济、政治或社会的代价。粮食安全的基础性、公益性和战略性地位决定了粮食安全政策的制度性规范尤为重要。政策和制度是除资源与技术之外确保国家粮食安全的另一重要支柱，也是粮食安全问题的主要矛盾所在。这一矛盾集中体现在土地制度中错综复杂的利益关系影响了农民种粮积极性和长期稳定预期的形成，从而使粮食安全处于不稳定状态。因此，厘清中央、地方与农民之间的利益关系，并给予权威的法律保障是粮食安全政策制度化的基础。只有实现了粮食安全政策制度化，基础才稳固，"有恒产才能有恒心"，粮食安全才不至于出大问题。粮食安全问题在边疆民族地区有其特殊表现，即粮食安全与国家多重安全相交织。具体表现为：既要坚定不移地继续发展经济，又要积极改善社会民生，特别是将粮食安全与社会保障制度结合起来，解决低收入人群"基本口粮"的微观粮食安全；既要发展山区经济，又要兼顾生态安全，建立两者间的良性关系，最终实现生态安全和粮食安全；同时，解决粮食安全，既要"富边"，又要"睦邻"，处理好国内国际关系，营造良好的国际粮食安全环境。

第十章　进一步研究和探讨的问题

云南解决粮食安全问题的探索与实践是立足自身气候条件、生态环境、生物资源以及区位诸方面的优势，重点通过工程和技术手段，发挥优势，努力确保粮食安全。云南省粮食安全以水源工程建设为抓手，提高水资源利用效率，破解水资源约束；以保住坝区耕地面积为根本，提高集约化水平，同时以"坡改梯"为突破口，打破耕地资源约束；以利用农业生物多样性种植技术为手段，强化气候、生态和生物等自然条件优势；以优化农业生产结构为主线，以名、优、新、特产品为拳头，增强粮食购买能力；以生态建设为契机，提升粮食品质；实施"森林云南"计划，充分挖掘森林食物潜力的"森林加粮"，拓展粮食来源；利用国外的资源和市场，补充粮食来源。上述工程和技术手段直指影响云南粮食生产的关键因素，具有很强的针对性，是解决粮食安全问题的有效措施，也是云南省积极探索解决粮食安全问题的努力方向。

然而，在实践过程中也发现，工程和技术手段需要与自然资源分布、人文条件以及生产组织方式相匹配才能发挥更大的作用。具体有以下四个问题值得进一步研究和探讨。

一、自然资源最优配置对粮食安全的影响

云南省气候类型多样、地形条件复杂等特点尤为突出，因而光、热、水、土等资源条件的分布与工程和技术措施配置的问题也尤其突出。如有些地区光、热、水、土条件优越，但生产水平低、生产方式落后；而有的地区光、热、水、土条件不足，但生产水平较高。要有效增加粮食生产，提升粮食的供给能力和安全水平，就应全面掌握和分析全省各地自然资源和生产条件的相关数据，按照比

较优势的原则及农产品优势，科学合理地布局粮食生产，以优势区域为核心，以县域为基本单元，因地制宜地细化粮食生产布局。将云南粮食生产区域划分为若干个功能区，充分发挥各地优势自然资源，确定相应的功能定位、主攻方向和建设目标，多层次地提升粮食供给能力。因此，如何进一步在气候类型多样、地形条件复杂的条件下，将粮食安全保障措施落到实处，值得深入研究。

要在耕地、水、气候等资源相对充裕、农田基础设施较好、机械化生产水平较高、粮食生产基础较强等区域，努力建设粮食主产主销区，重点发展水稻、玉米、马铃薯、麦类四大粮食作物。要用最严格的政策和措施保护耕地和基本农田，确保区域内粮田面积不减少，粮食自给水平不下降，生产、加工、流通、储备等粮食产业上台阶，着力建设优质高产高效的商品粮基地，全面推进规模化、产业化、标准化和服务社会化进程，大力发展现代粮食产业，逐步提升农业产业化发展水平。要在自然条件相对恶劣、基础设施建设相对滞后的区域，努力打造粮食供需基本平衡区，该区域要以区域内调剂为主，兼顾补充优势主产区跨区平衡不足的商品粮，要针对本区域中低产田地相对较多的现实条件，以易于开发、有增产潜力的县（市、区）为重点，以提高粮食单产水平为主攻方向，加快品种改良和推广步伐，加大中低产田地改造力度，提高农田建设标准和综合产出能力，着力完善粮食生产支撑体系，逐步使该区域成为区域间的粮食生产基地。要将自然条件恶劣、基础设施建设滞后的边远山区列为粮食稳定发展区，主要包括省内本区域地域广阔、具备复垦条件但是土地整理和整治难度大的地区，该区域地域应以确保现有粮食生产能力不下降为前提，严格保护耕地资源，积极进行中低产田改造和土地整理，保持农田水利设施的有效运转，加强优质粮食品种和高效农业技术的推广，巩固提高粮食生产能力。要把由于缺水和生态脆弱、现阶段不宜大规模开发的地区列为粮食生产储备区，积极筹划并做好前期开发工作，在保护和改善生态环境的基础上，积极筹划粮食生产配套设施建设，着力推进抗逆品种培育和旱作节水技术的研发与储备，使该区域具备潜在的粮食生产能力。同时，坚持抓好区域内现有耕地的基础设施建设，增强耕地综合生产能力，做好应急转产的基础工作。

进行科学的粮食生产布局和功能分区，配套合理的工程、农艺技术和政策措施，最大限度地开发和利用自然资源优势，是提升云南粮食生产水平的关键与基础。所以可以预见今后的一个研究方向将是，对自然环境条件、工程措施与农业科技匹配程度的好坏进行评价，打破行政分区的界限，对土地资源利用进行分区，在此基础上研究如何使政策措施更具有针对性，从而进一步发挥大型工程和技术保障粮食安全的骨干支撑作用。

二、民族性等人文因素对粮食安全的影响

云南省是一个多民族的省份，人口在 5 000 人以上的少数民族有 25 个，各民族分布呈大杂居、小聚居的特点。第六次全国人口普查的数据显示，全省 4 596.6 万总人口中，各少数民族人口为 1 533.7 万人，占总人口数的 33.37%，其中彝族、哈尼族、白族、傣族、壮族、苗族的人口均超过百万。不同的少数民族分布在不同的地理区域，形成了特有的生产方式和文化观念，这些因素在粮食生产、消费和销售等方面都有所体现。云南少数民族农户的生产经营行为中，占相当比重的部分属于生计经济，他们的生产活动主要是以满足家庭消费为目的，这一部分生产活动受市场影响很小，同样，它也几乎不受政府干预的影响。第一，向土地要粮食是绝大多数少数民族村民满足自我生存需要的主要方式。从父辈那儿获得的种粮经验性知识和长期实践过程中积累的技能，再加上自身体力，能基本保障一个没有受过任何正规教育的农户通过粮食生产来获得基本的生存保障，这是最为可靠的生存保障，也是自己的经验和技能能够掌控的生存实践。第二，家庭粮食自我供给是有效规避生产经营风险的最主要手段。边疆民族地区多数农户承受家庭风险能力十分脆弱，长期的贫困境况使他们在生产经营决策中将风险规避放在了首位。这就是为什么很多农户在发展多种经营中在已经获得了较好的经济收益的同时，还坚持种粮的原因。有了生计经济的保障，在市场经济中即使出现决策失误而亏损，也不至于出现生存困难。并且有了生计经济的保障，即便市场经济部分出现了"烂市"情况，也能够在较短的时期（两三个生产周期）内恢复起来，再进行市场经济的再投资。第三，少数民族村民交易成本高，难以依赖市场获取生存需求。在偏远山区农村，受农户经营分散性、小规模化、交通运输不便等多种因素的影响，农户寻找买主的成本较高，很多农户只能在地里或村寨集市里等待买主。由于进村收购的商人少，往往形成了一些地域性分割的买方市场，这使得农户在出售农产品中处于十分不利的位置，或是因产品无人收购而烂在地里，或是在出售农产品时几乎没有讨价还价的

能力。因此，农户的生产经营行为不可能完全以市场为导向，而是把满足家庭粮食自我供给放在了第一位。

边疆少数民族农户将生计经济作为家庭生产经营决策中的主导性因素，这一决策既非愚昧的、落后的，也非"反市场"的，而是因为少数民族群众长期处于贫困境地，靠自己的力量来解决家庭生计问题的重要性和必要性不断被强化并代代相传，从而导致观念固化为社会心理和行为准则。虽然云南与内地农村种粮直补等政策的实施效果在表象上有相同之处，但实质上影响因素完全不同。对于内地农户而言，影响种粮的主要因素是种粮收益，以粮食直补的方式达到种粮比较收益高于其他收益，就能达到稳定和发展粮食生产的目的。但是，对于边疆少数民族地区的农民来说，农户种粮是为了满足家庭自我消费需求，粮食生产经营与成本、价格等经济因素的相关性弱，政府是否进行补贴及补贴多少，对他们的粮食生产导向影响不大。

上述因素在现行的工程建设和技术推广实践中已有所表现。民族（人口）、资源、环境和文化等多重因素产生的叠加效应对全局性粮食安全有怎样的影响，其中的机制是什么，程度有多大，诸如此类的问题很少有系统性的研究，然而这是云南切实存在且特别重要的问题，值得进一步研究。

三、职业粮农的出现及涉农组织的建设对粮食安全的影响

随着非农产业的发展，农村青壮年劳动力大量离开土地进城务工经商，老人农业即农业耕作人口"老龄化"现象已较为普遍，务农劳动力的数量和素质呈逐年下降的趋势，在家务农的老年人由于体力、精力的原因，不适应高强度体力劳动，精耕细作委实力不从心，很多农田的粮食生产一般只有播种和收割两道工序，基本没有田间管理，由此造成了土地资源的浪费和资源配置效率低下。粗放经营成为人们应对农业劳动力不足的方法，"省事田""懒人田"随处可见。在此背景下，农村土地流转的步伐明显加快，粮食生产者的构成和生产组织方式已经出现新的变化，粮食的家庭式生产逐渐被职业（或专业）粮农集中生产所取代，这种趋势即使在云南这样的非产粮大省也已浮现。目前，云南农村劳动力转

移的规模在 800 万人左右，耕地流转数量约占全部耕地面积的 10%。随着国家对粮食种植扶持力度的不断加大，粮食种植大户、专业合作社也不断涌现，加之近几年来，一些粮食加工企业主动适应市场需求的变化，通过"公司＋基地＋农户"的组织形式，积极引导和组织农民发展优质专用粮食生产，走出了一条以加工带动生产、以生产促进加工的粮食生产和经营新体制。同时，粮食生产主体结构也正在发生改变。

在土地流转调研中，除农户间少量流转土地种植粮食外，一般企业、农业生产合作社、公司租赁土地或反租倒包农户土地，大多是用于生产花卉、中药材、食用菌、特色蔬菜等高效益农业，或者是进行猪、鸭、鸡、奶牛、特色水产养殖等，还有些是发展都市型农业，如搞旅游、观光、休闲等，受比较利益的驱使，甚至出现"非农化"问题。土地流转中这种"非粮化""非农化"的现象及问题势必对粮食生产和粮食安全造成重大影响，因此，这方面的问题也成为学者们关注的重点，相关的研究和论述较为丰富。针对粮食生产主体变化对粮食安全可能产生的深远影响还未引起足够的重视。对这一问题的进一步研究，可以从两个角度切入：其一，职业粮农的出现将逐渐改变政府与粮农之间谈判的格局，粮食的定价机制和补贴方式都将进一步发生变化，这种变化势必对粮食安全产生影响；其二，职业粮农的出现同时可能会引发涉农组织的重组，从而改变政府主导、行业部门垄断的局面，职业粮农和其他非政府组织有机会介入到重大政策制定和工程项目实施过程中，将对粮食安全政策的有效性产生深远影响。

四、特色农业发展对粮食安全的作用与影响

依据云南独特的资源条件和农业产品生产所具有的四个突出特点和优势：一是丰富多样，即云南的蔬菜、甘蔗、蚕桑、茶叶、橡胶、水果、花卉、咖啡等特色品种在全国范围内都有相当的市场地位，畜禽资源新品种占全国畜禽新品种的 22%，居全国第一位；土著鱼品种 527 种，居全国之首，占全国鱼类品种的 41.2%。二是生态环保，即云南仍将积极发展低碳种植、低碳养殖和低碳生物能源。三是安全优质，云南工业污染少、空气优良、水质清洁、光热充足、农药化肥等农业投入品使用量少，在食品安全问题日益突出的今天，这成为一项核心的

竞争力。四是四季飘香，云南许多作物一年可种植两三茬，尤其冬春季节，各类蔬菜水果产出旺盛。云南省委、省政府科学地提出发展"高原粮仓、特色经作、山地牧业、淡水渔业、高效林业、开放农业"的高原特色农业新兴发展道路，并制定了"十二五"建设和发展的具体目标：全省粮食总产量稳定在350亿斤以上，力争突破400亿斤、粮食自给率保持在90%以上、进入国家粮食主产区行列；改造中低产（茶、菜、果、桑、咖啡、橡胶）园地1000万亩以上，特色经作发展到8000万亩以上；冬季农业开发达到2500万亩以上，产值突破300亿元，培育云南生态名牌农产品60个以上；畜牧业产值突破2000亿元，其中生猪成为超1000亿元产业，巩固和提升云南畜牧业在全国的地位，实现由畜牧大省向畜牧强省的新跨越；将云南打造成为中国西南重要的淡水渔业养殖和出口基地；森林覆盖率达到55%以上，活立木蓄积量达到19亿立方米，全省林业总产值达到1200亿元以上，农民来自林业的收入人均达到1500元以上；力争农产品出口总额突破35亿美元，与东南亚、南亚农产品贸易保持年均30%的增幅，在全国对东南亚、南亚农产品出口总额中的比例提高到25%，打造一批生态环境优美的休闲农业和乡村旅游示范点，创建观光农业知名品牌。发展高原特色农业，是云南农业转变发展方式、提高产品质量和效益的客观要求，是探索云南特色农业现代化道路、提高云南农业竞争力、促进农民持续增收的有效措施。

发展高原特色农业、建设高原粮仓已成为新时期推进云南粮食生产、努力承担国家粮食安全责任、提高粮食安全水平的重要举措，如何在新形势下优化粮食生产结构，实现粮食生产与其他特色农产品生产在耕地、水资源、劳动力、资金等方面的合理高效配置和产业协调发展，实现高原特色农业总体发展目标，这仍需进一步深入研究。

以上四个问题是在本项目的研究过程中发现和引申出来的，是与云南粮食生产和粮食安全问题紧密相关但又相对独立的论题，有待今后进一步研究和探讨。

参考文献

[1] 邓大才.粮食省长负责制：实践问题、政策冲突与理论悖论 [J].科技导报，2003（4）.

[2] 丁声俊.形成粮食和谐价格机制促进经济社会稳定发展——纪念我国粮食改革 30 周年 [J].价格理论与实践，2008（8）：7－9.

[3] 丁声俊.居安思危，确保国家食物安全 [J].调研世界，2004（1）：3－5.

[4] 高峰，王学真，王金田.中国农业保护、发展和微观粮食安全 [M].北京：中国经济出版社，2008.

[5] 国家粮食局调控司.关于我国粮食安全问题的思考 [J].宏观经济研究，2004（9）.

[6] 侯东民.寻求战略突破：破解中国粮食安全问题 [M].北京：中国环境科学出版社，2002.

[7] 胡靖.入世与中国渐进式粮食安全 [M].北京：中国社会科学出版社，2003.

[8] 胡岳岷.中国未来粮食安全论 [M].北京：科学出版社，2006.

[9] 姜长云.关于我国粮食安全的若干思考 [J].农业经济问题，2005（2）：44－48，80.

[10] 蒋乃华.中国粮食波动论 [M].北京：中国农业出版社，2001.

[11] 蓝海涛，王为农，主编.中国中长期粮食安全重大问题 [M].北京：中国计划出版社，2008.

[12] 李玉珠，王济民.市场经济下粮食供给波动与宏观管理研究 [J].农业经济问题，1997.（6）.

[13] 刘维.论粮食的经济属性与政府的基本定位 [J].粮食问题研究，2003（4）.

[14] 刘振伟.我国粮食安全的几个问题 [J].农业经济问题，2004（12）：8–13.

[15] 龙方.新世纪中国粮食安全的国内背景分析 [J].现代商业，2007（8）：161–163.

[16] 龙方.新世纪中国粮食安全问题研究 [M].北京：中国经济出版社，2007.

[17] 娄源功.中国粮食安全的宏观分析与比较研究 [J].农场经济管理，2003（3）.

[18] 马九杰，张象枢.粮食安全衡量及预警指标体系研究 [J].管理世界，2001（1）.

[19] 彭坷珊.我国粮食安全问题的历史回顾和现状分析 [J].广西经济管理干部学院学报，2004（1）.

[20] 万宝瑞.增加农民收入和确保粮食安全的战略对策 [J].农业经济问题，2004（4）：4–7，79.

[21] 王雅鹏．对我国粮食安全路径选择的思考——基于农民增收的分析 [J].中国农村经济，2005（3）：4–11.

[22] 温铁军.中国农村基本经济制度研究：三农问题世纪反思 [M].北京：中国经济出版社，2000.

[23] 闻海燕.市场化条件下粮食主销区的农户粮食储备与粮食安全 [J].粮食问题研究，2004（1）：32–34.

[24] 吴天锡.粮食安全的新概念和新要求 [M].世界农业，2001（6）.

[25] 吴志华.中国粮食安全研究述评 [J].江海学刊，2003（3）.

[26] 谢扬，新的粮食安全观 [J].经济与管理研究，2001（4）.

[27] 许世卫.新时期中国食物安全发展战略研究 [M].济南：山东科学技术出版社，2003.

［28］ 叶晓云，孙强．以浙江为例浅谈粮食产销区合作［J］．中国粮食经济，
2004（5）：49－50．

［29］ 尹成杰．粮安天下：全球粮食危机与中国粮食安全［M］．北京：中国经济
出版社，2009．

［30］ 云南省水利厅，云南省发展和改革委员会．云南省重点水源工程近期建设
规划报告．2010．

［31］ 云南省水利厅，云南省水利水电勘测设计院．云南省"润滇工程"一期项
目建议书．2003．

［32］ 云南省水资源在综合规划编制领导小组办公室，云南省水利水电勘测设计
研究院，云南省水文水资源局．水资源配置阶段报告．2008．

［33］ 张广翠．中国粮食安全的现状与前瞻［J］．人口学刊，2005（3）：37－41．

［34］ 赵绍敏．绿色禁毒的曙光［M］．昆明：云南民族出版社，2001．

［35］ 钟甫宁，朱晶，曹宝明．粮食市场的改革与全球化：中国粮食安全的另一
种选择［M］．北京：中国农业出版社，2004．

［36］ 周明建，叶文琴．发达国家确保粮食安全的对策及对我国的借鉴意义［J］．
农业经济问题，2005（6）：74－78．

［37］ 周其仁．产权与制度变迁：中国改革的经验研究［M］．北京：北京大学出
版社，2004．

［38］ 朱泽．中国粮食安全问题：实证研究与政策选择［M］．武汉：湖北科学技
术出版社，1998．

［39］ 邹风羽．中国粮食生产与粮食安全的长效机制研究［J］．农村经济，2005
（9）：7－9．

［40］ 曾福生．粮食大省的粮食安全责任及实现途径分析［J］．湖南农业大学学
报（社科版），2005（3）：1－6．

［41］ 曾玉平．中国粮食生产波动特征和因素［J］．经济研究参考，1997，B5．